勘違いが
人を動かす

教養としての
行動経済学入門

HET BROMVLIEG EFFECT
ALLEDAAGSE FENOMENEN
DIE STIEKEM JE GEDRAG STUREN

Eva van den Broek
en Tim den Heijer

エヴァ・ファン・デン・ブルック＆ティム・デン・ハイヤー
児島 修 訳

ダイヤモンド社

HET BROMVLIEG EFFECT

ALLEDAAGSE FENOMENEN DIE STIEKEM JE GEDRAG STUREN

by

Eva van den Broek en Tim den Heijer

訳者はじめに

本書は、2021年に刊行され、本国オランダでベストセラーとなり、いくつもの外国語版が制作された『Het bromvliegeffect』（ハウスフライ効果）の待望の邦訳版である。

「ハウスフライ効果」とは、「男性用の小便器に〝的〟としてハエを描いたところ、おしっこが便器の外に飛び散る量が劇的に減った」という、本書の冒頭に登場するアムステルダム空港の事例に基づいて名付けられた、認知バイアス効果の総称だ。

本書のテーマはまさにこのタイトルが表すように、私たちの生活を取り囲む様々な「ハエ」（認知バイアス）の正体を明らかにし、それらとうまくつきあっていくための有益なアドバイスを提供することだ。

著者は、行動経済学者のエヴァ・ファン・デン・ブルックと、広告業界でクリエイティブ・ディレクターとして活躍するティム・デン・ハイヤー。エヴァは学術的な視点を持ち、ティムは認知バイアスの応用と深く関わるビジネス現場での経験が豊富だ。

2人の著者はバランスよく、オランダ人ならではの独自の視点と実に軽妙な語り口で、あっと驚く認知バイアスの不思議や、知らぬ間に私たちの生活に深く入り込んでいるこの「ハエたち」の生態を、実に面白おかしいエピソードを交えながら教えてくれる。

本書には日常生活に役立つヒントが満載だ。

本書を読み進めると、これからはレストランでワインを注文する際、なぜメニューの一番上にはとびきり高い値段のワインが書かれているのかがわかるようになるだろう。スーパーで買い物をするときも、なぜ最初に健康的な生鮮食品が置かれたエリアを通るのか、なぜレジの近くにセール品の甘いお菓子が置いてあるのかなど、その理由を考えるようにもなるはずだ（うまくいけば、不要な買い物をしなくてもすむようになるかもしれない）。

近年、認知バイアスに関する研究が進むにつれ、人間が生得的に持っているこの心理的な傾向をビジネスや公共分野に活かそうとする動きがますます活発になっている（その代表例が、本書にも登場する「ナッジ」と「スラッジ」だ）。

私たちはそれによって多くの恩恵を受けると同時に、知らないうちに誰かに操られる危険性も増している。

認知バイアスについての理解を深めることは、私たちがこれからの社会をより良いものにしていくと同時に、個人として様々なリスクから身を守るためにも非常に重要だと言えるだろう。

本書は、まさにそのためにうってつけの、かつ読み物としてもとても楽しい、認知バイアスの格好の入門書だ。

本書が読者の役に立つことを、心から願っている。

翻訳家　児島　修

勘違いが人を動かす　教養としての行動経済学入門　目次

第1章

脳に騙される私たち

——自分にとって都合のいいことばかり考えてしまう理由

第2章

なぜ人は怠けてしまうのか
――「面倒くさい」を脱し「すぐやる人」になる方法

第3章

「想像の痛み」から逃げたい
——不安やストレスに振り回されない技術

第4章 「人と同じ」じゃないと不安 ——「同調」と「社会性」を使いこなす

第5章 「今すぐ欲しい」が「まだやりたくない」

――「時間」を効率的に使うコツ

第6章

知らぬ間に注目している

――誘惑の仕組みを利用する

第7章

報酬はどう与えるべきか

――「アメとムチ」をうまく使うために

※本文中の〔　〕は訳注を表す。

はじめに

「論理」よりも「情熱」よりも、「人を動かす」もの

世界で一番有名なハエの生息地は、オランダのアムステルダム・スキポール空港だ。

男性なら、このハエを目にしたことがあるかもしれない。女性はおそらくないだろう。といっても、ぶんぶんと宙を飛んでいたり、ピン留めされて展示ケースのなかにいたりするハエではない。

それは、男子トイレの**小便器の的として描かれた絵のハエ**なのだ。

この空港のトイレに小さなハエが描かれるようになったのは1990年代初頭。

ただし、そのアイデア自体はまったく新しいものではなかった。

英国中部にあるストラトフォード・アポン・エイボンという町では、1880年頃に小便器にハチが描かれていた。ラテン語でハチを表す言葉は「apis（アピス）」という。「ピス

（piss）」は英語でおしっこの意味。いかにも英国人らしいユーモアだ。

オランダの軍隊でも、1950年代には小便器に標的が描かれていた。

スキポール空港の小便器に小さなハエが描かれるようになったのも、同じ発想だ。つまり、利用者にもっと正確に小便器の真ん中に向けて小便をしてほしいということ。

一般的に、男性が用を足すとき、おしっこの狙いは小便器から外れることが多い。特に、空港に着いたばかりで時差ぼけしていると、狙いがかなり甘くなる。その結果、床をモップで拭く清掃員の仕事が増える。空港にとっては経費がかさむし、トイレが清掃中で使えなくなる時間が増えるので、急いでいる旅行者もイライラする。

だが、**小便器の真ん中にハエが描かれていると、自然と狙いを定めやすくなる**。それによって、同空港では床に尿がこぼれる（専門用語で「尿はね」と呼ばれる）量が約5割も減ったという。当然、清掃費も大幅に削減できた。[1*]

だから、このハエは世界中で真似されている。

このトリックは、網にボールを当てるための的から、対戦型のデジタルゲームまで、様々な形で取り入れられている。アイスランドでは、金融危機の後、にっくき銀行員の顔が小便器の的として描かれたこともある。

このハエはトイレだけではなく、まったく別の場所でも有名になった。行動科学の分野だ。

このありふれた偽物のハエは、これまで**正しいと見なされてきた「人を動かすための法則」にことごとく反している**のだ。

古代ギリシャや古代ローマの時代から、人の行動を変えたいときは、その内容を言葉で明確に説明し、体系的な情報やロジックを示し(「ロゴス」＝論理性)、感情に訴えかけ(「パトス」＝情熱)、信頼できる方法(「エートス」＝信頼性)で伝えることが大切だと考えられてきた。

これらはもっともらしい説明に聞こえるし、実際にうまくいくこともある。けれども、うまくいかない場合も多い。

たとえば、「喫煙は健康に悪い」と身近な人に説得されても、どれだけ有名人や科学者、インフルエンサーが訴えても、どんなに広告が感動的で、辛辣で、面白おかしかったりしても、喫煙者のほとんどはタバコを吸い続ける。

人を動かすのは、それほど難しいことなのだ。

＊スキポール空港のケースでは、小便器にハエの絵を描いたことで、トイレの清掃代が約８％削減できたという。年間で、約３万５０００ユーロを節約できたことになる。

私たちの行動は「誰か」に誘導されている

人を動かすのは難しい。これは、大きな問題だ。

なぜなら、**私たちは日常的に（ほとんどの場合は悪意なく）相手を動かそうとしている**からだ。

人間は集団をつくって生活する生き物だ。何かを成し遂げるのには仲間の力が要る。つまり私たちには、従業員に効率よく働いてもらい、市民にルールを守ってもらい、顧客に商品を買ってもらう必要がある。

歯科医師は患者に歯を磨いてほしいし、慈善団体は支援者に寄付してほしい。ディスクジョッキーはダンスフロアにいるみんなに両手を挙げてほしいと思っている。

人は互いに相手を動かし合わなければ生きていけないのだ。

しかし、従来の方法に従って**論理的に説明したり、情報を提示したりしても、相手が動いてくれるとは限らない**。その場合は、どうすればいいのだろう？

強制？　脅し？　軍隊や警察には向いているかもしれないが、シャンプーを売るのにはあまり相応しくない方法だ。

ギフトや割引、ボーナスで相手を釣ろうとする？　うまくいく場合もあるが、逆効果になることも少なくなく（この点については後で詳しく説明する）、後始末が大変になりがちだ。

では、いったいどうすればいいのか？

そこで、本書の著者である2人、行動経済学者のエヴァと行動デザイナーのティムのお出ましになる。

2人とも、あの冗談のようなハエの絵に、実に大きな効果があることを理解している。**罰も報酬も、知識も議論も、感動も約束もないのに、小さなハエを小便器に描いただけで、人を動かせる**のだ。

その裏側では、どんな仕組みが作用しているのだろうか？

トイレのハエは、「ナッジ」の典型例としてよく紹介される。ナッジとは、ノーベル経済学賞受賞者の経済学者リチャード・セイラーが定義した用語で、「望ましい行動を簡単に、楽しく、自然に促す、環境における小さな変化」のことを指す。

男性は意識するまでもなく、小便器に描かれたハエを自然と的にする。

だがよく考えてみると、これは例外的なことではない。

人間の行動は、様々な場面で自然に誘導されているのだ。

買い物をするとき、いつも同じブランドの商品を手にとる。

旅行先には、天候がいい場所を選ぶ。

レストランを選ぶときは、繁盛店に入ろうとする。

スーパーマーケットでは、まずは青野菜やトマトをカゴに入れていくのに、レジの直前で甘いチョコレートを入れてしまう。

お気に入りのブランドのTシャツには、ちょっと値段が張っても喜んで金を出す。

1日1万歩という目標を設定していると、少し遠回りして帰宅しようという気持ちになる。

どれも当たり前のように見えるが、当たり前すぎて、私たちはそのことをあらためて考えようともしない。しかし、**私たちの行動は、思いも寄らない何かに影響されている。**

「一見すると小さなことが人の行動に大きな影響を及ぼす現象」を、筆者は**「ハウスフライ効果」**と呼んでいる(ハウスフライとは、イエバエのことだ)。

そう、これはトイレに描かれたハエからヒントを得た名称だ。ただし、**バタフライ効果**にも由来している。バタフライ効果とは、物事の予測不可能な連鎖反応を説明するための概念だ。「フィレンツェで蝶が羽ばたくと、連鎖反応によってテキサスで竜巻が起きる」といった表現で説明されることが多い。

幸い、私たちはハウスフライ効果を認識し、ときには避けたり、目標にしたりできる。

人を動かす「ハウスフライ効果」と認知バイアス

ハウスフライ効果は、私たちの脳内だけで生じる複雑なメカニズムではない（ただし、脳内でつくられるものではある）。実際に世の中に存在しているものなのだ。多くの研究者が、その仕組みを解明しようとしている。

たとえば、道路標識の矢印が上を向いていると（スピード低下への注意を促す標識）、渋滞が起こりにくくなる。

魚の名前を変えると、突然消費量が増える。

どれも、ごく小さな要素が人間の行動に大きな影響を与えている。

このような現象は、**人間の先入観や偏見といった「勘違い」が原因**となっている。

その勘違いは**「認知バイアス」**と呼ばれるもので、既に科学的に広く研究され、名称があるものも多い。本書では、既存の認知バイアスも紹介しながら説明をしていく。そのほうが、言いたいことを伝えやすいからだ。

ウェブサイトの学資ローンの申し込みページでは、「上限額まで借りる」というデフォルトの設定を変えるだけで、学生がお金を借りる額を大幅に減らせる。これも、認知バイアスを用いたハウスフライ効果だ。

本書の共著者の1人であるクリエイティブ戦略家、行動デザイナー、コピーライターのティムは、クライアントに「目立つためには、ライバルとは違うことをする必要がありますと言いたいときに、「こういう場合、フォン・レストルフ効果を活用すると効果的です」と言う。そのほうが、断然スマートに聞こえるからだ。

もう1人の共著者である行動経済学者のエヴァも、「人は面倒なことはしません」と言うのではなく、「人はデフォルトの選択肢をそのまま選ぶ傾向があります」と言えば、政治家に話を聞いてもらいやすくなるのを知っている。

認知バイアスの用語は、知っていると役に立つことがあるし、響きもカッコいい。ぜひこの本で紹介するものを覚えてみてほしい。本書では、認知バイアスの名称をわかりやすく太字で表示している。また、巻末の付録にもリストとしてまとめてある。

認知バイアスとハウスフライ効果は様々な形や大きさで表れる。本書では、その例をたくさん紹介する。

スーパーマーケットであなたの買い物カゴをいつのまにかいっぱいにしてしまう狡猾な

ハウスフライ効果もあれば、安全運転や健康的な生活を促してくれる親切なハウスフライ効果もある。

政治家や営業担当者、カジノが巧妙に仕掛けてくるハウスフライ効果のうち、どれを避けるべきかも教えよう。

お気に入りのレストランに友だちを誘ったり、子どもに残さず食べさせたりするために、どんな認知バイアスを活用すればいいかも紹介する。

同時に、筆者は読者であるあなたにもハウスフライ効果を仕掛けていく。

でも、心配しないでほしい。試した場合は、きちんと説明する（ほとんどの場合は）。

本書を読みながら、**「効果」効果**というものがあることを念頭に置いてほしい。人は「効果」と名付けられたものには、興味を示しやすくなるというものだ。

本書の原題が「Het bromvliegeffect（ハウスフライ効果）」となっているのにも、当然ながら、意味があるというわけだ。

「行動科学」を効果的に使うための注意点

本書では、多数の科学的知見を、できる限りわかりやすく紹介していく。

筆者が魅了されている**人間の行動や、その裏にある科学の面白さ**を、ぜひあなたにも味わっていただきたい。

そのために、本当は詳しく説明したいが、便宜上、簡略化した箇所もある。

その結果、専門的な知識を持つ人は、本書の説明や結論が単純化されすぎていると感じるかもしれない。

だから、たとえば本書の脳に関する記述は、脳手術をするための基本となるような厳密なものとして受け止めないでいただきたい。

ただし、**日常的な状況では十分に参考にできる**ものとなっている。

私たちは今、行動科学の最盛期にいる。新しい発見は絶えず起こっている。そのなかには、従来の考えと矛盾するものもある。将来、この本の次の版が刊行されることになったら、いくつかの修正が必要になるだろう。

加えて、行動科学は自然科学と性質が異なる。たとえば、自然科学では「地球は太陽の周りを公転しているが、公転していないときもある」といった記述はまったく意味をなさない。けれども、行動科学の場合はそのような矛盾も当てはまることがある。

人は集団に属したがるときもあれば、自分だけ目立ちたがるときもある。馴染みがあるものが好きだが、新しいものも好き。

選択肢があるのは好きだが、選ぶのは嫌い。**行動は環境によって変わる**。それは、ハウスフライ効果も同じだ。最初は必ず実験してみること。つまり、同じ条件下で、ハウスフライ効果を使った場合と、使わなかった場合の違いを観察するのだ。

それから、**ゴールデンハンマー効果**にも注意すること。これは、ある解決策がうまくいくと、それがすべての問題を解決してくれるように感じる（万能のハンマーを手にして、すべてが打つべき釘に見えてくる）、という認知バイアスだ。

ハウスフライ効果は万能薬ではない。その点には注意してほしい。しかし、それは**魅力的で、便利で、危険で、面白く、ときには驚くほど効果的**だ。

これから、一緒に様々な認知バイアスとハウスフライ効果を探しにいこう。

なぜカジノは「現金」ではなく「コイン」を使わせるのか？

ラスベガスは、ハウスフライ効果の都だ。

本書では70種類以上の認知バイアスと、ハウスフライ効果を紹介していく。その手始めとして、この都市の秘密を解き明かすことほど相応しいものもない。

世界中探しても、ラスベガスほど騙しのプロや腕利きのイリュージョニストが集まっている場所はない。

人はカジノに足を踏み入れるとき、「私はカジノのゲームが得意だ。幸運も味方している。止め時だってわかってる。いろんなトリックがあるだろうが、自分には通用しないぞ」と心のなかで思っているものだ。

しかし、本書を読めば、考えが変わるはずだ。

カジノには、客から金を搾り取るための巧妙な仕掛けが驚くほどたくさんある。

入口で現金をチップに替えるように求められた時点から、それは始まっている。

賭け金をチップに替えるのは、大量の現金を持ち歩くことの危険性を減らす安全面の理由だけではない。**プラスチックのチップを使って賭けをすると、現金を使った場合よりも負けたときに苦痛を感じにくくなる。**それを、カジノ側は知っているのだ。

またカジノの店内では、幸運をつかんだ人の姿をあちこちで目にする。

目につきやすいところにスロットマシンが設置され、わざと(小さな)賞金がたくさん出るようになっているのだ。それを目にした他の客は、自分も同じ幸運を手にできるかもしれないと期待する。*

店内に入ると、時間の感覚がすぐになくなり、いつまでもギャンブルを続けられるような錯覚に陥る。また、カジノは意図的に迷路のようにつくられていて、何日そこで過ごしても、**最短で出口に向かう道のりがわからないような設計**になっている。これも、できるだけ長く客に金を落とし続けるようにさせたいカジノ側の狙いに基づいている。客の歩くスピードを遅らせるために、店内には毛足の長いカーペットが敷き詰められている。見えるところに時計はない。あるのは、店内で売られている法外な値段のスイス製腕時計のみだ（大勝ちして気が大きくなっている客に、さっそくそこで大金を使わせる仕組みになっている）。

店内に日の光は入ってこない。屋内の壁にパリやベニスの風景が再現され、描かれた青空が見えるだけだ。

イルミネーションを施した数字が、次の大当たりへのカウントダウンを告げる。点滅する光、絶え間なく鳴り響くマシンの音、その合間から聞こえてくる小さな当たりを知らせる音――。

どれも、**客に「もう少し賭け続けたら勝てるかも」という気にさせる**ためのものだ。

＊同じ理由で、催し場の主催者は、午前中の抽選で大きな景品を多く出すようにしていると言われている。来場した客は、子どもたちが景品の大きなぬいぐるみを引きずっている姿をあちこちで目にして、自分も当たりを引けるの

ではないかと抽選に金を払う。だが実際には、もうその時点では大当たりの景品はほとんどなくなっている。また主催者は、客が少ない午前中の時間帯の集客力を上げるために、「抽選は午前中のほうが当たりやすい」という噂話をわざと広めることもある。この手の催し場にはたくさんのハウスフライ効果が仕掛けられているというわけだ。

日常にあふれる無数の「仕掛け」を解き明かす

旅行客たちは数日間カジノに興じたのち、逃げるようにラスベガスを後にする。みんなすっかり神経が高ぶり、心の平穏や自然の癒しを求めている。

筆者のティムは、この街は究極の自然現象（つまり、人間がいかに周囲の環境に影響される生き物であるか）が観察できる場所だととらえていて、ここでいろんな種類のハウスフライ効果を探すのに1週間を費やしてもまったく退屈しない（もちろん、ギャンブルはしない）。

だが、この都市に長く滞在した人は、問題を抱えやすくなる。

ギャンブルの誘惑は、カジノだけではなく、店舗やガソリンスタンド、空港など、あちこちにある。その結果、こうした場所には「次の賭けでこれまでの負けを取り戻せる」と自分に言い聞かせるギャンブル依存症の人があふれることになる。

認知バイアスは、聖書に出てくる災いのようなものであり、誰も逃れられない。

なぜ、政府はギャンブル依存症の人を助けないのかと思う人もいるだろう。あるいは、「これは米国での話だ。私の国では、そのような罠にはまることはない。私の国の文化はもっと堅実だし、この種の自己欺瞞もそれほどひどくはない。だから他人に騙されることもないはずだ」と思った人もいるかもしれない。

だが、それは本当だろうか？

試しに、地元の大きな家具店に行ってみてほしい。組み立て式のクローゼットやベッドが売られているような店だ。

よく観察すれば、その店がラスベガスのカジノと同じような発想で設計されていることがわかる。店内の経路はわかりにくくなっており、急いで見て回るのは難しい。店内にいる間に日光は見えただろうか？　そう、最後には見える。レジがある場所では、外の光が見えるようになっている。金を払った客に対しては、さっさと外に出て行くのを促しているのだ。

スーパーマーケットや、お気に入りのお店（オンラインを含む）、洒落たレストラン、国税庁のウェブサイトはどうだろうか？

ラスベガスで用いられている仕組みは、私たちの住むごく普通の町でも同じように用いられている。

日常生活には、私たちの行動を誘導しようとする様々な仕掛けがあふれている。

そして、その一番の共犯者はあなた自身の脳なのだ。

日本語版への序文

筆者2人にとって、本書のタイトルを、小便器に描かれたハエにちなんで名づけるのは大きな賭けでした〔オランダ語の原題は、「イエバエ効果」を意味する『Het bromvliegeffect』〕。読者に気持ち悪いと思われ、敬遠されはしないだろうか？

科学者たちは、この平凡な人間行動の例に意外性を感じてくれるだろうか？

しかし、実際に本書が刊行されると、この賭けが報われたことがわかりました。本書は**本国オランダでベストセラー**となり、ジュニア版や、今後刊行予定の2冊の続編、人気ポッドキャストを生み出しました。

筆者が何より大きな誇りを感じたのは、今あなたが手にしているような、様々な外国語への翻訳版が制作されたことです。

とはいえ、この日本語版の刊行を前にして、筆者はあらためて疑問を覚えています。日本の読者は文化の違いのために、本書の内容を日常生活に当てはめるのが難しくはないだろうか？

筆者は、素っ気ないオランダ式の小便器と、日本を訪れたときに驚いたあの美しく、ハイテク技術が満載のトイレを思わず比べてしまいます。トイレに快適な音楽が流れ、暖房機能付きの便器を使っている国の人たちに、ハエの絵を便器に描く必要などあるのでしょうか？

また筆者は、アムステルダムの混沌とした交通状況と、整然と人が行き交う渋谷の交差点を思い浮かべ、学ぶべきはオランダ人の側であり、その逆ではないとも感じてしまいます。

日本人にとっては当たり前に思えるようなことが、オランダ人からするととても印象的です。

オランダ人は相手に「あれをしたらダメ、これをしたらダメ」とよく言います。しかし、日本人は「代わりの方法を示すこと」で効果的に望ましい行動を促しているように見えます。

たとえば日本のレストランでは、床に直接荷物を置かなくてもいいように、椅子の隣にカゴが用意してあります。

オランダの列車では、車掌が「車内に泥棒がいるかもしれないから荷物に気をつけてください」というアナウンスが流れます。日本の電車はそもそも安全ですが、特急列車〔成田エクスプレス〕の荷物置き場ではダイヤルロックを利用できます。[*]

筆者の1人である科学者のエヴァは、公共利益のために専門チームが様々な分野で行動科学の知見を導入している日本の先進的なアプローチに大きな関心を持っています。

もう1人の著者で、広告業界で働くティムは、東京を訪れ、JR山手線を乗り降りした日々の中で、日本では繊細な方法で人々の行動が誘導されていることに感銘を受けました。地下鉄のアナウンスの甘く柔らかい声は、ヨーロッパで耳にするぶっきらぼうなアナウンスとは対照的です。日本の地下鉄が安全だと感じられたのは、こうしたアナウンスも影響していたのかもしれません。

重要な「大人向けの」健康情報や交通情報を知らせる際に漫画の人物やイラストが使われるのは、オランダ人には幼稚にも感じられます。しかし、これはあまり見聞きしたくないメッセージに対する障壁を低くするための巧妙な方法と言えるでしょう。

ティムはまた、**日本の店舗で体験した、客をうまく誘導する効果**にも衝撃を受けました。銀座の静かで高級感に満ちた店内にいるとリッチな気分になり、美しい筆記用具を買い求めてしまいました。秋葉原ではあふれるポップカルチャーの感覚によってオタク的な側面が刺激され、気がつくと完璧なドラえもんのフィギュアを求めて店内を探し回っていました。

ドン・キホーテのようなディスカウントショップでの巧妙な価格設定については？　まさに「買い物欲を刺激された旅行者」として振る舞うことになったとだけ伝えておきましょう。

もちろん、文化の違いは行動に影響します。

日本の地下鉄のホームにできる行列は、人々をその列に並ぶように誘導しますが、他の多くの国では、せっかちな旅行者は行列など無視するでしょう。

日本の路上にゴミがなく、道端にゴミ箱も設置されていないのを見ると、オランダ人はびっくりします。アムステルダムの運河をゴミで埋め尽くさない唯一の方法は、ゴミ箱を設置して人々にゴミを入れさせることであると、オランダ人は自然法則のように当たり前に思うからです。

また、日本の地下鉄で乗客が新しいiPhoneを真横に置いてぐっすり眠っている姿は、スリに気を付けるようにと徹底的に教え込まれて育ったオランダ人の目には現実離れした光景に映ります。

一方、オランダを訪れた日本人は、アムステルダムの人々のルールや法律に対する緩い態度や、社会的地位の違いをなんとも思わない態度に驚くかもしれません。オランダ人は自由に国王の背中を叩いたり、首相とセルフィーを撮ったりするのです。

アムステルダム中央駅の裏にある、文字通りルールのない道路で、誰もが自分の進みたい方向に進んでいるのに、どうにかしてぶつからずにすんでいるのを見て、外国からの旅行客は唖然としています。

とはいえ、**私たちは本当にそれほど違うのでしょうか？**

人間の脳はとてもよく似ています。文化や性格によって表現方法は異なるかもしれませんが、誰もが同じような欲求や本能を持っているのは事実です。

アムステルダムの運河でも、東京の繁華街でも、**人は日常生活で遭遇する様々な選択肢や意思決定に圧倒され、脳がつくりだす巧妙な近道に頼ってしまう**のです。

だからこそ、人は本書で「ハウスフライ効果」と呼ぶ小さな合図やナッジ、操作の影響に弱いのです。

そして、これは私たちの脳のバグではなく、もともと備わっている機能です！

しかし、この機能のために、私たちは意図的、あるいは偶然に、後悔につながる決定に導かれてしまうことがあります。

もしくは、この機能のせいで自分の望むような行動をうまくとれないこともあるのです。

日本人とオランダ人に違いがあろうがなかろうが、あなたの日常生活において「潜在意識レベルで人を動かす」効果を認識するのに、本書が役立つことを筆者は願っています。本書を読むことで、あなたは**自分や他人の行動をより深く理解できる**ようになるでしょう。

本書の知見を、ぜひ自分の行動を変えることにも応用してみてください――もちろん、良い形で。

同時に筆者は、人間の限界を知ることにより、あなたが、自分や周りの人たちの行動に対して愛情あふれる笑顔を向けられるようになることも願っています。

＊筆者のティムは早速喜び勇んでスーツケースを車内の荷物置き場にダイヤルロックで固定したところ、すぐに番号を忘れてしまい、必死に思い出そうとしていろんな番号の組み合わせを試しながら、空港から都心に向かう特急列車での時間を過ごしました。幸い、新宿駅に到着する直前に解錠できました。

第 1 章

脳に騙される私たち
——自分にとって都合のいいことばかり考えてしまう理由

欺瞞または“自己欺瞞”。
「自信過剰」、「プラシーボ」、「帰属」など。
根絶できないと言ってよく、
人の目に見えないことが多いハウスフライ効果。
別のハウスフライ効果も誘導する。
少量なら良い結果をもたらすこともあるので放っておけばよい。
急に増えた場合はミラーリング（まねること）が
効果的な対処策になる場合がある。
職場で遭遇した場合は相手に優しく接し、
機嫌を取ることが望ましい。

「私だけに当てはまる！」と誰もが思っている

本書の表紙には6つのパターンがあり、それぞれ色が異なっている。色は、選んだ人の性格をよく表している。あなたは今、自分が選んだ色にどんな意味があるのか、気になっているのではないだろうか。

あなたのようにオレンジ色を選んだのは、とても個性的な人だ。一方で、とても外交的でオープンな性格も持ち合わせている。

オレンジ色を選んだ人は、自己表現力が高く、感情が豊かだ。同時に、内向的で「物事を自分の頭のなかだけで考えがち」でもある。

こうした特性は、表紙のデザインでも示されている。この2つの側面が組み合わさり、あなたらしさがつくられている。本書ではそんなあなたにぴったりの、面白い投資の機会についても紹介しよう。

……もうお気づきになったのではないだろうか。そう、実はこの本には1パターンの表紙しかない。

それでもあなたは、「この本の表紙には6パターンあり、あなたのようにオレンジ色のバージョンを選んだ人には、こんな性格的特徴がある」という説明を読んで、「まさに自分の性格だ」と感じたのではないだろうか。

心配しなくてもいい。これは古典的な認知バイアスである、**フォアラー効果（「バーナム効果」とも呼ばれる）**によるものだ。「オレンジ色の表紙を選んだ人に当てはまる」として説明したものは、ほとんどの人が、「ほかの人には当てはまらないが、自分には当てはまる」と受け止めることで知られている性格的特徴だ。

フォアラー効果は、すでに前世紀から霊能者や手相占い師によって使われていた。今日でも、ソーシャルメディアには〝内向的かつ外交的な人はこんな感じ〟といった怪しげな情報があふれている。

こう説明しても、「でも、自分の場合は本当に内向的でもあり外交的でもある人間かもしれない」と思っている人もいるかもしれない。

あなたの個性をないがしろにしたいわけではないが、**人間は自分が思っているほど自分自身のことを知らない**ものだ。

ハウスフライ効果は、喜んでこの特性を利用しようとする。人間の錯覚や盲点、脳がとる〝近道〟にすかさず便乗してくるのだ。

ハウスフライ効果を見つけ出し、そのトリックを理解するには、私たちはまず、自分自身に対する見方を変えなければならない。

「頭で考えて動く人」と「直感的に動く人」は決定的に違うのか？

あなたは何かをするとき、常に事実に基づき、意識的かつ慎重に行動するタイプだろうか？　それとも、頭で考えるのではなく、状況や環境、あるいは遺伝子の働きに従って、無意識的に行動するタイプだろうか？

実際には、行動のメカニズムは前者と後者のどちらか一方にのみ依るのではなく、両者の組み合わせによって成り立っている。

音楽は、リズム、メロディ、ハーモニー、音質の組み合わせでつくられている。同様に、**人の行動は身体的作用、文化、状況、性格が合わさって生み出される。**これらの要素は複雑に関連している。

たとえば、胎児のときに子宮内で栄養不足を経験した人は、遺伝子の働きに影響が生じ、ある状況下で特定の反応をする可能性が高まる。このように、人の行動は思いもよらない様々なものの影響を受けている。

つまり、**私たちは、必ずしも思い通りに行動しているわけではない**のだ。

しかし、人はこの事実を素直に受け取らず、別の思考に陥ることが多い。

戦争や搾取、大気汚染、社会の二極化などの大きな社会問題のなかには、解決策が明確だと思えるものがある。そんなとき私たちは、「なんで、こんな簡単な解決策を実行しないのだろう？」と疑問を抱く。

しかし残念ながら、行動の仕組みは、そう簡単に答えが導けるものではない。fMRI〔MRI装置を用いて脳機能を測定する手法〕や脳波スキャンによって脳の働きを細かく観察したとしても、どのようなメカニズムで人が行動を選択しているかを解き明かすのは至難の業なのだ。

人間の脳は、3億年に及ぶ生物の進化の影響を大きく受けている。そのため人の行動には、同族意識や、自己保存〔自らの生命を守り、発展させようとする、生物に備わる本能〕、短期的思考といったものが根強く関わっている。私たちがどれだけ**脳の仕組みに関する知識を増やしても、頭で考えた通りに行動できない**のはそのためだ。

私たちにできるのは、必ずしも合理的なロジックで導き出されるわけではない自らの行動の長所と短所について、賢く考えることくらいだ。

現代の生活にそぐわない「衝動性」が遺伝子に刻まれている理由

古典派の経済学では、人は選択肢のメリットとデメリットを天秤にかけて、合理的に行動していると考えられていた。

しかし現代の行動経済学では、人間の実際の行動をよく観察した結果、「**人が何かの行動をするときには、単なるメリットやデメリットだけでは測れない、もっと複雑で高度なメカニズムが働いている**」と考えるようになった。

たしかに、脳は次に起こることを常に予測して、取りうる選択肢のメリットとデメリットを比較し、最適なものを選ぼうとする。

しかし、たとえば結婚を決断するときには、メリットやデメリットといった合理性だけでは測れない、もっと本能的で直感的な力が作用しているはずだ。

深く考えずに瞬時の判断ですぐさま行動に移すのは、現代社会の管理職研修プログラムでは評価されないかもしれない。

だが、私たちの遠い祖先がサバンナで身を守るためには、とっさの判断が不可欠だった。これが、人に衝動性が備わっている理由だ。私たちの遺伝子には、**「どちらの選択肢を選べば自分の子孫を残せるか」という基準で瞬時に判断する特性**が、深く刻まれている。

しかし、この古代の衝動性は、現代人の生活にそぐわないことも多い。たとえば私たちが住宅ローンの検討を難しく感じるのもそのためだ。「30年後に幸せな老後を迎えるために」何かを考えることは、とっさの判断が優先される脳の特性に反している。

つまり、「自分は物事を合理的に考えている」と私たちは信じがちだが、それは思い違いである可能性が高いということだ。

同じことは、自分のことを「社交的」「愛情豊か」「直感的」などと信じている場合にも当てはまる。私たちは、**自分が思っているほど、自分自身についてわかっていない**のだ。

「自信過剰」なのは当たり前

私たちが自分のことをどれほどわかっていないかは、たとえば、人がいかに自分自身を過大評価しているかを考えてみればわかる。

車を運転する人の大半は、自分のことを平均以上の優良ドライバーだと考えている。数学的に考えればありえないはずだが、人にはそう考える傾向があるのだ。

自分が優良ドライバーかどうかは、自動車保険の等級を見れば確認できる。無事故の期間が長いほど、等級は上がっていくからだ。

それなのに、たとえ事故歴があったとしても、人は客観的データを素直に受け取らず、「自分は運転が上手い」と思ってしまう。

こうした**自信過剰な考えを、私たちは物事全般の判断基準にしてしまっている。**

たいていの人は、「自分の直感は正しい」「私は現実的な物の見方ができる」と考えている。そして、自分の考えを過信していることに気づいていない。

自信過剰は、私たちを人間たらしめている要素の1つでもある。そして、本書でも説明していくように、自信過剰にはメリットもある。


しかし自信過剰は、過った行動を導くこともある。

典型例として、1995年4月19日にピッツバーグで起こった事件を紹介しよう。[1]

その日、マッカーサー・ウィーラーという男が、2軒の銀行を襲った。

そもそも銀行強盗を働こうとしたこと自体が、愚かな行動だ。

しかし、この強盗はもっと愚かなことをした。レモンジュースで変装しようとしたのだ。

ウィーラーは、レモン汁が〝見えないインク〟になるのを知っていた（子どもたちにとっては楽しい遊びだ。紙にレモン汁で文字を書き、ヒーターのうえでしばらくかざしていると、見えなかった文字が浮かび上がってくる)。

そして、レモンジュースを顔に塗れば、防犯カメラから自分の顔が見えなくなると考えた。警察によれば、この男はアルコール中毒でも薬物中毒でもなかった。

心理学者のデイヴィッド・ダニング教授とその学生だったジャスティン・クルーガーは、この話からヒントを得て、多くの人が「自分は優良ドライバーである」と過信してしまう現象を研究した。

これが、有名な認知バイアス、**ダニング=クルーガー効果**が生まれた経緯だ。

これは、「あるテーマについて少しだけ知識がある人は、自らの専門性を過大に評価しやすい」という認知バイアスだ。その一因は、断片的で浅い知識に基づいて、短絡的な決断を下してしまうことにある。[2]

無知な人より、知識が豊富な人のほうが自信を持てない理由

ダニング=クルーガー効果は、社会の様々な場所で見られる。

「もし自分が金融業界の管理職だったら、もっといい仕事ができる」と信じている建設作業員が、気後れすることなくその考えをソーシャルメディアに投稿する。

自力で自宅のリノベーションができると思い込んでいる企業幹部が、テレビ番組に出演して下手なＤＩＹを披露してしまう。

ファッションモデルが、たった数時間の調べものをしただけで、現代の医学の大きな問題点がわかったと確信する。

この効果が面白いのは、そのテーマを学ぶにしたがって、過信の度合いが下がっていくことだ。**知識が増えるにつれ、自分がまだ何も知らなかったことに気づく**からだ。その結果、「これは常に当てはまることではないかも」「もっと調べないといけないかな」「そこまで断言はできないだろう」と躊躇し始める。

以前のような自信に満ちた態度は減り、小さな違いが気になって思考が止まったり、言葉に詰まって反論できなくなったりしてしまう。そして、知識を持っている人のほうが、たいした知識もないのに自信満々の人たちに道を譲ってしまうことになる。

だから、トーク番組に出演したテレビドラマの俳優が、付け焼刃の知識で持続可能エネルギーの問題について突然熱く持論を展開することになるのだ。

自己過信の厄介な点は、そういう状況に陥っても、「何かがおかしいぞ」という直感が働きにくいことだ。なにしろ、この**過信そのものが直感から生まれている**のだから。

私たちが、マジシャンや詐欺師のトリックに簡単に騙されてしまうのもそのためだ。「どれだけ素早くカップを動かしても、私にはどこにボールが入っているかはわかるぞ」と感じてしまう。

また、意外にも高学歴の人ほど詐欺の被害に遭いやすく[3]、インターネット上の実在しない恋人に騙されて大金を送ってしまったりする。

さらに、ある専門分野について詳しい人は、「自分は他の分野でも人並み以上に賢いはずだ。嘘くらい簡単に見破れる」と思い込んでしまう。

自己過信に陥らないためには、どんな状況にあっても、「自分は特別だから、ゲームに勝てる」とか「自分の能力があれば巨額の資金を手に入れられる」などと思い込まないよう肝に銘じることだ。

実は、**「人は自分を過信する傾向がある」とわかっていると、私たちは大局的に物事を見ることができる**ようになる。

怪しいと感じたときは、人に意見を聞いてみよう。たいてい、相手はあなたほど、あなたのことを買いかぶってはいないからだ。

あなたを「勘違い」させる脳の仕組み

脳は頻繁に私たちを勘違いさせる。なぜか？　それは私たちのせいではない。

私たちが勘違いしやすいのは、**脳が、目の前の現実のうちもっとも処理しやすいパターンに注目するように進化している**からだ。過去に認識したことのある何かと似ているものは、同じようなものだと認識したほうが、効率がいい。

だが実際には、そのパターンが現実を正確に映しているとは限らない。

そこで脳は広報担当者である「意識」を使って、「自分の行動は正しい」と言い聞かせようとする。[4]

どんな社会でも、その一員になるためには一定の常識的行動が求められる。そのため、適度な自信はあってもいいが、同時に謙虚さも十分に持ち合わせていなければならない。当然ながら、信頼できる人間であることも必要だ。さらには、年齢や社会的地位、ジェンダーや文化によって求められる、人としての強さや他者への優しさも備えておかなければならない。

こうした特性を持ち合わせていないのに、それがあるふりをずっと続けていくのは難しい。一流の俳優でさえ、それを演じ切るのは簡単ではないだろう。

だから**脳は、意識に対して、「自分はもともとそういう特性や性格の持ち主だ」と言い聞かせようとする。**自分がそうだと信じ込めば、周りもそういう性格なのだと信じやすくなる。＊

これが、自己欺瞞の力だ。

危険思想の主張者やカルト教団の指導者らは、自らがつくり上げた物語を強く信じている。だから、他人を惑わせられるのだ。

＊自分自身に「Ｙｏｕ（お前、あなた）」という言葉を使って話しかけると、周りの人たちから高く評価されるパフォーマンスを出しやすいことがわかっている。たとえば、「クリスティアーノ、お前《Ｙｏｕ》ならできる。今シュートするんだ！」と自分に言い聞かせながらプレーしているサッカー選手のことを想像してみてほしい。

人間の意識は「脳がどう働いているのか」を把握できない

私たちが心のなかで自分に語りかける、〝小さな声〟（セルフトーク）にも自己欺瞞は当てはまる。セルフトークは、誰かに発する言葉を準備する過程で生じると考えられている。[5]

たとえばあなたが、みんなと分け合って食べるためにカゴに入れてあるリンゴを、自分1人で何個も取ったとする。

そのときあなたの脳は、これから始まるかもしれない議論のウォーミングアップをしている。「だって、今日は仕事でクタクタになっていて、おなかが減ってるから」。心のなかでそうシミュレーションすることで、自分の正当性を雄弁に語り、都合の悪い点を弁明する、よどみない言葉が整えられていく。*

「人間は進化の過程で自分を欺く方法を身につけてきた」という説は、信憑性は高そうだ。しかし、証明するのは難しい。

とはいえ、私たちの祖先が様々なトラブルを避けるために編み出してきた賢い方法が、私たちの心のなかに今でも残っているという考えは、十分に納得できるものだ。

いずれにせよ、1つたしかなことがある。

人間の意識は、脳の働きを常に完全に把握しているわけではない。

だから、たとえば「上司や同僚、家族はこう言っているけど、私はそれを認めない」といった心の声がすると、簡単に鵜呑みにしてしまう。

こうした**心の「小さな声」には、疑いの目を向けるべきだ**。瞑想で自分の心を観察する訓練をすると、それがうまくできるようになる。

＊心理療法では、患者の心のなかの物語が何かの障害になっている場合、それを意識的に書き直させることがある。その物語は極端に肯定的な内容の場合もあれば、非常に否定的な内容の場合もある。

実験してみよう

人はなぜ自信過剰になるのか？

パーティーでできるゲームを紹介しよう。

まず、その場にいる家族や同僚、友人にペンと紙を渡し、「みんなで取り組んでいることに、あなたは全体のうち何パーセントくらい貢献していると思いますか？」と質問して、答えを書き出してもらう。

ここでいう「みんなで取り組んでいること」には、家事やクリスマス会の企画、飲み会での運転手役などが当てはまる。

人数にもよるが、それぞれが申告した貢献度を合計すると、たいてい150パーセント程度になる。つまり、人は自分の貢献度を実際よりも1・5倍ほど多く見積もっているのだ。

その結果について話し合い、15分後ぐらいにもう一度同じように紙に貢献度を書いてもらう。ほとんどの人が初回よりも小さい数字を書くが、全員の数を合計すると、それでもまだ100パーセントを超えてしまうことが多い。

自分を過大評価するのは他人がいるとき

人は自分を客観視するのが苦手で、自分を過大評価しがちだ。

だが、私たちは楽観的な自己像を描くことで、いったい誰を欺こうとしているのだろうか？　自分自身？　それとも他人？

アムステルダム大学経済学部のジョエル・ファン・デ・ウィール教授は、ドイツ人経済学者とともにこの問題に取り組み[6]、「人は、ときに現実にしっぺ返しをされることがあっても、非現実的で自分にとって都合のいい自己像を単に好んでいるのだろうか？　それとも過剰な自信を持つほうが他者とのかかわりにおいて好都合であるために、自分を欺こうとするのだろうか？」という問いの答えを探した。

まず、人は**自分にとって都合が良い場合に自分自身を過大評価しがち**であることが示された。被験者に知能検査を受けさせ、自分の得点を予想させたところ、車を運転する人の大半が「自分は優良ドライバーだ」と考えているのと同様に、被験者の大半は自分の得点が平均以上だと予想した。

次に、被験者に実際とは異なる点数を見せた。一部のグループには、「おめでとうございます！　あなたの得点は平均以上でした！」といった過度に肯定的なフィードバックを与えた。その後で、被験者に自分の知能の高さを説明してもらった。

同じ得点でも、肯定的なフィードバックが与えられたグループは、否定的なフィードバックを与えられたグループと比べて、自分の知能の高さを他人に上手く説明できる傾向が見られた。

さらに、「後で、自分の賢さを他人に説明するよう指示される」と予測していた被験者は、自分の得点を実際よりも高く予想する傾向が強く見られた。*

これらのことから、この研究では、**他人が関わる場面で人は自分を過大評価しがち**だという結論が導かれた。これは理にかなっている。虚勢とは、他人に対して張るものだからだ。[7]

＊筆者はあるプレゼンの席で、こうした効果には性差があるのかと尋ねられた。たいていの場合、性差はない。だがこの実験は例外で、男性のほうが対人関係において自信過剰になる傾向が見られた。

精神を鍛えるより環境を変えたほうがいい理由

置かれている状況によって、私たちの行動は変わる。

しかし、**「人間の行動は性格によって決まっている」と考える人は多い。**

筆者のお気に入りの行動実験でも、被験者はそう考えている。その行動実験とは、カップルが性的な誘惑にさらされる様子を描いたリアリティー番組、『誘惑のアイランド』のことだ。

実験が始まる前、参加者は「自分は絶対に貞節を守る」と固く信じている。自分は誠実な人間だと純粋に考えているのだ。

しかし、ひとたび舞台となる別荘に入ると、そこには別世界が待っている。熱気、太陽、酒、高級品……大量のハウスフライ効果が島中にあふれている。そして、参加者は誘惑に抗えなくなる。状況が、意志や性格を打ち負かしてしまうのだ。

「いかがわしい男女に誘惑されるリアリティー番組にわざわざ参加してまで、自分や恋人の誠実さを確かめたくはない」と思う人もいるだろう。だが実際には、休暇になると普段手を出さないような「火遊び」をしてしまう人は多い。

筆者（ティム）は少し前に、政府によるキャンペーンの広告制作に携わった。「賢く旅をしよう」というキャッチコピーがついたこのキャンペーンの目的は、たとえば、普段は交通ルールに従っているのに、旅先でレンタカーを借りると飲酒運転をしがちなオランダ国民に注意を促すものだった。

状況が変われば行動も変わる。これは、まったく不思議なことではない。ジムにいるときと教会にいるとき、パートナーといるときと上司といるとき、校庭にいるときとナイトクラブにいるときでは、私たちの行動は違う。誰もがこの事実をわかっているはずだ。それでも、私たちは状況が及ぼす影響を低く見積もってしまう。

これは、「禁煙する」「酒量を減らす」「定期的に運動する」といった健康に関する目標を設定した場合にも当てはまる。たいてい、私たちは意志や精神力だけに頼ってこうした目標を達成しようとする。

しかし、環境が行動に与える影響の大きさを知っていれば、もっとうまい方法を取れる。**意志に頼るのではなく、環境を変えることに注目する**のだ。

たとえば、家にあるクッキーに手をつけないでいようと我慢するのではなく、こうした菓子類は買わないというルールを決める。パートナーに対して誠実でいたい人は、ふたりで旅行に出かけて、ムードのある素敵なホテルに泊まるといい。高級な別荘やエキゾチックな島ではなくても、こうした環境に身を置くことで、ふたりの関係は良好になるはずだ。

選挙で利用された認知バイアス

２０１６年の米国大統領選後、ケンブリッジ・アナリティカ社が採用したキャンペーン手法をめぐって大論争が巻き起こった。

同社は合法的な方法でフェイスブックから得たと言われる様々なデータを使い、**有権者の心理学的特徴をターゲットにした広告**を打っていたのだ。

その結果、フェイスブックのユーザーは、自らの性格に合わせてつくられた〝トランプに投票すべき理由〟を目にすることになった。

心配性の人には「米国を堕落させるな！」、オープンな性格の人には「米国の未来を切り開こう！」というメッセージの選挙広告が表示された。

後に同社の元従業員が、講演会でこの仕組みを説明した。彼らはフェイスブックのデータを使い「ビッグファイブ理論」という性格特性モデルの分類に従って人々を類型化した。これは心理学者の多くから妥当と見なされている、数少ない性格分類の１つだ。[8]

あるユーザーの数千回分の「いいね」のクリック情報があれば、パートナーが予想するよりも正確にそのユーザーの心理学テストの結果が予想できるという。分析結果に基づき、その人に合った、訴求力のある広告を提示するという仕組みだ。

科学者は、こうした主張の真偽に強い関心を示している。実際、ある実験によれば、心理学的特徴に合った広告を提示された人は、特定の候補者に投票する気持ちが高まることが確認されている。[9]

しかし、実際の選挙でどれほど効果があったのかはよくわかっていない。トランプ陣営のソーシャルメディア専門家であるブラッド・パースカルも、二度目の大統領選挙ではこの手法を用いなかった。非倫理的だからという理由ではない。**それほど効果的ではないと考えた**からだ。

２０２１年、オランダでの下院総選挙で、同国の政党「キリスト教民主同盟（ＣＤＡ）」は様々なタイプのソーシャルメディア広告に資金を投入したが、期待したほどの「ウォプケ効果」（ウォプケ・フークストラはＣＤＡの党首）は得られなかった。

ケンブリッジ・アナリティカ社は、有権者ではなく、自らの顧客を騙したのかもしれない。

失敗はおまえのせい、成功は私のおかげ

「自分の行動は状況や環境に影響されている」と人が無条件に受け入れるときもある。それは、失敗したときだ。

人は大失敗をしたり、誰かの信頼にそむいたり、約束を守れなかったときに、周りのせいにしがちだ。

だが、何かがうまくいったり、成功したりしたときには、自分の持って生まれた性格や気質のおかげだと考える傾向がある。

行動の原因を性格や気質のせいにして、状況がもたらす影響を軽視する認知バイアスは、**「根本的な帰属の誤り」**と呼ばれている。

成功した起業家にその秘訣を尋ねると、「生まれつき勤勉だったから」といった答えが返ってくることが多い。

つまり、**成功したのは自分の性格のおかげ**だというわけだ。

だが、同じ人物が失敗したとき、「生まれつき理不尽に我を通そうとする人間なんです」

といった弁解をするだろうか？「私は努力によって成功をつかんだ人間です。ですが、今回だけは普段なら絶対にしないようなことをしてしまいました」といった語り方をするはずだ。

しかし、周りからはその逆に見えることが多い。

「この人が成功したのは運がよかったからなんだな。今回の件で、本当は嫌な奴だということがよくわかったぞ」という具合に。

大事な約束に遅れそうなので、黄色信号から赤信号に変わりそうな瞬間にアクセルを強く踏んで交差点を通り抜けたとき、自分では「今回だけはやむをえない。不測の事態だ」と思っていたとしても、周りからは「この人は図々しくも赤信号を無視した」と見られるのも同じだ。

こうした認識の食い違いは避け難い。

成功者の自伝に書かれている人生訓は、あまり真面目に受け取るべきではないことがわかってもらえたのではないだろうか。自分の成功や失敗を、一面的な視点からうかつに語るべきではないことも。

自己欺瞞の本質は、自分に嘘をついて自分を騙すこと

「たしかに、私たちは自分で思っているほど賢くはないし、他人の意見も聞かないし、自分に対する見方が甘い。でも、少なくとも正直ではあるはずだ」と思った人もいるかもしれない。だが実際には、それも疑わしい。

正直さの度合いも、状況によって大きく変わるのだ。

自己欺瞞の研究者として知られる行動経済学者のダン・アリエリーは、あるポッドキャスト番組[10]で、正直さと自己欺瞞が、いかに簡単に悪いほうへと転がり落ちてしまうかについて、自らの実体験をもとに説明している。

「私には、深刻なものではないが、障害がある。あるとき、空港の搭乗カウンターでチェックインをしようとしたら、長蛇の列ができていた。そこで一緒にいた友人に頼んで、特に必要ではなかった車椅子を出してもらった。すると、優先的に手続きしてもらえた。そう、私は〝ずる〟をしたのだ。その時点から、私は車椅子ユーザーとして振る舞うことになった。だから、機内の座席に腰掛けるには友人に車椅子から降ろして運んでもら

わなければならなかったし、トイレに行くにも友人の手を借りなければならなかった。窓際に近い席に座っていたので、トイレに頻繁に行くわけにもいかず、フライトのあいだじゅう飲み物を我慢しなければならなかった。最後には、私はすっかり日常的な車椅子ユーザーになりきっていて、機内での不自由さにフラストレーションを募らせていた。私は航空会社に苦情を言った。車椅子に乗っている人間の扱いがひどすぎる、と」

アリエリーが、この恥ずかしいエピソードを語ったのには理由がある。

この話は、自己欺瞞の本質を示しているからだ。**何かを信じ込むには、自分に嘘をつくのも効果的だ**ということだ。

アリエリーが偽りの自分になりきりやすかったのは、実際に軽い障害を持っていたからでもあった。このエピソードは、自分を欺いてセルフイメージを変えることが、人の行動に大きな影響を与えることを示唆している。

他の例として、人が寄付を求められる状況をどう避けるかに注目してみよう。

スーパーマーケットの入り口に募金活動をしている人がいても、ほとんどの人はそこを素通りして店に向かうだろう。だが、募金箱を持っている人が目を合わせて話しかけるようにした実験では、通行人の約三分の一がわざわざ別の入り口を使った。[11] つまり、人は「自分が慈善行為を断る人間である」と認めたくないのだ。

「何の効果もない偽薬」が、現実に有益な効果をもたらす

アマゾンには変な代物がたくさん売られている。

筆者のお気に入りは、「ジーボ（Zeebo）」という商品。キャッチコピーは「即効性のある、純粋なプラシーボ」。処方箋の要らない正真正銘のプラシーボ錠剤で、「各種の症状を和らげ、集中力を高め、頭をスッキリさせ、活力増強、精神安定をもたらす」そうだ。

何やら怪しそうだが、高評価をした顧客のレビューを見てみよう。

「最高のプラシーボ錠、効果バツグン」

プラシーボ効果は自己欺瞞に関する特殊な認知バイアスである。

医療分野でこの言葉を聞いたことがある人も多いだろう。プラシーボとは薬の開発時の試験で本物の薬の反応を比較する際に使われる何の効果もない偽薬のことだ。

しかし、**プラシーボが実際に有益な効果をもたらし得る**ことも知られている。本物の薬だと思ってプラシーボを投与された患者は、痛みの緩和や活力の向上といった望ましい効果を予想する。すると、実際に身体がその通りの反応を見せることがあるのだ。

プラシーボ効果は古くから観察されてきた。1807年、第3代米国大統領のトーマス・ジェファーソンは、かかりつけ医から単なる色つき水を滴下されただけなのに、絶大な効果が得られたと述べている。第二次世界大戦中にも、医師は薬不足のために患者にプラシーボを使うことがあり、それによってめざましい効果が得られたケースも見られた。

もちろん、プラシーボを飲んだからといって大怪我がすぐに治るわけではない。しかし、**痛みやストレス、無気力などに対しては、良い効果をもたらす**ことがある。

プラシーボの効果を高める方法も知られている。錠剤を大きくする、価格を高くするなどだ。肌への擦り込み、静脈注射、偽の外科手術（患部を切開し、何もせずに縫い合わせて終わり）などをすると、さらに効果的だ。

白いプラシーボ錠は頭痛に効くと感じさせ、赤いプラシーボ錠は活力増強に効果がありそうな印象を強める。説明書に副反応の記載が多いほど、そのプラシーボはよく効くと見なされる。

プラシーボを投与された人が、本物の薬剤の副反応を起こす、**ノシーボ効果**と呼ばれる現象が生じることすらある。

投与された人が、プラシーボだとわかっていても、何も飲まなかった場合より良い効果が起きることもある。

「役に立たない」押しボタンが人を守る

効果を期待するだけで、実際に望ましい反応を起こせる。これはすごいことだ。しかし、わざわざ偽薬を飲まなくとも、私たちは気がつかないうちに日常生活のなかでプラシーボ効果を経験している。

たとえば、オフィスの空調問題を考えてみよう。1人の従業員が寒くなって空調の設定温度を上げるが、もう1人は暑いと感じ汗をかいている。2人は交互に空調のボタンを押したり温度設定ダイヤルを回したりしたあと、苛立ちながら話し合いをし、お互いに妥協できる温度を決める。その結果、空調の操作パネルに「この温度設定を絶対に変えないこと！」と書かれた付箋が貼られる。

このような状況を目にしたり、その当事者になったりしたことはないだろうか？

こんなとき、いっそ壁から操作パネルを取り外したいと思うかもしれない。だが、そうすべきではないとアドバイスしよう。

いざとなったら「プラシーボ・ボタン」として使えるからだ。つまり、押しても何も起こらないが、押した人に実際の温度が上がったり下がったりしたと**勘違いさせることで、**

気持ちを落ち着かせるダミーのボタンだ。

プラシーボ・ボタンは、私たちが思っている以上に身の回りにあふれている。米国では、ジャーナリストが空調の専門家に今までプラシーボ・ボタンを導入したことがあるかどうかを尋ねたところ、71人の回答者のうち50人が「イエス」と答えている。*

エレベーターの「閉める」ボタンにもプラシーボ・ボタンが多く用いられている。このボタンは、押しても押さなくても扉が閉まるタイミングは変わらない。だがボタンを押せることで、乗客のストレスを減らせるのだ。

横断歩道を早く渡りたくて、「歩行者用押しボタン」を押す人は多いだろう。だが、ニューヨーク市の場合、３２５０個の歩行者用押しボタンのうち２５００個がダミーだ。押しても信号の切り替わりには何も影響が生じないが、信号待ちをしている人は「これで少しは青信号になるタイミングを早められた」と納得できる。その結果、急いでタクシーをつかまえようと信号を無視して歩道を横断する確率が低くなる。

プラシーボは、何も起こさずに効果をもたらす。これが、このハウスフライ効果の最大の特徴だ。**

＊このネタはニューヨーク・タイムズ紙から拾ったものだ。オリジナルの記事はもっと面白い（The Air Conditioning, Heating and Refrigeration News, 2003）。

＊＊プラシーボはほとんどの人に効くが、その度合いは様々である。個人差が生じる原因はまだよくわかっていない。

わざと「水っぽい味」にされたコーラ

厳密な意味ではプラシーボではないが、**「何もしていないのに実際には効き目のあるもの」**はたくさんある。

広告界の伝説、ジェリー・デラ・フェミナは、「肌を刺激しない抗菌洗顔料」という革新的な商品が、さっぱり売れなかった事例を紹介している。

消費者は、アルコールが肌に触れたときのヒリヒリした感覚を洗顔効果と結びつけていた。かすかな痛みがあることで、むしろ抗菌作用の効能を実感していたのだ。だから、肌を刺激しないこの画期的な洗顔料は見向きもされなかった。

最近では、様々な製品の開発でこの効果が意識されるようになっている。

歯磨き粉には必要以上に舌を刺激する味の化学物質が添加されているし、咳止め薬は消費者に「良薬は口に苦し」を実感させるためにわざと不味くしてある。

マーケティングの世界ではよく知られている話だが、女性に人気のある「コカ・コーラ ライト」は、男性向けの「コカ・コーラ ゼロ」より水っぽい味に調整されている。女性は甘さを控えた味を好むはず、というマーケティングの結果だ。

とはいえ、テクノロジーの世界では、まだこのような効果が小さく見積もられているようだ。たとえば、マイクロソフトはオンライン版のWordから「保存」ボタンを外してしまった。自動保存機能を備えているというのが理由だ。同社は、ユーザーが**ボタン押すことで得ていた「何かを完了させたという安心感や満足感」**をすっかり見落としていたようだ。

「美味しいものは高い」のではなく、「高い」だけで美味しく感じる

ブランドは、ある意味で究極のプラシーボだ。

銘柄を隠して飲み比べをするブラインドテストでは、「一番よく売れているコーラ」が必ずしも一番美味しいと評価されるわけではないことがわかる。だが、銘柄を隠さないでおくと、ベストセラーのコーラが一番美味しいと答える人の数が跳ね上がる。

ビールの愛飲者も、ブラインドテストで一番好きな銘柄を当てられないことが多い。

とりわけ当てはまるのは、高級オーディオの分野だ。純金のプラグやスピーカーケーブルが付属している最上級のオーディオは、新車が買えるほどの値段になる。

そしてオーディオマニアは、「私はどんな音の違いでも聞き分けられる」と自信たっぷり

に言う。使用する電力を再生可能エネルギーに替えるだけで、音が違って聞こえると言い張る人すらいる。

お察しの通り、**ブラインドテストでは誰もケーブルによる音の違いを聞き分けられなかった。**レジ付近で売られている5ユーロのケーブルとも区別がつかなかったのだ。[*]とはいえ、オーディオマニアが最高級のステレオセットで音楽を聴くときに無上の喜びを感じるのは事実だ。もし購入できる余裕があって、心から満足できるのなら、それでよいのではないだろうか（ただし筆者は、高額のローンを組んでまでバカ高いステレオセットを買うのはあまりお勧めしない。納得できないなら、まずはブラインドテストをしてみてほしい）。

プラシーボは、日常生活でうまく活用することもできる。もちろん、医者に処方してもらう必要などない。

有名シェフも、プラシーボ効果をよく理解している。客がレストランに足を踏み入れると、店内はスタイリッシュに飾り付けられ、チベットの僧院に触発されたという極小サイズの前菜が目の前に差し出される。最初の一口を味わう前から、客はもうすっかり期待している――それが格別に深くて絶妙な味わいの、びっくりするほど美味しい料理だということを。

グルメサイトの高評価を巡ってしのぎを削るシェフたちは、あの手この手のトリックを客に仕掛けてくる。あるレストランは、「当店では、オイスター料理がさらに美味しくなるような特別な音楽を流しています」と宣伝する。客はそんな馬鹿なと思いつつ、やっぱりその音楽を聞きながら食べるオイスターは一段と美味しいような気がしてしまう。ノーブランドのワインを洒落たボトルから注ぐと、安物のボトルから注いだ場合に比べて、美味しいと感じやすくなる。** 高価なワインは食事の楽しさを高めるという脳科学の研究もある。[12]

この効果は「自分を納得させる」以上の働きをする。**インセンティブは偽りだが、経験は本物**なのだ。ニンジンをファストフードの包装紙で包んで与えると、子どもは「いつもより美味しい」と言うだろう。

＊ところで、レジ前に商品を陳列することも典型的なハウスフライ効果だ。これは非常に効果的なトリックで、小売業者が好んで使う。レジ前に置いた什器に商品を放り込んでおくと、顧客はそれがセール品だと信じ込む。「これは早い者勝ちだ。まとめ買いしよう。通常の値段では手が出ないモノを買えるチャンス！」だと咄嗟に判断するのだ。だが、こうした場所に陳列されている商品は、通常の棚にあるものと比べて安くない場合も多い。

＊＊ワイン詐欺の事件を描いたドキュメンタリー『Sour Grapes（酸っぱいブドウ）』では、スーパーで売られている安いワインに喜んで数千万ドルを出す大金持ちが登場する。

「望ましくない情報」からは意図的に目を背けてしまう

「自己欺瞞」は、専門用語で格好よく「戦略的無知」と表現することもできる。

人は、望ましくない情報には意識的に目を背けようとしているのか？　この問題を確かめるため、科学者はある簡単な実験をした。被験者に食事を提供する。テーブルには、その食事に含まれるカロリーが書かれた紙が入った封筒が置いてある。封筒を開けてカロリーを確認するかどうかは被験者の判断にゆだねられる。すると、実に46％の被験者が封筒を開けようとしなかった。罪の意識を持たずに食事を楽しむことを選んだのだ。

自己欺瞞……、否、戦略的無知はここで終わらない。この実験をした科学者が、別の被験者にこのような場合どうするかと尋ねたところ、封筒を開けないと答えたのはわずか19％しかいなかった。つまり私たちは、**「自分はどれくらい自分を欺くか」という考え自体に対してすら、自分を欺いている**のである。[13]

頭ではわかっていても、脳に騙される

ここまでの説明で、脳がいかに頻繁にあなたを騙しているかを実感してもらえたのでは

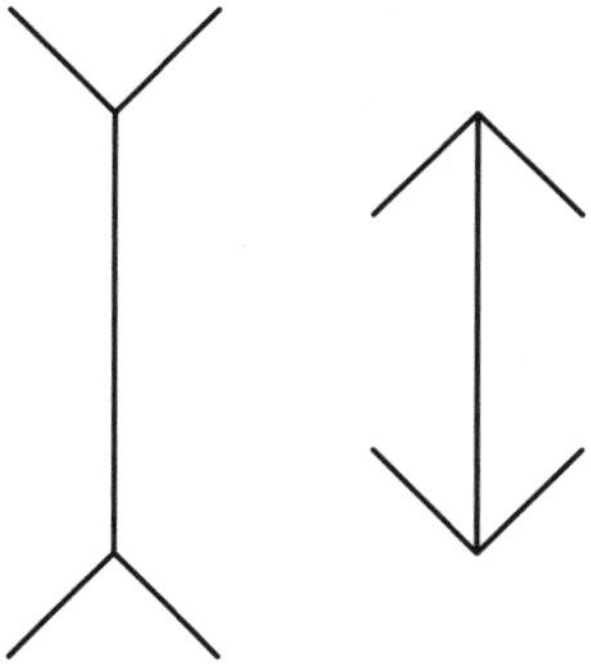

有名な錯視の例。2本が同じ長さであるとわかっていても、そうは見えない。

ないだろうか。だが残念ながら、だからといってあなたは今後このような罠に二度と落ちないわけではないし、絶対にトリックにひっかからないという〝悟り〟を得たわけでもない。

あなたは**脳の不具合に気づいただけで、それを避けられるようになったわけではない**からだ。それを理解するために、錯視について考えてみよう。

上の図の2本の直線は、左のほうが長く見えるが、実際には長さは等しい。しかし、いくら同じ長さだと自分に言い聞かせても、やはり左のほうが長く見えてしまう。

このように、たとえ自覚していたとしても、錯覚や認知バイアスから逃れるのはとても難しい。

それを受け入れたうえで、いかにそれらとうまくつきあっていくべきかについて考察することが、本書全体のテーマになる。**脳はこうした認知バイアスに自動的に影響されてしまう。**私たちは、わかっていてもそれを回避できないのだ。

世のなかには、私たちの行動を操ろうとする者が大勢いる。そして、あなたの脳はその隠れた共犯者になる。

このことは、目の錯覚を使って説明できる。

交通安全について考えてみよう。

安全運転を促す方法としては、信号や罰金、監視カメラ、交通安全キャンペーンなどが思い浮かぶのではないだろうか。

だが、錯視効果を用いて脳を騙し、道路を実際より狭く見せることでも安全は促せる。実際以上に道路が狭く見えると、ドライバーは危険を察知して自然とスピードを落とすのだ。

道路から浮き上がっているように見える立体型の路面標示も同様だ。ドライバーの脳は目の前に障害物があると認識し、自然とブレーキを踏む。

飲食業界では、もっと狡猾なトリックが用いられている。代表的なのが、細長くて底上げされたグラスで飲み物を提供すること。同じ量でも、そのほうが多く注がれているように見える。脳はグラスが満たされていると錯覚し、高い料金を払ってもしかたがないと思い込む。

逆に、私たちはこの**トリックを上手く活用して、個人的な目標の達成に役立てる**こともできる。

たとえば、減量したいなら、お皿を小さくすれば自然と食べる量を減らせる。

フロリダ ウォルト・ディズニー・ワールド・リゾートにも、こうしたトリックがあちこちに仕掛けてある。

たとえばこの遊園地の建物は、上の階になるに従って縮尺が小さくなるように設計されている。遠近感をわざと狂わせて、建物を大きく見せるためだ。

園内の玄関口から続く道路は、前に進むほど道幅が狭くなっている。その先にある魔法のお城が遠くにそびえたっているような印象を与えるためだ。

遠方からはるばるディズニーランドにやってきて、焼けつくような日差しの下で長い列に並び、大枚をはたいてチケットを買って入園したあなたは、その壮観な光景を見て、夢

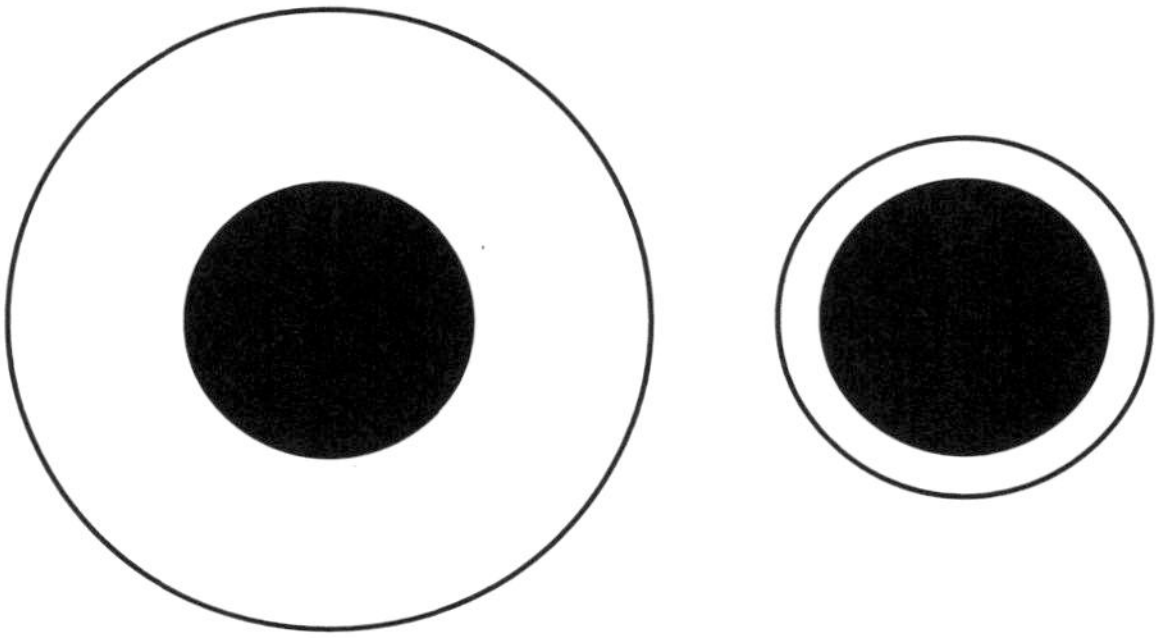

デルブーフ錯視。左右の黒い丸の大きさは等しい。だが、左の丸のほうが小さく見える。

の国にようやく足を踏み入れたと実感する。「遠くから来て、高い入場料を払った甲斐があったな！」——だが、こう思ってしまうのは、園側の巧妙なトリックに踊らされているとも言える。

そして、あなたの脳はそれに加担しているのだ。

実験してみよう

子どもがたくさん食べるお皿はどっち？

せっかくご飯をつくっても子どもが食べてくれずに困っている人は、**デルブーフ錯視**を応用してみてはどうだろう。

幼児用の小さな皿でなく、大きな皿に食事を盛りつけるのだ。すると、実際の量は同じなのに少なく見え、残さず食べられそうな気がしてくるのだ。

ある実験によれば、皿の大きさを2倍にすると、被験者が食べる量は41パーセントも増えた。[14]

この錯視は逆にも働く。だから、食べ放題の店では小さな皿に食べ物を盛る。客に「これは多い、食べられないかも」と思わせるためだ。

握手の前には手を温めたほうがいい

社交の場では、冷たい飲み物を右手で持つべきではない。冷たい手で相手と握手することになるからだ。握手をした手が温かいと、相手に「温かい人」という印象を与えることができる。

履歴書を厚口の紙に印刷すると、採用担当者から「重要な候補者」とみなしてもらいやすくなる。

火星探査機のニュースが報道されると、チョコレートバーの「マーズ」の売上が伸びる。

これらは、直前に考えたことに脳が強く反応して引きずられる**プライミング効果**と呼ばれる認知バイアスだ。よく知られた例だが、プライミング効果に関する過去の実験の信憑性については議論の余地がないわけではない。

プライミング効果の有効性を大きく示した有名な実験のなかには、被験者数がとても少ないものもある。追試しても、同じ結果が出ない。その主な理由は、研究者が結論を急ぎすぎることだ。

人間の無意識に訴える広告手法として知られる「サブリミナル広告」にも、意外な事実がある。サブリミナル広告の例としては、「上映中の映画の映像に人間の視覚では認識できないほど短いポップコーンのイメージを挿入すると、それを見た人がポップコーンを食べたくなる」といったものが挙げられる。

サブリミナル効果の最初の実験結果が公表されると、世論の批判が殺到した。これは洗脳であり、禁止すべきだと多くの人が感じたからだ。だが数年後、これらの実験は嘘であり、広告制作側がこの手の広告を売り込むためのトリックだったと判明した。

だが２００６年、ユトレヒト大学の研究者がサブリミナル広告の実験を行い[15]、映画の合間にごく瞬間的な画像を挿入することで、被験者の行動を変えることに成功した。ただし、英国で行われた同様の実験では、実験室の外で行動変容は見られなかった。

プライミング効果はたしかに存在するが、それがいつどのような状況で起こるかはまだ正確にわかっていないと言えそうだ。現時点では、これらの研究結果から重大な結論を導くべきではないだろう。

第1章まとめ——私たちを騙す脳のクセ

人類の脳は私たちを欺くように進化してきた。これは、脳が「近道」を好むためでもある。

脳の判断は、正しいとは限らない（錯視の例を思い出してほしい）。見切り発車で判断を下すからだ。

自己欺瞞はたいてい、脳の思い込みが原因で引き起こされ、それによって私たちは自分を欺くことになる。

この章では、ほとんどの人が自分は平均以上のドライバーだと思っているという事実や、誰でも当てはまるような記述を自分のために書かれたように感じてしまうフォアラー効果、知識が乏しい人のほうが自信過剰になりがちなダニング＝クルーガー効果について説明した。

人は成功を自分の手柄にし、失敗を周りのせいにしがちであることについても考察した。

人間の行動を、状況ではなく、性格ばかりに注目して解釈しようとする「根本的な帰属の誤り」についても学んだ。

プラシーボ効果が医学の実験だけでなく、オフィスやエレベーター、食事の場で働くことや、組織や企業が脳を共犯者にして私たちを騙そうとする方法についても説明した。

あなたは今、極端に疑い深くなり、脳のなかに入り込もうとする認知バイアスを追い払おうとしているかもしれない。実際、それを利用したハウスフライ効果はいたるところにある。

でも、もっと気楽に考えてほしい。これらの**認知バイアスは避けられることもある。うまく利用できる場合すらある**(ただしその場合は、慎重に)。

もしこれらの認知バイアスを避けられないとしても、この章を読み終えた今なら、少なくともその存在に気づくことはできるし、にっこり笑って無視できる場合もあるだろう。

以降の章では、代表的な認知バイアスとハウスフライ効果を、種類別に詳しく見ていこう。

第2章

なぜ人は怠けてしまうのか
――「面倒くさい」を脱し「すぐやる人」になる方法

怠惰または“怠け”。
「選択」、「デフォルト」、「習慣」、「単純さ」など。
ぱっと見は、小さくて印象に残らないハウスフライ効果。
だが、望ましい行動のとんでもない天敵になる。
スーパーマーケットでもよく用いられる。
最近では、政府機関でも見かけるようになってきた。
コントロールはできないが、ちょっとした工夫で回避できる。
不健康な選択から支払いの遅れまで、
望ましくない行動を防止するためにも利用できる。

「20ドルもらうために27ドル払う」人

２０１４年、スタートアップ企業のウォッシュボード社が、コインランドリー利用者向けに画期的なサービスを開始した。

コインランドリーで洗濯をするには硬貨が必要だが、キャッシュレス化の進む現代では小銭を持ち歩くことも少ない。もちろん、あらかじめ小銭を取っておいたり、銀行や両替機で両替したりすればいいのだが、何かと面倒だ。

ウォッシュボード社は、この状況を好機ととらえ、便利なサブスクサービスを売りこんだ。それは、月額27ドルを支払うと、25セント硬貨80枚（20ドル分）が送られてくるというものだった。

このサービスは長続きしなかったが、それは顧客が少なかったからではない。同社の経営に財務的、法的な問題があったためである（ランドリー分野の企業だけに、資金洗浄《マネーロンダリング》をしたのかもしれない）。

とはいえ、ウォッシュボード社の創業者は慧眼の持ち主だった。

人は、小さな手間を避けるためにならどんなことでもする。

そして一部の悪質なハウスフライ効果は、実はこれをあてにしているのだ。

広告費を使わず売上を倍にするシンプルな方法

有名なマーケティングのキャッチフレーズに「なぜ《WHY》から始めよ」というものがある。この章では、それをひっくり返して考えてみたい。

誰かに何らかの行動や活動を促すとき、それは良いものや楽しいもの、意義のあるもの、有益なものなどであるはずだ。では、なぜ相手はまだそれをしていないのか？　つまり、**「なぜ、この人はその行動や活動をしていないのか？」という視点から考える**のだ。

その理由は、根深い心理的な抵抗にあるのかもしれない。だが、たいていはもっと表面的なものだ。

人はいつもと違う何かをするのが面倒なのだ。

脳は、できる限り努力を避けようとする。お札をコインに両替する、領収証を送る、市役所まで自転車で行くなどの行動もそうだし、屈んだり、ちょっとつま先立ちをしたりするといった動作でさえしたくない。

アイスランドの首都レイキャビクの研究者らは、試験店舗で実験を行い、あるブランドのポテトチップスのマーケットシェアを倍増させることに成功した。これはマーケティング界では、オリンピック級にすごいことだ。

この実験で面白いのは、クリエイティブな広告キャンペーンは用いられていなかったことだ。消費者のポテトチップスへのイメージを覆すような、手の込んだ仕掛けも一切なかった。

研究者たちは単に、**商品の袋を棚の下のほうから、真ん中へと移動させただけ**だった。

もちろん、そのほうが目につきやすく、手にも取りやすい。

固定客は自社商品の義理堅いファンだとメーカーは思っているかもしれない。だが、忠誠心の高い客でさえ、競合商品が手に取りやすい場所にあるだけで、腰をかがめて棚の下にあるお気に入りの商品を取るほうが面倒だと思ってしまう。

脳は、いつも買っている商品をあきらめてでも、少しでも楽な行動を選ぼうとする。

もちろん、企業はこの認知バイアスを自社商品を選ばれやすくするための仕掛けとして積極的に活用している。

スーパーマーケットの裏側では、商品を少しでも良い場所に置いてもらいたい各メーカーの担当者たちが、必死に店側に交渉してしのぎを削っている。どのメーカーも、店内でよく人が通る通路の棚の、目の高さにある位置に商品を置くことを望んでいる。

この業界では、「目の高さが買われる高さ」と言われている。

商品のパッケージも、手に取りやすく、中身を簡単に想像できるようにデザインされている。

大手メーカーは、ビールやレトルト食品売り場での理想的な陳列方法を小売チェーンに徹底的に細かく伝える。もちろん、自社ブランドの商品を一番目立つ場所に配置してほしいと考えている。

さらに、客が手に取りやすい位置に商品を置くだけではなく、客がその商品を選ぶ際の心理的抵抗を減らすための工夫もなされている。

パッケージや広告などを活用して、その商品を買うことに安心感を覚えてもらうように消費者に訴えるのだ。

ビジネスと公共機関で使われる「ナッジ」

商業以外の分野では、最近までこのような仕組みはあまり導入されていなかった。

たとえば自治体は、利用者の利便性をあまり気に留めてこなかった。その大きな理由は、このハウスフライ効果がわかりにくいからだ。些細な工夫でどれほど大きな効果が得られるかに気づくのは難しい。

だが実際には、わずかな工夫をするだけで、市民に罰金を期限内に払うよう催促ができる。そうすれば、市民は延滞金を払わなくて済むし、自治体も手間暇をかけてさらに書類を送らなくてもいい。こうした試みをしないことが、決定的な影響をもたらすこともある。些細な不祥事が原因で政権が覆されることさえある。

幸い、状況は変わってきている。この10年で、**「ナッジ」の活用を検討する地方自治体や政府機関は大幅に増えた。**

ナッジとは、「はじめに」で述べたように物事を簡単に、わかりやすく、(可能であれば)楽しくすることで、人々を望ましい行動へと誘導することだ。[1]

たとえば、セルフサービス式の社員食堂で、健康的な料理をテーブルの前面に出して従業員が手に取りやすくすることも「ナッジ」だ。

階段に一段のぼるごとにどれくらいカロリーを消費したかを知らせる楽しいステッカーを貼ることもそうだし、階段全体をピアノに見立て、上り下りすると音楽が奏でられるというものもある。[*]

入力フォームに予めチェックマークを入れておく、アプリで納税のリマインドをするなどの方法もあれば、「大勢の人が寄付をしている」ことをさりげなく知らせるなど、集団意識を利用する方法もある。

＊筆者は行動に関するものを何でもかんでも「ナッジ」と呼ぶ風潮からは一歩距離を置きたいと思っている。ナッジとは、行動を直接誘発する選択環境の変化のことである。どんなに巧みに写真を選んだとしても、パンフレットはナッジではない。

キャッシュバック制度は意図的に「面倒くさく」されている

１つ議論の余地がないことがある。それは、「もし、何かを今よりもっと簡単にできる方法があるのなら、あなたは今、それを必要以上に難しくしてしまっている」という事実だ。

ナッジを提唱したリチャード・セイラーは、このように物事を必要以上に難しくするものを**「スラッジ」**と名付けた。

ナッジは望ましい行動を簡単で楽しく、自然にできるように促すが、スラッジはその逆だ。ゴールに達するために、ぬかるんだ泥（スラッジ）を通り抜けなければならないような状況をつくり出してしまう。

そして、小売業には意図的につくられたスラッジがある。たとえば、キャッシュバック制度だ。

これは販促手法としてよく知られている。ポスターに「5000円オフ!」といった大きな文字が書かれている。だがよく見ると、小さな字で「購入時には全額お支払いいただきます。後日、5000円のキャッシュバックを申請できます」と書かれている。

「それくらいの手間なら問題ない。楽にお金が手に入るのだから、みんなこのサービスを利用するはずだ」と思うかもしれない。

だが、このようなキャッシュバックはメーカー側が得をする販促手法として知られている。なぜなら、実際にキャッシュバックを申請する消費者の割合が少ないからだ。

あるマーケティングの調査によれば、実に4割の消費者がキャッシュバックを申請しないという。わずかな手間でお金が手に入るという状況でも、面倒だという理由でそれを先送りして、結局は無駄にしてしまうのだ。

商品券やポイントプログラムの収益性が高いのもこのためだ。

こうしたサービスの提供側は、**利用者の手間をできるだけ煩雑にしようとする。**利用規約には、小さなスラッジがあふれている。

キャッシュバックは、購入から2か月が経過しないと申請できない。しかも、その際はレシートとパッケージのバーコードが必要になる。2か月前に壁に固定したテレビの裏側に貼ってあるステッカーが必要になる場合もある。

スラッジに出くわすたびに、ゴールにたどり着く人は減り、メーカーの利益が増える。消費者を引き寄せる収益率の高い販促サービスを、わずかなコストで実施できる。

このように、抜け目のないマーケターはスラッジをつくりだして収益を得ている。だが、意図せずに巨大なスラッジを生み出しているのは政府である。

「私の担当ではありません」「月曜日しか受けつけておりません」「別の書類が必要です」「申し訳ございません、私が決めたわけではございませんので」――こうしたお役所仕事は、まさにスラッジだ。

米国では、選挙登録をするために何時間も並ばなければならないこともある。

オランダでは、鉄道の定期券をキャンセルするのにかなりの手間がかかる。しかもウェブでは手続きできず、駅まで出向く必要がある。多くの無実の人が国税局から詐欺罪で告発されるという失態もあった（おかげで、新制度は改善され使いやすくなった）。

自殺者すら減らす「面倒くさい」の力

ここまでの説明を読んで、「重要な問題の場合は違うのでは？　つまり、何かをどうしても手に入れたいとき、人は小さな手間を惜しんだりしないのではないか？」と思った人もいるかもしれない。

たしかにそうだ。だが、それも一定の範囲内での話だ。

感動的な伝記には、挫折や妨害をものともせず、努力によって目標を達成した人物の姿が描かれる。普通、こうした偉人が目指す目標は、電動歯ブラシの割引を受けるといったような些末なことではない。

だが、**生きるか死ぬかの決断においても、小さな変化が想像以上に大きな影響をもたらすことがある。**

たとえば英国では、国がパラセタモール〔解熱鎮痛剤、アセトアミノフェン〕のパッケージを大容量のものから小さな押し出し式シートに変更し、1人あたりの購入数に上限を設けたところ、自殺者数が激減した。

自殺願望のある人が、ボトルから錠剤を一気飲みできなくなったからだ。

もちろん、これだけが希死念慮を持つ人への対応というわけではないが、この「スラッジ」によって多くの命が救われた。

つまり、良いスラッジというものもある。

そして嬉しいことに、私たちは**自分のためにスラッジを用いる**ことができる。

米国では、車も食品もクレジットカードで買う文化がある。そして、買い物を控えるために、冷凍庫でクレジットカードを氷のなかに閉じ込める人がいるらしい。氷が溶けるまでのあいだ、衝動買いで散財しないようにじっくりと考えられるからだ。

この凍らせたクレジットカードは、スラッジの非対称性をうまくあらわしている。

サブスクリプションを始めるのは、たいていキャンセルするより簡単だし、水を張ったボウルにクレジットカードを入れて冷凍庫にしまうのも、氷を溶かすより簡単だ。

まさに、どれくらい簡単にできるかが行動を左右するということを物語っている。

相手に「面倒くさい」と思わせたらダメ

次のシナリオを思い描いてみてほしい。

シナリオ1。

あるファッションデザイナーがブティックをオープンした。古い素敵な建物を借り、その天井の高さを生かしてすべての服を5メートルの高さからスタイリッシュに吊ることにした。服は売れるだろうか？

もちろん売れない。

人は単純に、物理的に手の届かないものは買わないのだ。

シナリオ2。

地方自治体の広報担当者が、事業者向けに持続可能性についてのプレゼン資料を作成した。そのパワーポイントは、78ページものボリュームになった。データや図表、専門家のインタビュー、成功事例など、役立つ情報がてんこ盛りだ。

みんな食いつくように注目してくれるに違いない――もちろん、そんなわけはない。

この2つのシナリオの共通点は何か？　広報担当者とファッションデザイナーは、同じ過ちを犯している。

そう、**相手のことを考えていない**のだ。人間の身長は5メートルもないし、膨大で込み入った情報を即座に理解できるような頭脳も持ちあわせていない。

服も情報も、はるか頭上にあったというわけだ。

意思決定の95パーセントは自動的に行われている

人々は本当にものぐさなのか？　そうとも言える。

だが、それは脳の欠陥ではなく、仕様だとも言える。**（精神的な）努力を避けようとするのは、賢く効果的な脳の戦略**なのだ。

脳には、限界がある。だが、思考能力の限界は、身長のように目に見える特徴とは違って、はっきりとは認識しにくい。

それもある意味で当然だ。頭のなかで何を考えているかは、つかみどころがない。だからこそ、非現実的なことが可能だと思ってしまう。

「心から望めば、どんなことでも可能だ！」――と、私たちは考える。「人間は、脳の一部しか使っていない」ともよく言われる。だが**実際には、脳はフル活用されている。**

私たちの頭蓋骨のなかには、１キロ超の灰白質しか入っていない。腕や足と同じく、脳にも物理的な限界がある。

脳の重さは体重の2パーセントしかないが、酸素やカロリーは全消費量の20パーセント（1日当たり、脂っこいハンバーガー1個分に相当）も消費する。

脳は、このエネルギーを使って多数の決断をすることで、私たちが健康かつ安全に暮らせるようにしている。**人が下す意思決定の数は、1日に約3万5千回**だと言われている（誰が数えたのかはとても気になるところだが）。

ずれたメガネを直す、文字を入力する、ちょっと水を飲む……。次々とすべきことが起こり、脳はそのたびに意思決定しなければならない。

意思決定の際、脳は情報を処理する。計算や事実確認、知的な思考には、主に前頭前野が使われる。だが、前頭前野の能力には限界がある。進化的に、前頭前野は脳の他の部位より後に現れ（他の部位より1億年ほど後に出現した）、脳全体のなかで大きなスペースを占めてはいるが、他の部位のように効率的には発達していない。つまり、くしゃみや驚きなどを司る脳の部分ほど素早く働かないのだ。

それゆえ、ノーベル賞を受賞した経済学者のダニエル・カーネマンはこう言った。

「人間にとっての思考とは、猫にとっての水泳だ。つまり、できなくはないけど、あえてしたくはないもののなのだ」

カーネマンは、人間の脳の意思決定メカニズムには、「システム1（速い思考）」と「システム2（遅い思考）」の2つがあると主張している。

システム2は、理性的な思考のこと。頭のなかで聞こえる「小さな声」を発しているのもこのシステムだ。

システム1は、電光石火のようなスピードで、大量の意思決定を「自動操縦」で行うシステムのこと。たとえば、自転車でどこかに行ったとき、目的地に着いたあとで、どの道から来たのか思いだせないことがある。頭のなかで小さな声（遅い思考の「システム2」）がぶつぶつ言っているあいだ、この自動システムはあなたがペダルを漕ぎ、ハンドルを切り、ブレーキをかけ、曲がり、左右や後ろを確認したりすることを司っていたのだ。

ほとんどの人は、意思決定の95～99パーセントを、この自動的な「速い思考」で行っていると考えられている。

カーネマンは具体的なパーセンテージには触れていないものの、**人は多くのことを自動的に行う傾向がある**と指摘している。意識的な思考をする前に、現実世界に素早く反応して人はすでに行動しているのだ。そこへ遅いシステムである「広報担当者」が遅れてやってきて、その行動をしたもっともな理由を探すというわけだ。

暴徒化した市民も、「順路に従って」大人しく行進してしまう

意識的な思考が起きた場合も、認知バイアスが人を無意識的な行動に導くことがある。小便器の的として描かれたハエの絵もまさにそのケースだ。

２０２１年１月、興奮して暴徒化したトランプ元大統領の支持者が米国連邦議会議事堂を襲撃した。窓ガラスを割り、警備員に暴行し、あらゆるものを破壊した。

しかし、印象的な場面があった。ひとたび屋内になだれこむと、暴徒は派手な金のポールとベルベットのひもで示された順路に律儀に従って前に進んでいったのだ。議事堂を襲撃するような**意図的な行動の最中ですら、人は無意識的な行動に操られてしまう。**

アムステルダムを拠点とする電動自転車メーカー、バンムーフは、人間のこの自動的な行動を巧みに利用している。

同社の電動自転車は世界中に出荷されているが、配送中の衝撃などのために出荷先に到着したときに破損していることも少なくない。これは配送ドライバーが、「自転車なら少々手荒に扱っても大丈夫だろう」と思いがちなことが大きな原因だった。バンムーフ社は「取

扱注意！」のシールを貼ったが、たいした効果はなかった。高額な電動自転車の返品コストは膨れあがった。

そこで同社は賢い手を打った。電動自転車を薄型テレビのように平たい箱に入れ、箱にテレビの絵を印刷したのだ。

その結果は？　破損率は7～8割も激減した。配送ドライバーにとって、「取扱注意！」のシールが急に重要な意味を持ち始めたのだ。

これは、スーパーでバナナに黄色のスポットライトを当てたり、常温で保存できるジュースを冷蔵庫に陳列したり、芳香機（スメリツァー）で店全体に焼きたてのパンの香りを漂わせたりするのと同じ、自動システムだ。こうしたトリックを仕掛けることで、商品は無意識に買い物かごに放り込まれるようになる。

「大量の情報」より「わかりやすい」ほうが効果的

「よく考えずに無意識的に判断を下すことは、高学歴の人やブルーパーソナリティーの人［パーソナリティーを色分けする診断で青に分類される人。保守的、理知的ともいわれるが統一基準があるわけではない］、射手座の人、女性には当てはまらないのでは？」と思った人もいるかもしれない。だが、こうした集団もその例外ではない。**誰もが、この「速い思考」をしているのだ。**

もし、あらゆる意思決定を注意深く熟慮して行おうとしたら、相当に大きな脳が必要になる。当然、頭も巨大になり、出産ができなくなってしまう（人類はすでに頭部が巨大化したために他の動物よりも未熟な状態で生まれてくる）。どうやら、脳とＡＩをつなぐ技術をイーロン・マスクが実現してくれるのを待つしかないようだ。

本書の執筆時点で、グーグルで「best vacuum cleanerc（掃除機 おすすめ）」のキーワードで検索すると、４３２万件もの結果が表示される。ＡＩの生みの親、ハーバート・サイモンは、80年前にこう言っている。**「大量の情報は注意の欠乏をもたらす」**——つまり、大量の情報で人に何かを伝えようとすると、たいがいは失敗するということだ。[2]

わかりやすさが大きな効果をもたらすのは、まさにこのためだ。ウェブデザインの名著として知られる書籍のタイトルが『考えさせないで（Don't Make Me Think）』（邦訳：『超明快Ｗｅｂユーザビリティ ユーザーに「考えさせない」デザインの法則』スティーブ・クルーグ著、ビー・エヌ・エヌ新社）なのももっともだ。

脳は、簡単に処理できるものを好む。これは「認知流暢性《にんちりゅうちょうせい》」と呼ばれる。脳は、一目でわかるものに快感を覚える。苦労せずに理解できるので、メッセージがはっきりと伝わり、好感も抱きやすい。なにしろ、忙しい前頭前野をわずらわせなくても済む。

だが、これは危険な傾向だ。その内容について深く考えなくてもいいという発想につながるからだ。考えなければ、批判的な精神も失う。

だから米国の政治家のメディア担当アドバイザーは、政治家にわかりやすい言葉で話すよう勧めるのだ。


だが、単純な「わかりやすさ」に頼ろうとはしない政治家もいる。ヒラリー・クリントンは、２０１６年米国大統領選に当たって、移民問題についてこう訴えた。

「わが国では、何百万人もの勤勉な移民が経済に貢献しています。彼らを追い出そうとするのは、自滅的かつ非人道的と言えるでしょう。移民を受け入れる政策を実施することで、経済成長が促され、家族が共に暮らせます。それが私たちのなすべきことです」

よく考え抜かれたメッセージだが、前頭前野を働かせないと理解できない。

一方、対立候補のトランプは正反対のアプローチを取り、次のような至極シンプルなキャッチフレーズを用いた。

「国境に壁を！」

これ以上簡潔なメッセージはない。

もしクリントンが同じようにシンプルな、たとえば「家族が共に暮らせる国へ」といったキャッチフレーズを使っていたら、選挙の結果は変わっていたかもしれない。

だがそれは本当に、クリントンが取るべきアプローチだったのだろうか？ **わかりやすく簡潔な言葉で人々を煽ろうとすれば、細かなニュアンスが失われてしまう**こともある。

「ハラヘッタ、ピンポーン、ピザ（Man hungry ding-dong pizza）」というドミノ・ピザのコマーシャルは、ピザの宅配サービスがどういうものなのかを最低限の言葉で表している。筆者（ティム）は広告業に携わっているので、この見事なキャッチフレーズに嫉妬を覚える。

しかし、ドミノ・ピザ側には歯がゆい部分もあったはずだ。〝できたて、サクサクの生地、ベジタリアンメニューも取り揃えた豊富な品揃え〟といった同社の売りをアピールできなかったのだから。

ファストフードに当てはまることは、環境問題や経済政策、医学研究の分野にも当てはまる。これらの分野の人たちは、メッセージを（過度に）単純化することに強く抵抗することが多い。* その結果、メッセージは長くて回りくどいものになり、単純なキャッチフレーズを用いるライバルに大きく水をあけられることになってしまう。

＊だから科学論文のタイトルは長くて難しそうなのだ。とはいえ、科学者の脳だって怠け者だ。ある調査によれば、短いタイトルの論文のほうが、よく引用されている。

「なぜなら」と言うだけでうまくいく

テレビの通販チャンネルで、こんなふうに商品が宣伝されていたとしよう。

「この商品には、宇宙飛行士のために開発された技術が使われています。ですから、きっとあなたの役に立つでしょう！」

よく考えるとおかしな気もするが、視聴者はこの手の宣伝文句に弱い。この認知バイアス効果は**ビコーズ・バリデーション**と呼ばれている。[3] 忙しい脳が、「なぜ？」と疑問を持ったとき、「なぜなら《ビコーズ》」という理由が与えられれば、その中身は何でもよくなるという現象だ。

「先にコピー機使っていい？　だって《ビコーズ》、コピーしないといけないから」

その人がコピーしなければいけないことは、割り込みをして他の人よりもコピー機を先に使うための理由にはならない。だがこのようなナンセンスな表現が、ハウスフライ効果を生む。理由を告げずに「先に使わせてもらってもいいですか？」と言うより、この**無意味な「だって」を付け足したほうがずっとうまくいく**のだ。[4*]

卑怯？　効果的？　その通り。筆者もこの本を宣伝するのに、「いよいよ楽しみな夏がやって来ますね。だから本書を買ってください」といったビコーズ・バリデーションを使ってみようかと密かに考えている。

＊実験によれば、理由を告げずにコピー機の列に割り込もうとすると60パーセントしか譲ってもらえないのに対し、この無意味な理由を告げるとその割合は91パーセントに増えた。もっともな理由（「急いでいる」）の場合は92パーセントで、無意味な理由の場合と大差はなかった。

ダイエットを成功させたいなら「数字のない」体重計を使うべき

たしかに、たいていの物事は複雑だ。だが、物事をシンプルにするための方法はある。

筆者のエヴァが初めて書いた研究論文のテーマは、「天気予報のようなシンプルな情報を、人はどう理解しているか？」だった。

「明日の降水確率は23パーセントです」という天気予報の表現は、正確には何を意味しているのだろうか？

A．明日、1日の23パーセントの時間帯に雨が降る。

B．明日、当該地域の23パーセントに雨が降る。

C．明日1日に雨が少しでも降る確率は、23パーセントである。

筆者のエヴァはリスクリテラシーの権威であるゲルト・ギーゲレンツァーと、他の研究者グループとともに、様々な国の人々が「23％の確率」をどうとらえるかを調査した。

ミラノの人は、Bと回答する人が多かった（山に囲まれていて、天候に地域差があるからかもしれない）。

ニューヨーカーは、この表現を正しく理解し、Cと答える人が多かった。

オランダ人は？　ほとんどの人が、A（明日、1日の23パーセントの時間帯に雨が降る）ととらえていた。「23％は時間帯じゃない。雨の量のことだ」と答えた人すらいた。[5]

米国の天気予報では、気象予報士が「ゴミ箱指数」という面白い指数を用いて、明日予想される風の強さを伝えることがある。

家の前のゴミ箱が、庭の真ん中まで転がっていくか、隣人の家まで行ってしまうか、それとも見えないところまで飛んでいってしまうのか——というように、ゴミ箱がどれくらい風で飛ばされるかを風力の指数にしているのだ。

「南東の風、風力7」と言われるより、ずっとわかりやすい。数字だけでは、私たちが天気予報から本当に得たい情報は伝わらない。

同じことが、体重計についても言える。人の体重が何キロかを正確に知りたいのは、麻酔科医か気球操縦士くらいだ。

ほとんどの人にとって、体重計に乗る時に気になるのは、ダイエットがうまくいっているかどうかや、週末の食べ過ぎが響いているかどうかだ。「71・8キログラム」という数字は、その答えにならない。

むしろ、**数字は逆効果になることもある。**私たちが、小さな変動で一喜一憂してしまうからだ。ダイエットがうまくいかないのはそのせいだ。

そこで、米国の科学者は数字のない体重計を開発した。体重計に乗ると、数字ではなく、過去2週間の体重の増減傾向のみが表示されるという体重計だ。

そう、物事はこんなにもシンプルにできる。これほどシンプルにできないとしても、あまり複雑でないように見せることは可能だ。

脳は、実際の労力ではなく、その労力がどの程度かという見積もりに反応する。だから広告では、参加したり、遊んだり、家具を組み立てたりするのがこんなに簡単だと謳われる。こうした主張のあとには、たいてい明快な箇条書きが続いている。**難しいタスクを細かいステップに切り分けると、簡単に見える**からだ。

優れた取扱説明書は、この「チャンキング」（大きなものを小さく分けることを「チャンクダウン」、小さなものをまとめることを「チャンクアップ」という）と呼ばれる原理を活用している。組織で人を動かすために用いるステップ・バイ・ステップ式の計画も同様だ。

「複雑な問題だ」と考えることが「シンプルな解決策」になる

これに近い興味深い認知バイアスが、**複雑バイアス**だ。

何らかの理解しがたい事象に直面したとき、「これはとても複雑な問題に違いない」と仮定することは、脳にとってシンプルな解決策になる。フーリガンやテロリストの無作為な暴力を目にしても、社会学的な見地からその理由が説明できるはずだと信じようとする。フェイスブックでも、「私が辛い毎日を送っているのは、手の込んだ陰謀によって苦しめられてるから」といった投稿を目にすることがある。そう信じていたほうが、「人生は混沌としていて、理由もなく悪いことが起こる」という考えを受け入れるより、自分を納得させやすいからだろう。

企業コンサルタントやスピリチュアルコーチは、この認知バイアスのおかげで利益を得ている。**何年も苦しんでいる問題が、実は取るに足らないものであるなどとは誰も聞きたくない。**だから、専門家にもっともらしい説明をしてほしいのだ。

物事の複雑な仕組みをわかったつもりになることは、**説明深度の錯覚**と呼ばれる。

私たちは、毎日使っているものだから、ノートパソコンや車、自転車の仕組みはよくわかっていると思いがちだ。だが、たとえば自転車のブレーキを自分で取り外すことができる人は、どのくらいいるだろうか？

選択肢は欲しいが、選びたくはない

東京には、エキゾチックなハウスフライ効果が満ちあふれている。秋葉原の無数の電飾広告や新宿駅の何千もの案内板は、どれも私たちを違う方向へと誘っているようだ。

だが、この都市でもとりわけ魅力的なハウスフライ効果は、日本の別の一面を反映している。

それは、ミニマリズムだ。

品格漂う銀座に佇む森岡書店は、とてもユニークな書店だ。この店には、本が1冊しか売られていない。

店主の森岡督行《もりおかよしゆき》は、今や世界的な有名店となったこの小さな本屋で、選びぬいた1冊の本だけを週替わりで売る。

この取り組みは成功している。それももっともだ。**人は選択肢を示されるのを好むが、選択するのは好きではない**からだ。選択肢が増えすぎると限られた脳のキャパシティの一部が奪われてしまうし、選択した結果を後悔しやすくなる。

あまり多くの選択肢を与えすぎると、客は何も選ぼうとしなくなる。だから、売り手が選ぶのを手伝うのだ。そして、それによって利益を得ればいい。

選択肢を多くすること、少なくすることがどのような効果をもたらすかをよく物語っているのが、スタンフォード大学とコロンビア大学による有名な実験[6]だ。

この実験では、大型スーパーマーケットのジャムコーナーに、ジャムを24種類陳列した場合と、6種類陳列した場合とで売れ行きにどのような違いが生じるかを調べた。売り上げが多かったのは、ジャムを6種類陳列した場合だった(陳列棚の前を通りかかった客の12パーセントが購入した。24種類を陳列した場合は2パーセントの客しかジャムを買わなかった)。

なぜこのような現象が起こったのだろう？　これは、選択肢が多すぎると、客は選ぶことへの不安が生じて、選ぶこと自体を諦めてしまうからだと考えられている。誰もが、経験的に知っていることではないだろうか。

巨大なデパートで大量の商品に囲まれているときに忍び寄って来る、「ここではないどこかに、もっといいものがあったらどうしよう？」という不安は、「FOBO：Fear Of Better Options」と呼ばれている。

その最たる例が、ロサンゼルスの巨大なレコード店、アメーバ・ミュージックだ。世界中のレコードコレクターが、桁外れの品揃えに惹かれてこの店にやって来る。だが、その期待とは裏腹に、実際に店内を歩き回って、不全感を覚える客も少なくない。選択肢があまりにも多すぎて、うまく買い物ができないのだ。筆者（ティム）もまさにそれを経験した。事前に買いたいレコードのリストを用意して、深呼吸して落ち着いて店内を歩き回ろうとしていたら、この選択肢の洪水も何とか乗り切れたかもしれない。

人間にとって、選択肢が多すぎるのは楽しいことではない。大量のレコードが売られているアメーバ・ミュージックよりも、1冊しか本が売られていない森岡書店のほうが、客は買い物を楽しめるかもしれない。

その理由は、脳が後悔を避けようとするためだとも考えられている。森岡書店では1種類しか本が売られていないので、客は後悔を感じにくい。買いすぎることも、見落とすこともないし、家に帰ってから「しまった。あの本が置いてあるかどうか店主に尋ねればよかった」と考えることもない。

一方、アメーバ・ミュージックには後悔の種がごまんとある。

帰宅してから、突然、「あのレコードを探せばよかった」と思い出す。高すぎると思って手が出せなかったレコードが、自国に戻ってみたらもっと高値で売られていると判明する。大量のレコードが売られている店内にいると、「ここにいるとエネルギーを使い過ぎてしまう。すぐに出ていくべきだ」という心の声がする。

ただし、**選択肢が増えることが必ずしもストレスになるとは限らない**。

「ジャム実験」の多数の類似実験を対象にしたメタ分析によって、選択肢が多いことでストレスが起こりやすいのは、好みがはっきりしていない場合や、選択肢の対象に馴染みがない場合、選択肢が似かよっている場合、比べるのが難しい場合などであることがわかっている。[7]

選択肢を限定されると、他の選択肢を忘れてしまう

オランダでも、意図的に品ぞろえを絞った店が続々と現れている。

アムステルダムのクザール・ペーテル通りにも、ピーナッツバター、オリーブオイル、

ウィスキー、チーズ、コーヒー豆などに特化した店がある。*

1種類の商品だけを扱う、新しいファッションブランドも増えてきている。長袖Tシャツ、使い勝手のいいトラベルパンツ、履き心地のいいハイヒール、といった具合だ。

とはいえ、集客数が多いのは選択肢の多い大型店のほうだ。成功している店は、選ぶ楽しみと選ぶ手間のジレンマをうまく操っている。

幅広い品ぞろえで客を店に引き寄せ、商品を手に取らせるための様々なトリックが仕掛けられている。

たとえば、商品が並べられている意味を客が直感的にわかるような陳列棚をつくる（真ん中の棚には一般的な価格の品、上の棚には高級な品、下の棚には廉価な品、など）。「今週のメニュー」「今月のビール」「今日のお買い得品」といった言葉で購買欲を刺激する。

これらはすべて、**選択の不安を取り除くための〝ショートカット〟**だ。

この原理は、「選択肢の提示方法を変える」という形で私たちの日常生活でも応用できる。

これは**選択アーキテクチャ**と呼ばれている。

たとえば、選択肢を2つに絞り、二者択一にして相手に提示するという方法がある。

友人たちと一緒にいるとき、「どこで食事しようか？」と問いかけてしまったら、いつまでたっても意見がまとまらず、お腹を空かせたまま通りをうろつくことになるだろう。

そうではなく、「ハンバーガーか寿司、どっちがいい？」と尋ねれば、何を食べたいかはすぐに決まりやすい。

このように、**実際にはもっと多くの選択肢があるのにそれを限定する**ことを、修辞学では「誤ったジレンマの誤謬」と呼ぶ。行動科学ではもう少し穏やかに、「選択肢の削減」と呼ばれている。

米国のアパレルチェーンの店舗もこれを応用している。試着室のフックには、「絶対欲しい！」と「欲しいかも」と書かれたラベルが貼られている。試着を終えた客は、衣類をどちらかのフックに掛けなければならない。「絶対欲しい！」に掛けた客はたいてい、その商品を購入する。[**]

また、あるアジアの小売チェーンでは、入店時にカゴを選べるようになっている。カゴは2色あり、青いカゴは「店員に声をかけてほしい」、赤いカゴは「1人で静かに見てまわりたい」を意味する。

買い物客は自分に当てはまるカゴを選ぶが、3つ目の選択肢「どちらのカゴも取らない」があることを忘れてしまっている。

これが店側の狙いだ。手にカゴを持っている客は多く買い物をしやすい。だから、客に必ずカゴをもたせるようにしているのだ。

＊クザール・ペーテル通りは、オランダで一番のショッピング街と呼ばれている。この通りにある店全体を、1つの巨大な大型店に見立てることもできる（ただしその場合、広すぎて店内を歩き回るのはかなり大変だ）。
＊＊もちろん、「絶対買わない」というラベルが貼られたフックは用意されていない。

絶対に選べない「ダミー選択肢」のすごい力

とはいえ、二択を提示して、意図しないほうが選ばれてしまうこともある。

エコノミスト誌がウェブサイトで読者に定期購読の方法を選択させるときにも、まさにこの問題が生じた。

同社のマーケティング部門の意図は、読者に高価格なほうの定期購読（紙版＋オンライン版）を選んでもらうことだった。だが、3分の2の読者が低価格なほう（オンライン版のみ）を選んだ。

そこで、マーケティング部門は3つ目のひどい選択肢を加えた。

これは、**おとり効果**と呼ばれる手法だ。

同部門は、高価格なほうの選択肢の「劣化版」のような選択肢（紙版のみ、ただし紙＋オンラインと同じ高価格）を追加したのだ。

もちろん、その選択肢を選ぶほどバカな人はいなかった。だがその結果、突如として過半数が高価格の選択肢（紙版＋オンライン版）を選ぶようになった。

この劣化版は、優れたハウスフライ効果をもたらしている。人は自然と、3つの選択肢のうち、**「高価格」と「劣化版」の2つに注目し、その2つを比べようとする。**

「あれ？　私がおかしいのかな？　この選択肢は本当に意味がないの？　こんなのを選ぶ人なんているわけない。もう一方のほうがずっといいはずだよね？」。そして知らないうちに、「低価格」（オンライン版のみ）の選択肢を検討するのを忘れて、「劣化版」よりはるかにお得という理由で「高価格」を選んでしまうのだ。

再び、友人たちと何を食べるのかを決めるときの話に戻ろう。

あなたはわさびたっぷりの鉄火巻きが食べたい。そこで、「ハンバーガーか寿司か」と友人たちに尋ねる。

だが、友人たちはハンバーガーを食べたがるかもしれない。そこで、こう提案することもできる。

「ハンバーガー、寿司のテイクアウト、値段は同じだけど職人が目の前で握ってくれる本場の寿司店。どれがいい？」

こうすれば、友人たちは寿司のテイクアウトと、職人が目の前で握ってくれる寿司に意識を向け、この2つを比較するようになる（ハンバーガーには注意が向かなくなる）。

あるいは、**まったく違う質問に答えさせる**という方法もある。これは「選択の代替」と呼ばれている。

イングランドで、この手法をうまく活用した灰皿が設置された。この灰皿には、「世界一のサッカー選手はどっち？」という質問が書かれている。容器は「クリスティアーノ・ロナウド」と「リオネル・メッシ」に区切られていて、喫煙者は吸い殻を捨てることで好きなほうの選手に投票できる。

もちろん、この質問の裏には「吸い殻を地面に捨てるか、灰皿に捨てるか」という本当の問いが隠されている。

この本当の問いを直接尋ねず、別の問い方をしたことで、望ましい選択をする人（吸い殻を灰皿に捨てる）が大幅に増えたのだ。

「何もしなくていい」ならそれでいい

商品やサービスを利用するときに、最初に利用規約への同意を求められることがある。そのとき、「同意しない場合のみチェックマークを入れる」という形で確認を求められる場合がある。

細かな文字で長々と規約の内容が書いてあり、最後に、「規約に同意しません」と書かれたチェックボックスが設定されているのだ。

あなたはこのような場合、どうするだろうか？

よほど奇特な人でないかぎり、規約を隅々まで読んだりせずに、チェックボックスをそのままにして、同意したことにするはずだ。

このように、何もしなければそれを選んだことになる選択肢の提示方法を**デフォルト**と呼ぶ。その場合、この選択肢を選ぶ（つまり何もしない）人の割合が大幅に高まることが知られている。

デフォルト以外の選択肢をあえて選ぶ人が少ないのは、脳には簡単なこと、楽なことを望む性質があるからだ。

「選択しないこと」つまり、**何もしないことは、「簡単な何かをすること」よりもさらに楽だ。**選択しなければストレスもかかりにくい。失敗してもあまり後悔しないし、「自分のせいではない」という言い訳もできる。

それに、そもそも人は自分が何を望んでいるのかよくわかっていない。だから、提示されたデフォルトの選択肢をそのまま受け入れてしまう。

選択肢のメリットとデメリットを比べて決断を下すのは簡単ではない。そのため広告では、「たんの出る咳とたんの出ない咳のどちらにも効く」「もう、まつげの長さかボリュームかを選ぶ必要はありません」というふうに、いいとこ取りを謳うのが定石になっている。

「何もしないこと」をデフォルトにすれば、選択に伴う苦しみを減らせる。

企業から個人に送られてくるメールに、「同意いただける場合、ご対応は不要です」と書いてあることがあるが、これがまさにそうだ。サブスクリプションの自動更新サービスも同様。こうしたデフォルトの選択肢は強力なハウスフライ効果になる。

デフォルトは、社会的な影響を受けることもある。**「みんなが選んでいるから」というのは、デフォルトの選択肢を選ぶもっともな理由**になる。他の人と同じものを選んでおけば、失敗はしないだろうと安心もできる。

デフォルトは驚くほどの効果をもたらす。臓器提供者になるかどうかを選択する際に用いられた、有名な例を紹介しよう。

ヨーロッパでは、臓器提供については自由な議論こそなされているものの、実際に誰もがドナーになるための行動をとるわけではない。

筆者のティムも長年、オランダ人にドナーカードへの記入を促すキャンペーンに携わってきた。自発的な意思決定を訴えるキャンペーン（「自分の身体、自分で決める」）などを実施して、それなりの成功を収めた。

こうした取り組みの成果もあり、オランダのドナー登録率は27・5％で、ドイツ（12％）やデンマーク（4・25％）などと比べて高い。[8] だがベルギー（98％）やオーストリア（99・98％）にはまったく及ばない。

ベルギーやオーストリアの登録率が他国と圧倒的に違ったのは、オプトアウト方式を採っていたからだ。つまり、オランダ、ドイツ、デンマークの人たちはドナーになる意思がある場合にそれを表明する必要があったのに対し、オーストリアとベルギーの人たちはデフォルトでドナーになる（ドナーにはなりたくないという場合にのみ、そのことを表明する）ことになっていた。

そのため現在では、オランダもすでにデフォルトでドナーになることが選択されるような仕組みに移行している。自主的な登録を促すどんなキャンペーンも、これにはかなわない。

デフォルトは効果が極めて高いだけに、重要な（それゆえ難しい）選択でこの方法を採用する際には慎重な判断が求められる。難しいのは、どの選択肢をデフォルトに設定するかだ。*

*ただし、実際に提供される臓器の割合を見ると、国ごとの差はかなり縮まる。デフォルトでドナーになる国では、実際に臓器提供をするかどうかを判断する際に、ドナーにならないことを選ぶための選択肢が多く与えられている。たとえば、本人以外の近親者が臓器提供をしないと判断できるなどの仕組みがある。

知らないうちに「デフォルト」を選んでいる

米国の会社員は、入社時に会社の年金制度に自動的には加入しない。ある調査によれば、これをデフォルトの選択肢に変更することで、加入率が大幅に高まった。

筆者のティムがプレゼンでこの問題を扱うと、「私はこの手のデフォルトを簡単に見抜けます。そして、反対のことをしたくなるんです」と参加者から言われることがある。

実際に、あからさまに相手を誘導しようとするデフォルトもある。

このような悪質な手口は逆効果だ。

研究でも、「**デフォルトの効果は公平性があると増す**」ことがわかっている。デフォルトの選択肢が望ましいものであり、そのことを明確に説明すれば、同意を得やすくなる。[9]

筆者のエヴァは最近、友人の学資ローンの完済を祝うパーティに参加した。返済にかなりの年月がかかったこともあって、盛大なお祝いだった。友人はローンを返し終えたとき、40歳になっていた。

長い年月を費やした元凶は、小さなチェックマークだった。

20年前に友人（と筆者のエヴァ自身）が学資ローンに申し込む際に入力したフォームは、次のように設定されていた。

借入を希望する額は？

[✓]上限額まで

[　]その他　希望額（　　　）

あなたならどうするだろうか？

実に、68%の学生が上限額まで借りた。デフォルトの設定を変えなかったのだ。

筆者と友人がこの効果に引っかかった少し後、政府が運営する学資ローンの申請サイトはこの小さなチェックマークを外した。これで、デフォルトで「上限額まで」が選択されないようになった。

「この程度のわずかな改善では、大した変化は起こらないだろう」と思うかもしれない。だが、この小さなチェックマークが外された後、上限額まで借りた学生の割合は11%に激減したのだ。[10]

なぜ2位じゃだめなのか?

企業や広告代理店が採用するもの以外にも、私たちは自分の頭の中でデフォルトの選択肢を選んでいる場合がある。

あなたは、「歴史上もっとも重要な科学者は?」と尋ねられたとき、誰を思い浮かべるだろうか?

おそらく、アルバート・アインシュタインが浮かんだのではないだろうか。

ファインマンやオッペンハイマー、キュリーなど他にも偉大な科学者はいるが、やはりその中でもアインシュタインが一番だと思った人は多いはずだ。特にアインシュタインを崇拝していなくても、ともかく彼の名前が真っ先に浮かんできたという人もいるだろう。

これは、「**メンタル・アベイラビリティ（思い出しやすさ）**」と呼ばれる認知バイアスだ。人は自然と頭に浮かぶものを、重要で、一般的なものだと無意識にとらえる傾向があるのだ。

たいていの場合、この認知バイアスは特に問題を生じさせない。とはいえ、この思い出しやすさには、対象を目にする頻度や、最後に目にしてからの間隔に影響されやすい特性がある。つまり私たちの**頭に最初に浮かぶものは、必ずしも重要で一般的なものとは限らない**のだ。

メンタル・アベイラビリティは、メディアにも影響されがちだ。メディアは飛行機の墜落事故や新たなテクノロジーが引き起こした問題を大々的に取り上げる。実際には、飛行機事故が起こる割合は自動車事故よりも少ないし、ＩＴ技術のほとんどは支障なく機能している。にもかかわらず、ニュースの印象が強く頭に残っているため、私たちは飛行機事故が起こる確率や、新しいＩＴ技術がもたらす悪影響を過度に大きく見積もってしまう。これは、**アベイラビリティ・バイアス**と呼ばれている。

メンタル・アベイラビリティ、すなわち何かを最初に思い浮かべてもらうことは、特に広告業界にとっては生命線とも呼べるほど重要なことだ。

広告に使われている下手なユーモアや誇大な宣伝文句を見て、「こんなものにはひっかからないぞ」と思うこともあるだろう。しかし、広告をする側にとって一番大事なのは、消費者に広告メッセージの内容に納得してもらうことではない。肝心なのは、カミソリの刃やコーヒー、シャンプーを買うときに、当該のブランドを反射的に思い浮かべてもらうことなのだ。

メンタル・アベイラビリティが高い商品は消費者から選ばれるようになるため、売れ筋になりやすい。

また、**メンタル・アベイラビリティは商品の内容とはあまり関係がない**ようだ。健康に良い、品質が高いといった商品特性は大切だが、もっと重要なのはその商品を目にする頻度だ。また、目にした際に、その**商品に際立った特徴があるかどうかも影響する。**

商品の広告に「紫の牛」や「しゃべるチョコレート」といった特徴的なキャラクターや、「ディンドン・ピッツァ」といった覚えやすいフレーズが用いられていると、消費者はその商品を思い出しやすくなる。その結果、買い物をするとき、頭に真っ先に浮かぶその商品を選ぶようになる。

市場調査の世界で昔からよく知られているように、「私に広告は無意味だ。よく知っているブランドを買うだけだから」というのが消費者心理なのだ。

習慣を変えるのは難しい

これまで説明してきたように、脳は選ぶことを好まない。そのため、一度決断を下すとそれをあまり疑おうとしなくなる。

その結果、選択は習慣化する。人は便利なものを好む。そして、今までと同じことを続けることほど便利で楽なものはない。

習慣を変えなければ、脳は同じことを続けるだけでよく、何も決断しなくていい。

毎朝、目覚まし時計が鳴ったら1回スヌーズさせてから止めて、朝食を食べ、歯を磨き、シャワーを浴び、身支度を整え、荷物を準備し、自転車に乗る。こうした朝のルーチンを無意識に行えるからこそ、私たちはそのあいだに忌まわしいニュースに憤りを覚えたり、行動科学に関する面白いポッドキャストを聴いたりできるのだ。

なかには、半分眠っているような状態でも朝のルーチンを終えられる人もいる。これは人類が進化の過程で編み出した特殊能力だと言えるかもしれない。

それなのに、習慣に対する評判は良くない。習慣は、コメディアンにとっては格好の題材だ（人が変化のない生活をしていることがジョークのネタにされる）。「コンフォートゾーンから抜け出せ！」* というような熱い自己啓発的な言葉にも、SNSで「いいね」が多く集まる。

しかし、筆者のティムが「マンネリを打破しよう」というキャッチフレーズのキャンペーンを展開したとき、消費者が乗り気でないことはすぐにわかった。

世間からは**「あの人は同じことばかり繰り返している」と思われていたとしても、本人にとっては快適で大切な生活パターン**なのだ。よく知られているマーケティングの法則に、「たいていの家庭には定番の食事のレパートリーが約9種類ある」というものがある。

そして、それを変えるのはとてつもなく難しいことなのだ。

＊この手のことを言う人は、実は自分にとってコンフォートゾーンと感じられる世界に同僚や上司や顧客を引き込もうとしているだけであることが多い。

ブランドのリニューアルが失敗しがちな理由

コロナ対策で行動が制限されていた期間、人が習慣をどれだけ大切に思っているかが鮮明になった。SNSでは、こんな投稿が見受けられた。

「いつもは自分の誕生日を近所の人たちと祝っているのに、それができなくなってしまった。現政府は総辞職しろ！」

一方、旅行業界では信じられないような現象が見られた。たくさんの人が「どこにも行かないフライト」を予約したのだ。

ロックダウンのため外国の税関を通過することは禁止されていたが、外国まで「行くこと」はできた。そこで、空港や駅を出ることなく、到着後すぐに帰国するためだけに外国へ行ったのだ。そして例年通り、旅行気分を味わった。

航空会社もこうした「景色をながめるフライト」向けに、特別プランを用意した。その結果、カンタス航空のオーストラリア便は10分で完売した。

シンガポール航空の機体に乗り、滑走路上で食事をするだけという仰天のプランもあった。そう、実際に旅行するわけではなく、あえて不便な機内食を食べるだけだ。しかし、このツアーは大人気になった。

「せめてビジネスクラスで贅沢な時間を楽しみたいと思ったのでは？」と想像した人もいるだろう。たしかに、追加料金を払ってビジネスクラスの機内で食事を楽しんだ人もいた。だがほとんどの人は、エコノミークラスのガタガタする折りたたみテーブルで食事するのを好んだ。「旅行では、目的地に行くことより過程が大切」とよく言われるが、この現象は、まさにこの言葉をこれ以上ない形で物語るものだった。航空会社は、習慣の力をうまく活用したのだ。

航空会社だけでなく、他の業界の企業もいろんな手を使って人間の習慣を活用している。**賢い企業は、必要がない限り、むやみに消費者の習慣を壊そうとしない**。「寝た子は起こすな」が鉄則なのだ。

あるとき筆者のティムは、クライアント企業の小売店の売り上げが大幅に伸びていることに気づいた。「自分が手掛けた広告の効果だろうか?」——咄嗟に、広告賞のトロフィーが自宅の暖炉の上に飾られる光景が思い浮かんだが、売り上げ増加のきっかけは広告のおかげではないことが判明した。

競合他社が商品パッケージを大幅に変更したため、日頃その商品を買っていた消費者が戸惑い、筆者のクライアントのブランドに流れてきただけだったのだ。

同じことはオレンジジュースのブランド、トロピカーナでも起こった。トロピカーナは

２００９年に、３５００万ドルをかけて新パッケージをリリースしたが、売り上げは20％も減少してしまった。

この事実を見ても、ブランドロイヤルティや「ブランド愛」などの広告概念を再考せざるを得ない。

顧客は本当にそのブランドの冷凍ソーセージが好きなのか？　それとも、自分の選択や習慣に忠実なだけなのか？　説得力があるのは後者のほうだ。

人間は一貫した選択を好む。それによって労力を節約できるからだ。さらに、進化論的な観点からも、気まぐれな偽善者と見なされることは不都合だった。こうした特性は、集団内で生きていくうえでトラブルのもとになる。現代でも、主張を翻した政治家を人は叩きたがる。考えを変えるのは論外であるかのように。

行動変容を目的としたキャンペーンでは、一貫性に訴えるメッセージがよく用いられる。たとえば、「あなたは万引きをしたりしませんよね？　ではなぜ違法に映画をダウンロードするのですか？」と語りかける。

望む行動がすでに習慣化された行動であるなら、極力それを変えないようにする。

ブランド名の変更や、継続利用を促すメールなどの急な変化は逆効果になりかねない。

新しい習慣をつくるのは「途中でやめるのはもったいない」という気持ち

では、新しい習慣を身につけてほしいときはどうしたらよいのだろうか？　大量のハウスフライ効果を操り、顧客の頭につきまとわせればよい。

そのごく単純な例は、カフェのポイントカードだ。フラペチーノを11杯飲んで12杯目を無料でもらった頃には、毎日ちょっとぜいたくな一杯を楽しむという習慣が身についている。ポイントカードが新しくなったときに、バリスタが１つ余計にスタンプを押してくれる理由もここにある。

これは、**エンダウド・プログレス効果**と呼ばれている。「ここまでスタンプを貯めたのだから、途中でやめるのはもったいない」と感じるのもこの効果によるものだ。脳は、それまでに投じたエネルギーやお金、労力を無駄にするのを嫌う。

この効果はアプリでも採用されている（「Streaks」などの習慣化アプリが有名）。こうしたアプリでは、ある行動を何日間続けているかが表示されるようになっている。数日間アプリに動画を投稿し続けたユーザーは、その流れを止めたくないのでまた動画を投稿したくなる。それまで苦労して得てきた「実績」や「バッジ」を失いたくないからだ。アプリ側はこの動機につけこんで、ユーザーを引き寄せようとする。

こうした仕掛けはネットショッピングでも使われている。顧客は、長い購入プロセスのある段階まで来ると、「ここまで来たら、ここでやめるのはもったいない」と思ってしまう。世の中に結婚記念日や入社記念日を祝う習慣があるのも、同じ原理が背景にあるからだろう。

成し遂げたことが増えていくと、人はその行為をさらに続けようとする。企業はこの人間の習性を巧みに利用して、顧客をレベル分けすることがある。「お客様は毎月たくさん注文いただいているので、〝ゴールドメンバー〟です。今月もあと少し注文してください。そうしないとゴールドメンバーの資格が失われ、特典が得られなくなってしまいます！」。この手法は、アルコール飲料など、依存症などの問題が起こり得る商品を扱っているメーカーでも最近まで採用されていた。

このハウスフライ効果のなかでもっとも中毒性の高い種類は、スマートフォンに存在している。

1日に100回もスマートフォンをチェックしてしまうのはあなただけではない。私たちがつい引き込まれてしまうアプリの裏では、特別に開発された〝キラー・バイアス〟が大活躍している。そのせいで、アプリを使うことが習慣というより、中毒になってしまっている人も少なくない。そこには、抗いがたい魔力があるのだ。

この仕組みのもとをつくったのは、習慣の専門家ニール・イヤールだ。[11] 彼は、ユーザーにプロダクトの利用を習慣化させることを目的とした「フック・モデル」を提唱した。アプリ開発者はユーザーをアプリに引き込むために、4段階から成るこのモデルをお手本にしている。詳しく見てみよう。

人を夢中にさせる4段階の「フック・モデル」

ステップ1——「トリガー」を与える。

通知音を鳴らしたり、アプリのアイコンのそばに新着メッセージの数（例：赤色の「1」）を表示したりする。脳はこれらをまだ完了していないタスクととらえ、すぐに終わらせたくなる。これは**ツァイガルニク効果**と呼ばれる有名な認知バイアスだ。

ステップ2——ユーザーの「アクション」が起こる。

ユーザーがアプリを開いたり、メッセージをチェックしたりする。

ステップ3——**変化するリワード(報酬)**を与える。

この報酬が、アプリをやめられなくなる効果をもたらす。通知が届き、咄嗟に「意中のあの人がメッセージを送ってくれたのかも?」と期待するが、SNSアプリが「この人と友達かも?」と知らせてきただけ、といったことは珍しくない。イライラさせられるが、このようにチャンスを逃すことが、むしろ依存を強める。人は何時間もスロットマシンにコインを入れ続けるが、コーヒーの自動販売機にコインを入れ続けたりはしない。なぜなら、スロットマシンから得られる報酬は予測できないからだ。**報酬の多寡が予期せぬ形で変化すると、最高のご褒美があと少しで手に入りそうだと感じるようになる。**スロットマシンを回転させ、スクラッチカードをスクラッチすると、あと1つチェリーやクリスマスハウスが出れば大当たりになるという惜しい結果で終わることが多い。この期待が大きな(ドーパミンの)刺激になり、何度も繰り返したいという衝動にかられてしまうのだ。

ステップ4——インベストメント(投資)、または「サンクコスト」。

イヤールの巧妙な釣り針(フック)の最終段階。これまでアプリに時間と労力を投じて、プロフィールを完成させ、友達の写真に「いいね」を押し、グループに参加し、写真を投稿してきた。こうした投資をすればするほど、アプリを再び使う可能性は高まる。やがて、「アプリを削除するなんて絶対に考えられない」と思うようになる。削除すれば、これまでの「いいね」も写真も友達も失い、投じてきた労力が全部無駄になるからだ。アプリ中毒者は、どんな場所で夜を過ごすことになったとしても、スマートフォンがそばにないと落ち着かなくて眠れない。

認知バイアスを使って良い習慣を身につける方法

だが、いい知らせもある。こうした効果があることを理解して、それをうまく活用すれば、良い習慣を身につけることに役立てられるのだ。

読書や運動、早起きなどを習慣にしようとしても、たいていはすぐに挫折してしまう。この現象は専門用語で、**意思と行動のギャップ**と呼ばれている。望んでいる行動と、現実にとっている行動のあいだにギャップがあるということだ。目標を高くしすぎることで、意欲が低いときには行動がおっくうになってしまうことも挫折の原因だ。

「毎日2時間以上運動する」といった高い目標は、よほどモチベーションが高い日でないと達成できない。**モチベーションや優先順位は変わりやすい**。意欲がわかず、行動が習慣化していなければ、すぐに失敗してやる気がなくなってしまうだろう。

ここで役立つのが、ユーザーをアプリに引き込むために使われているシリコンバレー式のテクニックだ。

まずは、**行動を記録して視覚化する**ことから始めてみよう。家の壁に吊るした小さな黒板に日数を書き込むといった単純な方法で十分だ。そうすれば、たとえば「砂糖断ちを何日続けたか」を目につきやすい場所で確認できるので、続ける意欲が高まる。

次に、目標を達成したら、報酬として自分にご褒美（流行りの靴、贅沢なコーヒーなど、自分がハッピーになれて他人にも見せられるものであれば何でもいい）をあげよう。

他にも、「アラームを行動のきっかけ（トリガー）にする」「いつもの習慣とセットにして新しい習慣を加える」といった方法などがある。米国の習慣の専門家であり、『習慣超大全スタンフォード行動デザイン研究所の自分を変える方法』（ダイヤモンド社）の著者BJ・フォッグは、トイレに行くたびに1回腕立て伏せをすることを勧めている。

「夏時間と冬時間の切り替えの際に火災報知器のバッテリーを交換しよう」と呼び掛けるオーストラリアのキャンペーンも素晴らしい。時計の設定を直すためにはしごを使うので、その際に火災報知器のバッテリーをついでに交換することは理にかなっている。

この認知バイアスは、主に既存の習慣と関連があるが、新しい習性を身につける際にも役立てられる。うまく活用しよう。

ねらうべきは「ぜんぜん知らない」と「全部知っている」の間

すでに見てきた通り、人間の脳は抵抗が少ない道を好む。物理的に、脳はそうせざるを得ないのだ。その結果、私たちは無意識に難しい選択を避けようとする。行動を起こさず、習慣に従い、一番手近なものを選ぼうとするのだ。

だが、物事をなるべく簡単にするのは常に最善の方法になるのだろうか？　なるべくそのことについて考えさせず、デフォルトの選択肢や無意識の習慣にさせるのがよいのだろうか？　実は、本章の結論はそうではない。

たしかに、「迷ったらシンプルにせよ」は様々なことに当てはまる。だが、小さな工夫が大きな効果を生み出すのも事実なのだ。

たとえば、コメディアンは、ジョークの結末をあえてなかなか口にせずに、観客がオチに気づくよう仕向けることがある。そのほうが、観客もそのジョークの面白さを強く記憶する。このように、自分で考えることで対象が記憶に残りやすくなることは、**生成効果**と呼ばれている。

広告界のレジェンドであるジョージ・ロイスは、ファッションブランド「トミーヒルフィガー」の最初のキャンペーンにこの原理を応用した。

タイムズスクエアに掲示された巨大ポスターには、「米国の4大デザイナー」という文字の後に、頭文字と下線が続いていた。

ロイスは通行人に誘導尋問ゲームをしかけたのだ。

通行人はすぐに、R＿＿＿L＿＿＿はラルフ・ローレンで、C＿＿＿K＿＿＿はカルバン・クライン、P＿＿＿E＿＿＿はペリー・エリスだとわかる。

でも、このT＿＿＿H＿＿＿は誰？　人々は自然と、トミーヒルフィガーの創業者であるデザイナーのトミー・ヒルフィガー（Tommy Hilfiger）の名前を思い浮かべた。

ロイスは、「情報ギャップ理論」を深く理解していた。この理論は、**脳は自分の知らないこと（ギャップ）を見つけると、それを埋めようとして好奇心を起こす**という考えに基づいている。

人は、何も知らないことに興味は示さない。

逆に、それについては既に何でも知っていると思っているテーマにも（本当にそうである場合も、自信過剰である場合も）興味を示さない。

その真ん中に、情報ギャップ理論が主張する「好奇心領域」（それなりの知識はあるが、何でも知っているわけではないと自覚している領域）がある。

「クリックベイト」と呼ばれるネット上の偽の広告も、この現象を利用している。たとえば、「12種類の認知バイアスをご存じでしょうか？　あなたは8番目の認知バイアスに驚愕するはずです！」と煽られると、認知バイアスについてそれなりの知識を持っている（今のあなたのような）人は、ついリンクをクリックしてしまう。

相手に小さな行動を促すときには慎重になるべきだ。たとえば、ある研究によると、少し読みにくいフォントで書かれた文章は内容が頭に残りやすくなるという。[12] そこで、ある科学者グループは理想的な読みにくさのフォントを開発した。このフォントを用いた文章の内容は、覚えやすくなるはずだ。もし本当に効果があるなら、筆者もこのフォントを本書に使いたかった。だが残念ながら、その有効性を示す証拠は得られていない。

もしかすると、件の研究で効果が示唆されたのは、見慣れないフォントのほうが目立って注目を集めたのが理由かもしれない（これは**フォン・レストルフ効果**と呼ばれている。第6章で詳しく説明する）。

実際には、読みにくいフォントなどの**余計な労力が求められることは、行動の阻害要因**

になるという研究結果のほうがずっと多い。そのうちの1つでは、被験者に単純なエクササイズについての説明文を異なるフォントで読ませ、エクササイズの所要時間がどのくらいだと思うかを尋ねるという実験を行った。

一方のグループにはわかりやすいフォント（サンセリフ体）で書かれた説明文を、もう一方のグループには読みにくいフォントで書かれた説明文を見せた。そして、このエクササイズを6回から10回繰り返し行うのにどのくらいの時間がかかると思うかを尋ねたところ、答えには大きな違いが見られた。

読みやすいフォントで説明文を読んだグループは、エクササイズの所要時間を約8分と見積もった。それに対し、読みにくいフォントで説明文を読んだグループは約15分と見積もった。[13] この怠惰さを生み出す認知バイアスについて知っていれば、後者のグループが運動をしたがらなくなるのを想像できたはずだ。

第2章まとめ――「シンプル」にして相手を動かす

本章では、たくさんのハウスフライ効果や認知バイアスを紹介してきた。これからは、誰かとの会話で「ナッジ」や「スラッジ」が話題になったとき、話についていけるようになるだろう。だが、それ以外に、私たちはこれらの知識をどのように活用できるのだろうか？

一番肝心なポイントは、「**人に何かをしてほしいときは、必要以上に難しくせず、簡単かつ明確で楽しいものにすべき**」ということだ。

伝えたい情報を提示する前に、障害物になっているものは何かを考えよう。そして、その情報が相手にとって難しく感じられないようにするための工夫をしよう。

具体的には、以下のような方法がある。

・明快な言葉で伝える。
・タスクを切り分け、ステップ・バイ・ステップの計画を立てる。
・選択することへの不安を生じさせないために、選択肢の数を減らして、できる限りシンプルにする。
・「デフォルト」を用いて何も選ばないことに誘導させるときは、何をデフォルトにするかを注意深く検討する。
・通知を切る。

最後に、これを覚えておこう。

・「常にシンプルなほうがいい」は、少しシンヽヽプルヽすぎヽヽヽる考えかもしれない。

第 3 章

「想像の痛み」から逃げたい
——不安やストレスに振り回されない技術

苦しみまたは“苦痛”。
「財産」、「損失回避」、「リスク回避」、「予期的後悔」など。
危険の兆候がごくわずかでも見えると逃げ出す、
臆病なハウスフライ効果。
何もない場所に脅威を見いだすことが多い。
あらゆるものを集めて所有することを好み、
集めたものを命がけで守る。
お金に関する判断の周囲に執拗につきまとう。
マーケティング担当者は、好んでこのハウスフライ効果を使う。
本書をよく効くハエ叩きとして活用してほしい。

「失う痛みを避ける」ためにどんなことでもする

1997年10月、故郷のハーグに住んでいた筆者のティムは、ATMで少額の現金を引き出すために外出した。嬉しい知らせを聞いたばかりだった。初めての仕事となる、不動産広告のコピーライターとして採用されたのだ。

高揚感に包まれたままATMにキャッシュカードを挿入し、暗証番号を入力して金額を指定した。帰宅したところで、ATMから現金を取り出し忘れたことに気づいた。

慌てて戻ったが、金はなかった。次の利用者に取られたのだろう。

あなたは、この話の何がそんなに特別なのかといぶかるかもしれない。

この話が特別なのは、筆者がこの出来事を覚えているという事実そのものにある。

筆者はこれまでの人生で、あのときATMで引き出したのと同じ額に相当するギフトカードをもらったことが何度かあるはずだ(本やレコードに使える、彼のお気に入りのギフトだ)。だが、その詳細はすっかり忘れている。

一方で、遠い昔にATMから取り忘れた少額のお金のことはいつまでも記憶に刻まれている。

これは決して筆者だけのことではない。**人は何かを失うとき、同じものを手に入れるときよりも大きなショックを感じる**のだ。さびだらけの自転車でも、盗まれると激しい怒りにかられるのはそのためだ。

人間の脳は、このような不快さを避けるためならどんな苦労も惜しまない。このように人が何かを失うことを避けようとする傾向、すなわち**損失回避**は、あらゆる場面で観察できる。

会社は、優先順位は高いが成功する見込みのないプロジェクトをなかなか中止できない。このプロジェクトを失うことが怖いからだ。幼い子どもは、古い絵画にレモネードをぶちまけ、びっくりして泣いてしまう。なにか大切なものを台無しにしてしまったことがショックなのだ（たとえ、絵の価値などさっぱりわからなくても）。

私たちも日々の暮らしのなかで、同じように損失回避行動をしている。なぜなら、**人は所有しているものをそのまま所有し続けたいと思う**からだ。これが、とても奇妙な認知バイアスを引き起こす。

「いらないモノ」を捨てられない理由

ここで筆者（エヴァ）の父親のケースを例に挙げよう。彼は、自宅のガレージに5つの収納ボックスを置いている。ボックスの中には、ダイニングチェアや揺り木馬、塗料の缶が、シトロエン2CV2〔1949年から発売されていたクラシックカー〕2台分の部品とギター型ラジオの隣に幸せそうに並んでいる。

これらの雑多なモノの唯一の共通点は、彼の持ち物であること。父は一度手にしたものを手放そうとしないのだ。

壊れてもいないし、いつか役に立つ日が来るかもしれない。そう思うから、捨てられないのだという。片づけ界の急進主義者と呼べる、近藤麻理恵の本まで所有している（しかも、おそらく読んでいない）。

あなたにも心当たりはないだろうか？　筆者も、自分がモノを捨てられないのは父の遺伝子を引き継いだせいでもあると思いつつ、この傾向がどんな人にもある程度は当てはまることを大学の授業で知って安心した。

これはとてもありふれた人間の現象だ。「モノを捨てられない、ダメな人」と揶揄されたりもするが、もう少し言われた人の心を傷つけない、正式な名称もある。**授かり効果**だ。

これは行動経済学者のリチャード・セイラーが提唱し、実験によって検証してきた概念だ。[1]

ある研究で、セイラーは被験者の学生半数に大学のマグカップを渡し、残りの半数にチョコレートを渡した。そして、希望者はもらったものをお互いに交換してもよいと伝えた。

どちらのグループにも、マグカップとチョコレートのどちらかを好む人がいるはずだ。だから、自分の好みに合わないものをもらった学生同士は、交換をするのではないかと思われた。

だが、マグカップを受け取った学生にも、チョコレートを受け取った学生にも、それを交換したがらない傾向が見られた。

次の実験でも、**人はいったん所有したものに高い価値を見出す**ことが明らかになった。

この実験では、被験者の一方のグループにはマグカップを無償で与え、もう一方のグループにはマグカップを与えなかった。

マグカップを与えられていない学生に、「いくらならこのマグカップを買いますか?」と尋ねたところ、平均で約2・25ドルなら買うと答えた。

一方、マグカップを受け取った学生に同じ質問をすると、平均で約5・25ドルなら買うと答えたのだ。

授かり効果の影響を受けるのは学生だけではない。チンパンジーさえも、所有物に愛着を抱く。

ある実験で、チンパンジーにアイスキャンディーかピーナッツバターひとなめ分かを選ばせた。チンパンジーの60％がピーナッツバターを選んだ。

次に、最初にピーナッツバターを与え、その後でそれをアイスキャンディーと交換できるようにすると、そのままピーナッツバターを選ぼうとするチンパンジーの割合は80％に上がった。

チンパンジーは、単に既に所有していたからという理由で、ピーナッツバターを選んだと考えられる。

私たちがモノを売買するときにも、この授かり効果が見られる。個人間でモノを売り買いできる「craigslist」や「eBay」などのオンライン・サービスでは、売り手が設定する最低入札価格は客観的に見ると高すぎることが多い。他人から見れば着古したトレーナーでも、売り手はまだ十分に価値のあるものだと思ってしまいがちなのだ。

また、株の売買でも、これから値上がりするのではないかと考えて、株を手放すタイミングが遅くなってしまうことが多い。株主にとっては、株は大切な所有物なのだ。このように、授かり効果はマーケットにも影響を与えている。

とはいえこの2つの例では、売り手は賢明な判断をしたとも言える。所有物はなるべく手放そうとせず、売る時は高値で売るほうが金銭的に得になることが多いからだ。売ろうとしているものに価値があると信じているほうが、自信を持って交渉しやすくもなるだろう。

「お金を使う」のは身体的に痛い

当然ながら、授かり効果はお金を使うときにも見られる。

広く議論を呼んだある研究[2]によれば、脳はお金を使うときに身体的な痛みを感じる。「懐《ふところ》が痛む」という言い習わしの通り、**お金を使うことには、本当に痛みが伴う**のだ。

この研究では、何かの購入を検討するよう頼まれた被験者の脳の活動を観察した。すると脳は、購入の「メリット」と「痛み」を比較していることがわかった。この「痛み」とは、文字通り身体的な苦痛という意味で使われるときの「痛み」だ。

魅力的ではあるが法外な額の値札が付けられた商品を見せられた被験者の脳では、痛みの処理に重要な役割を果たすとされる「島皮質」という部位が活性化することが観察された。つまり、**高い値段を見たとき、脳は膝を派手にぶつけたときと同じように「痛いっ!」と反応している**のだ。

とはいえ、お金を使うときに生じる痛みを軽減してくれるハウスフライ効果もある。これは、人に何かを売ろうとする側にとっては良いニュースだ。

とりわけ大きな痛みを感じるお金の払い方は、現金払いだろう。たいていの場合、財布からお金を取り出すのは、すでにその対価としての喜びを味わったあとだ。その状態で、はっきりとした形のある紙幣や硬貨を支払わなければならない。その典型例がレストランでの会計だ。

コメディアンのジェリー・サインフェルドは、このことを次のようなコントで見事に表現している。

はち切れそうなお腹をした人たちが、ベルトをゆるめ、悔しそうに勘定書きを見ている。

「俺たちは満腹だ。もう何も食べたくない。なのになぜ、さっきは料理を注文してしまったんだろう?」

幸い、この苦痛は店員の心のこもった別れの挨拶や、最後にもらえる飴などで和らぐことが多い。これはもちろん偶然ではない。だからこそ、レストラン側は会計が終わった客に対するサービスを採用しているのだ。

祭りなどでお金代わりに使われるプラスチック製のトークンも、お金を使う痛みを減らすための効果的な方法だ。本物のお金のように感じられないので、罪悪感を覚えずに使いやすい。

「はじめに」でも紹介したように、こうしたトークンはカジノで発明されたもので、そこではチップと呼ばれている。カジノで賭けをするとき、自分が賭けたい場所に大量のコインの山を動かすより、チップを放り投げるほうがはるかに気楽だ。だからこそ、客はとめどなく金を使ってしまう。

また、〝本物〟のお金を使う際の痛みを減らす単純なハウスフライ効果もある。たとえば**非接触型のカードを使った支払い方法は、昔ながらのデビットカードや現金での支払いに比べると苦痛を感じにくい。**

営業担当者は客と話すときに1000の単位を意味する「ミル」や「K」という表現を多用する。客に金額の大きさをイメージさせないためだ。こうした婉曲的な表現すら省略して「この車は28です」と言ったりもする。*

レストランはメニューに通貨単位を書かないことが多い。お金を連想させるカンマや小数点といった記号すら省略することもある。

さらに知恵の回るレストランのオーナーは、算用数字を使わずに金額を表す。

「自家製パン　オリーブオイル添え――フィフティーン」

こうすると、値段を表しているように見えなくなるから不思議だ。

＊また営業担当者は、「特別にあなただけにこの額でお売りします」と言ってくる。いったん事務所に戻り、「上司になんとか交渉して許可を得てきました」という嘘をつくのも常套手段だ。自動車やキッチンの販売代理店で使われるハウスフライ効果をテーマにすれば、それだけでさらに何冊か本が書けるほどだ。

「経済的な不満」を感じると、人は食べ過ぎてしまう

よく言われることだが、不幸な人間は「食べ物による慰め」を求めがちだ。**経済的な状況に不満を覚えている人は過食に走りやすい**ことが実際に研究で証明されている。[3]

ある実験では、まず被験者に貯金額を1から9の尺度で回答させた。その際、一方のグループの尺度は1が「0～50ドル」で9が「400ドル以上」、もう一方のグループの尺度

は1が「0〜500ドル」で9が「40万ドル以上」にした。こうすると、後者のグループの被験者のほうが低い尺度で回答することになり、「自分は相対的に見て経済的に恵まれていない」と思いやすくなる（貯金額が500ドルの場合、前者では9段階のうち最高の「9」と回答できるが、後者では最低の「1」という回答になる）。

このような操作を行い、前者の被験者グループには「私は経済的に恵まれている（満足している）」、後者の被験者グループには「私は経済的に恵まれていない（満足していない）」という印象を持たせたうえで、両グループの被験者に2つの食べ物から1つを選択させた。

1つは「ホイップクリームを添えたイチゴ」。もう1つは「チョコレートムースを添えたイチゴ」だ。事前のネット調査によって、2つの商品は同じくらい美味しく、金額的な価値も同等の評価を得ていることがわかっている。唯一の違いはカロリーだ。

「経済的に不満のある」被験者は、「経済的に満足している」被験者と比べ、高カロリーの食べ物（ホイップクリームを添えたイチゴ）を選択する割合が高かった。

別の実験では、被験者にトレーに置かれたブラウニーの栄養価を見積もるよう依頼した。一部の被験者には後でブラウニーを食べられることを知らせている。またこの実験でも、事前に貯金額を尋ねることで被験者を「経済的に満足しているグループ」と「満足していないグループ」に分ける操作が行われている。

「経済的に満足している」被験者は、後でブラウニーを食べられるか否かにかかわらずカロリーを適切に見積もっていた。

しかし、「経済的に不満のある」被験者は、後でブラウニーを食べられることがわかっている場合はカロリーを低く見積もり、食べられないとわかっている場合は高く見積もった。

このことは、経済的に不満のある被験者のほうが、経済的に満足している被験者よりもブラウニーをたくさん食べやすいことを示唆している。

経済的な不満を抱えている人は、食べ過ぎてしまいやすいかもしれないということだ。

ただし、これは1件の研究にすぎないので、それを裏付ける研究結果が多く出てくるまでは、この結果を鵜呑みにしないことをお勧めする。この研究結果だけを見て、太り過ぎの人は自業自得だといった早まった結論を導き出さないでいただきたい。

さらに、経済状態と健康の関係は複雑なもので、認知バイアスが関わるのはそのごく一部にすぎない。

とはいえ、昼休みにランチを食べながら、不動産サイトに掲載された豪華な別荘を羨ましそうに眺めるのはやめたほうがいいかもしれない。

なぜプロのサッカー選手が「止められやすい」シュートを蹴ってしまうのか？

トースターを購入するとき、名前も聞いたことがないような安っぽいメーカーのブランドのものより、誰でも知っているような有名ブランドのものを買いたいと思う人は多いのではないだろうか。

その背景にはどんな心理が働いているのだろう？　私たちは、有名ブランドの名前が持つ高級そうな響きに惹かれているだけではなく、このトースターなら故障せずに15年後も使えそうだとか、間違っても使っている最中に感電死したりはしないはずだと思っている。

このように人が選択に際して確実なものを選ぼうとする傾向は、**確実性効果**と呼ばれている。

また、人ができる限りトラブルを避けようとする現象は、**リスク回避**として知られている。

トップレベルのサッカー選手でも、成功よりリスク回避に目を向けることがある。

ＰＫ（ペナルティキック）では、ゴールの高い位置を狙うほうが、低い位置を狙うよりも止められにくい。キーパーにとって、低いボールのほうが手が届きやすく、止めやすいからだ。

当然それを知っているトップレベルのプロサッカー選手であっても、ＰＫで低い弾道のシュートを蹴ることがとても多い。

その理由は単純だ。高い位置を狙うと、ゴールの枠を外しやすくなるからだ。

枠を外してしまえば、ゴールキーパーに止められたのと同じ結果になる。ＰＫ失敗だ。

しかし、同じ結果でも意味は大きく違う。枠をとらえていれば、ＰＫの結果は運が左右する。失敗したとしても「枠内に蹴ってキーパーに止められたのなら、やむを得ない」と周りも受け止める。だが枠を外してしまえば、成功する確率はゼロだ。そのため、「あいつは枠を外したぞ！」とこっぴどく叩かれることになる。だから、サッカー選手がＰＫでリスクを避けるには、低い弾道のボールを蹴ることになるのだ。[4]

他にも、リスク回避の例はいくらでも挙げられる。

人に行動を促したいなら、「この提案は最高のものです」と伝えるだけでは不十分だ。

その行動はリスクが低いこと、あるいはその行動をとらないとリスクが高まると感じさせることが重要なのだ。

人はとにかく「確実で安心」が好き

相手にわずかな安心感を与えることが、大きな効果を生む場合もある。

大手企業の多くは、知名度の高いブランドを築き上げることで莫大な収入を得ている。顧客は、このタイプのブランドには喜んで余分なお金を払う。そのブランドの商品を特別に好んでいるからというよりも、無名ブランドの商品を買って粗悪品をつかまされることを恐れているからだ。

有名ブランドの商品は欠陥があると損害も大きくなるため、メーカーは品質管理に高い注意を払っている。だから、消費者も欠陥品を避けやすい。

また、仮に有名ブランドの商品を買って「あまり良い品ではなかった」と感じたとしても、少なくとも周りから馬鹿にされたりはしないだろう。

有名ブランドのトースターを買っても、いつかは壊れる。だが身内から「安物を買うからそんなことになるんだ」と嫌味を言われることはない。

言ってみれば、**ブランドは後悔しないための保険**みたいなものなのだ。

「人々は、一番美味しいハンバーガーが食べたいのではない。前回と変わらないものが食べたいのだ」とマクドナルドの創業者の１人が言ったのには理由がある。

人気のある遊園地が常に予約でいっぱいになるのは、「あそこに行けば間違いない」と誰もが思うからだ。

確実に良い天気が期待できるビーチや、確実に雪が積もっているスキーリゾートが人気なのも同様だ。

決断を左右するのは「リスク回避」

レストランには、思い切っていつもと違う料理を注文すればお気に入りの品を見つけられるかもしれないのに、毎回決まって同じメニューを注文する常連客がいるものだ。

その一方で、エベレスト登頂を目指したり、スタートアップに投資したりする、極端にリスクを好む人もいる。

西アフリカで屋台の食べ物を味わいたい、またはアマゾン川でラフティングを楽しみたいといった、当たり外れが大きそうなツアーに人気があるのもたしかだ。誰もが同じようにリスクを回避しようとするわけではないようだ。

リスク選好に個体差があるのは、人間だけではない。鳥（正確にはシジュウカラとムクドリ）[5]

でさえもリスクを求める個体と、リスクを回避する個体がいることがわかっている（「いつもの餌場にどれくらい長く滞在するか」などの観察結果から推測できる）。

ここで、「選択によって得られるものの判断を間違えやすい個体は、自然淘汰されてきたのではないか？」という疑問が浮かぶかもしれない。

米国の生物学者とコンピューター科学者から成る研究チームが、この問題の解明に取り組んだ。同チームは、意思決定には「人生を変えるような決断」と「日常的な小さな判断」の2種類があると想定した。そして、プログラミングによって人間が生きる環境をシミュレーションし[6]、リスクに対する様々な個体差のある大勢の人間がこの環境内で生きると仮定して、リスクに対する違いが生存にどのような影響を及ぼすかを試算した。

シミュレーション環境内では、人間たちに、とても重要な決断をさせた。パートナー選びだ。

その結果、平均的な相手を早い段階で見つけてそれでよしとする個体と、妥協せずに完璧な相手を求め続ける個体（なかなか思うような相手が見つからず、最悪の相手しか残っていないというリスクが高まる）がいた。

これらの個体を分析したところ、**進化上の争いではリスクを冒す者が淘汰されていきや**

すいことがわかった。

私たちの脳がリスクを回避しがちなのは、パートナー選びのように極めて重要な選択が人類の生存率にもたらしてきた影響を受けていると推論できる。

そしてその結果として、**人間にはリスクを回避するために些末な問題についても考え過ぎてしまう傾向もある。**たとえば、レストランのメニュー選びでもなかなか決断ができなかったりする。

独身の人には、リスクを冒して最高の相手を探そうとするのではなく、リスクを避け、十分だと思えるパートナーを選ぶことをお勧めする。リスクを取るのは、馴染みのレストランのメニュー選びでちょっと冒険するときに取っておけばいい。

病気にかかるよりもワクチンの副作用が怖い

人間は、概してリスクを好まない。それは科学研究が示しているだけでなく、人々の日常生活を観察することからもわかる。

私たちは高い金を払って有名ブランドのトースターを買い、レンタカーに割高な保険をかける。退屈な仕事にしがみつき、馴染みのレストランにばかり通う。

すべては人類が進化の過程で身につけた、リスク回避の傾向がもたらしたものだ。

人間の脳はリスクを回避するように進化してきた。基本的に、あえてリスクをつくり出そうとはしない。

その結果、人は自ら求めたりつくり出したりしたリスクよりも、自然に存在するリスクを受け入れやすい。この現象は**自然リスクバイアス**と呼ぶことができる。

たとえば、筆者（ティム）はスケートボードが好きな娘のために、「転ぶのはこのスポーツをするのにつきものの自然なリスクだ」と思いながら、ヘルメットを買った。だが、ヘルメットを正しく装着しないと首を負傷するリスクが跳ね上がることを知り、怖くなった。スケートボードで転ぶという自然なリスクは受け入れやすかったが、ヘルメットを買ったことで付随的に生じたリスクには強い抵抗を覚えたのだ。

自然リスクバイアスは、私たちが医療を受ける際の判断にも大きな影響を与えている。

薬やワクチン、治療によって生じる副作用や合併症のリスクは極めて少ない。

だが、**病気の結果として自然に負うことになるリスクと比べて、患者はこれらの人工的なリスクを強く恐れる**のだ。

保険は「割に合わない」とわかっていてもかけたくなる

普通、私たちは2週間ごとに車を木に衝突させたりはしない。

ではなぜ、休暇先で2週間車を借りる時、レンタカー会社に78ユーロも保険代を払って、保険に入っていなかった場合にごく低い確率で起こり得る1000ユーロの弁償代というリスクを避けようとするのだろうか？

レンタカー会社は、「保険に入っていない方は、車の盗難、衝突事故、キーの紛失が起きた場合、1000ユーロを支払っていただきます」と半ば脅すように保険を勧めてくる。たしかにこれらのトラブルは、長い目で見れば誰の身にも降りかかることだ。そのため、現実的なリスクだと感じられる。さらに直感的に、78ユーロの保険代は1000ユーロの弁償代よりも安いと感じられる。だから、実際にトラブルが起こり得る確率を考えれば割に合わないと思いつつ、私たちは保険をかけるのだ。

それに、レンタカーに保険をかけるメリットは他にもある。たとえば、「万一ぶつけても保険をかけているから大丈夫」と頭で理解していると、難しい駐車でも慌てずにすむといったことだ。

決断を先延ばすより「すぐやる」ほうがいい

損失回避やリスク回避に負けないくらい強力なのが、**曖昧さ回避**と呼ばれる認知バイアスだ。

「どんなリスクがあるのかわからない」というのは、「五分五分の可能性でお金を失うと知っている」よりも悪いように感じられる。これはパートナー選びや職業選択、投資などの様々な場面での意思決定に当てはまる。

こういうときにはどうすればいいのだろうか？　これから詳しく見ていくように、**決断をいつまでも先送りにするくらいなら、「後悔してもかまわない」と行動するほうがたいていの場合ベター**になる。

これまで見てきたように、人間にとって何かを失うことやリスクを取ることは痛みを伴う。

その理由は、間違った選択をしたと自分を責めるのが辛いからでもある。

別荘であれ、将来のパートナーであれ、退屈なプロジェクトであれ、自分の行動の結果として何かを手放さざるをえなくなるのは、とても辛いことだ。

それゆえ、**予期的後悔（意思決定をするときに、将来に感じるだろうと予測される後悔のこと）**は判断において大きな役割を果たす。だがそこには厄介な問題がある。人は、将来ある出来事が起きたときにそれを自分がどう感じるかについての見積もりが、あまり得意でないのだ。「宝くじに当選したらどれほど嬉しいか」と尋ねると、人は幸福度が高まることを過大評価する。

実際には、宝くじの一等当選者と宝くじを買わなかった人の幸福度の差は、わずか半年後に同等になる。[7] 宝くじに当たった人は、大金を手にしたことが原因で離婚したり、友人から金を無心されたり、近所の人からねたまれたりと、様々な不幸を体験することが多い。[8]

また、悪いことが起きたとき人生にどれほど悪影響が生じるかについても、人は過大評価する傾向がある。実際には、**悪い出来事が起きても、私たちは自分が思っている以上にそれを受け入れることができる。**たとえば足を切断した後でも、人はかなり早い段階で以前と同じ幸福度に戻ることが知られている。

つまり何かを決断する際、**私たちはたいてい後悔を過度に大きく見積もっている**のだ。いつまでも決断を先延ばしにして状況を悪化させるより、間違えてもいいから決断してしまうほうがいいと言えるのはそのためだ。*

＊逆説的だが、私たちが後悔するのは完璧さを求めるがゆえに行動しなかったことなのだ。

人は「選択の可能性が消える」のを嫌がる

ではなぜ、人は長くその状態に留まり続けることが良くないとわかっている場合でも、決断を避けようとするのだろう？

それは、**選択により「選ばなかった方の選択肢を逃すこと」を恐れる**からと考えられてもいる。

科学者のダン・アリエリーは、人が「可能性の扉を閉ざす」[9]ことを難しいと感じている理由を調べるために、コンピューターのクリックゲームを用いた実験を行った。

ゲームの内容は次のようなものだ。

画面上に3つの扉が表示されている。それぞれの扉をクリックするとスロットマシンが現れる。

スロットマシンをクリックするとお金を獲得でき、合計で100回クリックできる。

ただし、クリックして扉を切り替えると、クリック1回分としてカウントされる。

実際にシミュレーションしてみよう。

あなたは左の扉をクリックする。現れたスロットマシンをクリックすると、1セント、5セント、11セント、3セントが手に入った（1クリック当たり平均5セント）。

次に、中央の扉をクリックし、スロットマシンをクリックすると、4セント、2セント、1セント、1セント、3セントが手に入った（1クリック当たり平均2・2セント）。

同様に、右の扉では7、10、2、18、5、8セントが手に入った（1クリック当たり平均8・3セント）。

被験者は当然、右の扉のスロットマシンをクリックすると一番たくさんお金がもらえることに気づく。

そして、何度か扉を切り替えた後で、右の扉のスロットマシンをクリックし続ける。

ここでアリエリーはゲームに「消える扉」という新たな要素を追加した。

お金をもっとも獲得できていない扉は、少しずつ小さくなり、12回のうち1回でもクリックされないと消えてしまうという仕組みになっている。

この変更を加えたことにより、被験者は一番稼ぎが悪い扉はどれかを知ることができるので、より効率的にお金を得るための選択をするようになると思われた。

だが意外にも、被験者は稼ぎを増やすこととは逆の方向に向かった。**扉が消えないように、12回ぎりぎりになるとその一番稼ぎが悪い扉をクリックする**ようになったのだ。

これはさらにゲームの仕様を変え、扉ごとの平均獲得額を表示しても変わらなかった。しかも、「クリックすると消えた扉が復活する」という仕様にしても、被験者は扉が消えるのを見たくないので、稼ぎが少なくなるのを承知で扉をクリックし続けた。消えるという選択肢は、被験者の行動に実に不思議な効果をもたらしたのだ。

「閉店セール」や「期間限定」を無視できないワケ

コンコルド〔商業的に失敗した超音速旅客機〕の最後のフライトチケットは、過去最高に入手困難なものとなった。オランダのデパートV&Dの閉店セールにも多くの人々が殺到したが、他店の毎年行われるセールはたいした成功を収めていない。ほぼ同じ内容にもかかわらず。

今しかない、最後のチャンス、在庫一掃セール、閉店セール品の買いだめ――。その背後にある認知バイアスは、**何かを逃すことに対する恐怖**なのだ。

筆者は、アムステルダムにできたおしゃれな期間限定レストランの終了日が近づくと、まだその店で食事ができていないことがストレスになる状態を定期的に体験している。筆者にとっては、大手ファストフードチェーンの〝限定バーガー〟を我慢するほうが簡単だ。

とはいえ米国では、マクドナルドで不定期に販売されるマックリブが多くの客を引き付けている。この限定メニューが次にいつ復活するかがわからないからこそ、顧客はそのチャンスを逃したくないと考えるのだ。*

当然、これとは逆の現象も起こる。**「もう手に入らないかも」という状態が解消されると、需要も消えてしまう。**

オバマが大統領に選ばれたとき、米国の銃愛好家は、銃の販売が禁止されるかもしれないと心配した。そこで短銃やライフル、弾薬を、先を競って買いだめした。銃器産業は大忙しになった。その後、全米ライフル協会が支援する共和党のトランプが大統領になった。銃支持派は安堵のため息をつき、銃を買う量を減らした。レミントンやスミス＆ウェッソンといった銃器業界の大手企業は、結果として深刻な経営難に直面した。

この現象は〝トランプ・スランプ（トランプ不振）〟として知られている。

＊第2章の「変化するリワード（報酬）」（137ページ）も参照のこと。

実験してみよう

「買うべきモノかどうか」を判断する方法

私たちは頻繁に、「これをしたら後悔するかも」という不安に襲われる。この不安を払拭するにはどうすればいいのだろうか？　1つの方法を紹介しよう。

住宅の購入を検討していると想定しよう。買いたい気持ちはあるが、今後住宅市場がどうなるかも、対象の物件に欠陥があるかもわからないので、どうすべきか迷っている。

このような場合は、次の4つの手順に従うとよい。

1．家を買わなかった場合のコストを書き出す。

家を買わないと何が起こるか、どんなシナリオがあり、それぞれにどんなリスクが生じるかを考える。行動しないことで逃してしまうものは何か？（これまで検討にかけてきた時間が無駄になる。家賃が毎年数パーセント上がり、5年後には多額の家賃を払わなければならなくなる、など）

2．家を買って失敗した場合のコストを書き出す。

その状況を挽回するには何が必要かを具体的に考える（家に欠陥があって買い替える羽目に陥った場合、購入時の諸経費を2回払うことになる、など）。

3．上記2つのケースがそれぞれ現実になったとき、どんな感情を味わうかを予測・評価する。

その際、人は将来の感情を過大評価しがちであることを意識する。状況が良くなる場合も悪化する場合も、それに伴う感情は想定しているより早く落ち着くと考えられる。そのため、予想した感情を3分の1に弱める。

4．3の結果を比較する。

この場合、たいていはオプション1（家を買わないこと）では落胆した気分を味わい、オプション2（家を買うこと）ではそれよりも良い感情を味わうことになる。つまりこのケースでは、家を買わないと後悔しやすく、たとえ失敗したとしても家を買うことで喜びが得られることを確認できる。

「合計金額」を把握しながら買い物するべきか？

「不確かさ」「お金」「決断できないこと」が組み合わさると、どんな作用が生じるのか？この問題について考えるのにうってつけの、ある場所を想像してみよう。そこは私たちが頻繁に訪れてお金を使うが、いくら出費したかがよくわからない場所。

そう、スーパーマーケットだ。

自分で商品をスキャンして随時総額を確認できる機器がカートに装着されていない限

り、私たちはレジで合計金額を見てびっくりすることが多い。

手持ちが20ユーロしかなければ、予算内に収めようと頭のなかで計算するのはかなり大変だ。

かごの中に商品を入れていくと自動的に合計金額がカートに表示されるような仕組みがあれば、便利ではないだろうか？（カートにスキャナーや計算機が付いていないのを不満に思う人がいるのももっともだ）

では、実際にカートにiPadのようなものが付いていて、その時点の総額が表示されるとしたら、あなたが買い物で使うお金は増えるのだろうか、それとも減るのだろうか？

実は、結果は事前に予算を決めているかどうかで変わってくる。[10]

ある実験によれば、事前に予算を決めていた場合、iPadで総額を確認しながら買い物をした人が使ったお金は平均42ドルで、iPadを使わなかった人の平均34ドルと比べて多かった。iPadを使った人はカートに品を入れるごとに**総額を確認できるので、予算ギリギリまで使える**のに対し、iPadを使わなかった人は総額がわからないので予算を超えないよう控えめに買い物をしなければならなかったからだ。

iPadを使った人は、予算の枠内に収まる範囲で値段が高めの商品を買う余裕もあった。

一方、事前に予算を決めていない場合は結果が逆転し、iPadを使った人のほうが買い物に使う額が少なかった。カートにiPadが装着されていた人は平均で41ドル、装着されていない人は平均で55ドル使ったのだ。

これは、金額が目に入るとできるだけ支払いを安く抑えたいという心理が働き、値段が高めの商品をやめて、安めの商品を選ぶ割合が上がったことも原因だと思われる。

つまり、**予算を決めているかいないかによって、買い物中に総額が表示されることの影響は変わる**のだ。この実験の場合、買い物客はそれぞれの目的に合ったフィードバックが得られたため、どちらもiPadを使った方が良い結果を得られた（予算内に収めたい人は予算の枠をうまく使えたし、予算を立てていない人は安く買い物ができた）。

オンラインショップでは、画面の上の位置にその時点の総額ではなく、カートに入っている製品の数を表示していることが多い。だが、これだと予算を決めて買い物をしている顧客は総額がわからないために買う量を減らす可能性がある。つまり、サイト側はこの意味では損をしているかもしれないのだ。

「食べ放題」に行くのは心理的にも楽しい

かつて、ＭＩＴの研究室で「生きた財布」が設計された。

これには3つのバージョンがあった。

1つ目はクレジットカードから引き落としが行われるたびに振動するもの。

2つ目は口座に入金があると厚みが増すもの。

3つ目は口座の残高が少なくなるにしたがって、がま口が固く締まるという巧妙なものだった(これはまさにスラッジだ！)。

どれも、フィードバックを用いて節度あるお金の使い方を促すためのものだ。

だが、買い物を予算内に収めるには、本当にこうしたフィードバックが必要なのだろうか？

少なくとも、買い物の喜びが増えないのはたしかだ。

お金を使うときの不確実さを避けるには、前払いをしたり、すべて込々の値段になっているサービスを受けたりする方法がある。

旅行者は旅先で思いがけず高い買い物をしてしまうものだ。その出費を埋め合わすために、食事をビュッフェ形式にする者もいる。

コメディアンのサインフェルドは私たちがビュッフェでいかに雑多なものを組み合わせて食べているかを揶揄して、「レストランに入って、ウェイターに『ヨーグルトパフェ、スペアリブ、ワッフル、ミートパイ、クラブレッグ、クッキー4個、卵白のオムレツをお願いします』と注文する人はいない」とジョークを言った。料金が決まっているビュッフェでは、私たちはまるで最後の食事をとる死刑囚のようにあらゆるものを食べようとする。そこまでたくさん食べない人であっても、ビュッフェなら支払い額のことを気にせずに食事を楽しめる。スーパーのレジで冷や汗をかきながら判決を待つ気分に比べたら、ずいぶんとマシだ。

「不確実性」は人に苦痛を与える

人は、何が起こるかわからない状況を苦痛だと感じる。

たとえば、友人からこんなメールが送られてきたとしよう。

「ソールドアウトになってたあの人気コンサートのチケット、手に入るかもしれないよ」

このようなメールをもらったとき、人は幸せになるのだろうか?

実は、たいていの場合、以前より幸せではなくなってしまう。

メールを受け取る前は、世界はわかりやすいものだった。コンサートに行く予定はなかった。それだけだ。

だが今、世界には2つの可能性がある。

1つはチケットが手に入り、喜んでコンサートに出かけ、素晴らしい夜を過ごす世界。

もう1つはチケットが手に入らず、落胆して自宅でその夜を過ごす世界だ。


とはいえ、ときには不確かなことが喜びをもたらす場合もある。

米国では、出産前に赤ちゃんの性別を調べられる「ベビーシャワー」が流行している。それはオランダでも利用できる。しかし、オランダの親の多くは「超音波で子どもの性別を調べないでほしい」と医師にはっきり頼む。

赤ちゃんが生まれるまでの6か月のあいだ、男の子と女の子のどちらが生まれてくるかを楽しみに待てるからだ。

つまり**人は、どちらの結果も望ましいと考えている場合、不確実性を受け入れやすくなる。**

ただし、どちらかの性別の子どもをはっきりと望んでいる親の場合、出産までの長い期間を不安なまま過ごすのは望まないだろう。

このような場合、不確実さは苦痛をもたらすのだ。

都合の悪い「正確な情報」は見たくない

確実な情報を知らせることが行き過ぎになってしまうこともある。

たとえばポップコーンに1袋のカロリー（しかもかなりの高カロリー）が記載されていると、美味しくなくなってしまう。[11*] 人はこのように苦痛をもたらす情報を、お金を払ってでも視界から遠ざけようとする。これは**ダチョウ効果**と呼ばれている。[12] タバコのパッケージに描かれている喫煙の害を知らせる不快な画像をまじまじと眺める喫煙者はほとんどいない。

とはいえ、**ネガティブな情報を心地よいとみなすか苦痛とみなすかは、その人次第**だ。たとえば、カロリーに関する情報だ。

自制心が弱い人は、カロリー情報を目にするのを苦痛に感じやすい。どうせ1袋食べてしまうのだから、カロリーの量を知らされても、楽しみが減るだけだ。挙句、「1日1袋のポップコーンは医者を遠ざける」といった都合のいい考えを抱き始めたりする。そして、人は嫌な情報から目を背けようとする。

一方、自制心が強い人は、カロリー量を知らされても冷静にそれを受け止める。ポップコーンのカロリー量の多さを知ると、Sサイズの袋を選ぼうとする。

残念なのは、カロリーの情報は、本来は自制心が弱い人たちに向けたものであることだ。[13]

人はときに、真実を知らされても、自分の信念を頑なに守ろうとする。[14]

ある実験では、被験者グループに2100年までの気温上昇の予想を見せた。このグループの一部は「気候変動否定論者」である。

その後で、グループの半分には良いニュースを知らせ(「幸い、重要な指標は事態がそれほど悪化しないことを示唆しています」)、残り半分には悪いニュースを教えた(「事態はさらに悪化するでしょう」)。

その後、被験者は気候変動を信じているか否か、2100年までに気温がどれほど上がるかを尋ねられた。

気候変動を信じないと述べていた人々の回答は、悪いニュースを知らされてもほとんど変化がなかった。だが良いニュースを知らされると、すぐに予想を修正した。良いニュースは、自分の考えと合致していたからだ。気候変動否定論者は、気候変動など存在せず、地球の温度は将来的に上昇せず、悪い影響も生じないと考えている。

しかし奇妙なことが起こった。気候変動を信じている人たちが悪いニュースを知らされた場合、良いニュースを知らされた場合と比べて、２１００年の気温の予想を極端に高いものに修正したのだ（２０５０年の段階で平均して4度上昇するというものだった）。

これは、人はたとえその知らせが人類にとって悪いものであっても、自分の考えを裏付けるものであればそれを熱心に信じようとすることを示唆している。自分の考えは、地球温暖化よりも重要だというわけだ。

＊キャス・サンスティーン（『NUDGE 実践 行動経済学完全版』の共著者）は、友人に誇らしげに「米国食品医薬品局はようやく、レストランや映画館での食品のカロリー量に関する情報表示を義務化することを決定したよ」と伝えたところ、「そんなことしたら、ポップコーンが不味くなるじゃないか！」と返されたというエピソードを紹介している。

第3章まとめ――不安に振り回されず、利用して相手を動かす

この章では、人が苦痛や後悔、不確実さを回避する方法や、どのような認知バイアスがこのプロセスに関わっているかを学んだ。

授かり効果や、なぜeBayの買い手と売り手の意見が食い違うのかについても見てきた。

損失回避の説明では、なかなか捨てられない屋根裏のガラクタを思い出したのではないだろうか。

人は安心を重視してトースターを選ぶケースが多いことを説明した箇所では、最善のものではなく、「がっかりしないこと」を優先させて何かを選んだ経験を思い出したかもしれない。

人が不快な情報を避けようとするダチョウ効果の話でも、思い当たる節があったはずだ。

この章で学んだ認知バイアスとハウスフライ効果は、日常生活に応用できる。

まず、あなたの損失回避傾向につけこんでくる相手には、警戒しよう。この章を繰り返し読むことをお勧めする。

ここで1つアドバイスがある。この本を紛失したり、盗まれたり、コーヒーをぶちまけてしまったりして読めなくなるのを避けるために、予備にもう1冊購入しておくと、心の平安を保てる(……と書いたものの、あなたはこの手の話にもう騙されないだろう)。

とはいえ、誰かに不要な保険を勧められたときは、ハウスフライ効果に動かされていないか注意しよう。

そして、これらの認知バイアスを利用するチャンスにも目を光らせておこう。

たとえば、次の電子メールを比較してみてほしい。

「保護者の皆さまへ　毎年恒例の、ボランティアの学校貢献活動の時期になりました。子どもたちが楽しみにしている移動教室を開催するために、ご協力をよろしくお願いします」

「保護者の皆さまへ　毎年恒例の、ボランティアの学校貢献活動の時期になりました。皆さまのお力がなければ、子どもたちが楽しみにしている移動教室が開催できません。ご協力をよろしくお願いします」

このハウスフライ効果はどんな状況でも効果的だというわけではないが、この場合、どちらの電子メールを送信すべきかは、わかるのではないだろうか。

そしてこのハウスフライ効果は、倫理的な基準・方法で使うよう気をつけていただきたい。

第4章

「人と同じ」じゃないと不安
——「同調」と「社会性」を使いこなす

社会性または"同調"。
「利他主義」、「権威主義」、「承認」、
「社会規範」、「評判」など。
このハウスフライ効果は群れを形成する。
群れには厳格なルールと明確なヒエラルキーがあり、
もっとも権威のある者を手本にして、他はそれに倣う。
この種の一体感は賞賛に値するものの、
暴走する危険性も秘めている。
このハウスフライ効果をほのめかすだけで、仲間が集まる。

不合理であっても「行列」には並びたくなる

知らない街で夜遊びに出かけようとして、いいクラブを探しているとしよう。

クラブは2軒ある。1軒には長い列ができており、不機嫌なドアマンの許可を得たグループだけがぽつりぽつりと入店していく。

もう1軒の店では、ドアの前で呼び込みが大声を出している。

「すぐご入店いただけます！　おしゃれな店内ですよ！　ドリンク1杯目無料！」

合理的な人なら後者の店を選ぶはずだと思える。待たずに入れて、入店拒否されていやな思いをするリスクもなく、しかも無料のドリンク付きだ。

しかし、それでも人は最初の店の行列に並ぶ可能性がきわめて高い。

なぜか？　雰囲気か、音楽がいいのか、それとも何かこのクラブが他より魅力的に見える要素があるのだろうか。

いや、その時点で**わかっているのは行列があるということのみ**。

だがそれだけで、風の吹きすさぶ街角に少なくとも1時間は並んで待つ理由になるのだ。

「周りと同じこと」でリスクを回避したい

この社会はときに個人主義的に見えるかもしれない。けれども、**心（と脳）においては、人間は群れる動物**である。社会的な認知バイアスが人の行動に大きく影響するのもそのためだ。

先ほどのクラブを選ぶときのケースを考えてみてほしい。

2軒のクラブの長所と短所を細かくリストアップしてエクセルで一覧化してもいいのだが、仕上がる頃には夜が明け、どちらも閉店してしまうだろう。

幸い、脳はこの種の不確かな状況に対して経験則（「ヒューリスティック」「発見的手法」などと呼ばれる。経験や先入観を用いて問題を解決しようとする思考法）で速やかに対応できる。「皆と同じことをする」だ。

非合理に見えるかもしれない。だが、思い出してみてほしい。**経験則に従うと、うまくいくことが多い**ものだ。

たしかに、多くの人がとる行動が常に最善策とは限らない（ファストフードの店が一番美味しい店だとは限らない）が、期待をひどく裏切られることも少ないはずだ。だから、自分でどうすべきか決められないなら、周りに従うことでリスクを避けやすくなる。

人類の先祖はこのことをよく知っていた。皆がトラから逃げているときに、ひとり進み出てトラを撫でようとするのは自由だ。しかし、それは生存には役立たなかった。**迷ったら、他人に倣おうとする。**これが、人類にとっての生きる知恵だったのだ。

これは、**ソーシャルプルーフ（社会的証明）**または**バンドワゴン効果**と呼ばれている。この効果は、同じ行動をする人たちの姿が見えなくても、他の人が普段している行動が何かを推測できれば発生する。

あらゆる企業がこのバンドワゴン効果をこぞって導入している。オンラインショップの「今この部屋を見ている人は10人」「あなたが見ているのは当店のベストセラー商品です」といったポップアップがその典型例だ。

〝キング・オブ・ロックンロール〟ことエルヴィス・プレスリーのベストアルバム『エルヴィスのゴールデン・レコード第2集』のサブタイトルは、『5000万人のエルヴィス・ファンは間違ってない』だった。

テレビ番組では長年、録音した笑い声やスタジオの生の観客の音声を使って視聴者を笑わせようとしてきた。

最近では、コロナ禍のサッカーの試合で似たようなテクニックが用いられた。無観客試合でも、録音された声援が聞こえることで視聴者の気分は盛り上げられた。

なぜ私たちは「限定」に弱いのか

先ほどの行列に関しては、これとはまた別の作用もある。**希少性**だ。

多くの客が入店しようと押し寄せて、誰もが入れてもらえるわけではない。そのクラブを選んだ人は、正しい選択をしたばかりでなく、羨望の的になるチャンスも手に入れられるというわけだ。

希少性はステータスをもたらす。**〝その他大勢には許されないことを、私は許された〟**というステータスだ（このバイアスに関連するものに、**スノッブ効果**がある。これは「所有している人が増えるにしたがって、その物の価値が下がると感じられる」という現象だ）。

希少性が望ましいというのは、半年前でないと予約がとれないミシュランの星付きレストランの人気をみても明らかだ。有名デザイナーの限定コレクションが発売されたときのH&Mの狂乱も同様。

この効果は、希少性を軽くほのめかすだけでも十分だ。ニュース番組で買い占め行動を控えるように呼びかけるのは、実際には買い占めを促しているのも同然だ。誰かが買い占めようとした場合に備えて、不要なトイレットペーパーがカートに放り込まれることになる。スーパーで〝ペットボトルのご購入は1人4本まで〟という店内放送があると、売り上げが一気に上がる。[1]

新商品の発売1週間前に、お預けを食らわせるようなポスターを使ったキャンペーンを行うのも賢いやり方だ。宣伝文句に煽られた人は、頭のなかでその商品のことを考えずにはいられなくなる。*

＊筆者は、このような戦術を用いて広告キャンペーンを行うことを肯定も否定もしない。

「ベストセラー」は自動的に売れ続ける

同様の現象はベストセラーリストでも見られる。リストに載った本は自動的に部数が伸びる傾向があるというもので、これを**ベストセラー効果**という。

もちろん、客観的に見てリスト上の本がよい内容だということもあるだろうが、一方で、運もかなり大きな役割を果たしている。運がどうかかわってくるのかを明らかにするには、パラレルワールドを用意する必要がある。

そのことを確かめようとした実験がある。[2] 2006年、3人の研究者が誰にも知られていない音楽ばかりを扱うオンラインストアを立ち上げ、7000人のユーザーに好きな曲をダウンロードしてもらった。ユーザーは過去のダウンロードランキングを閲覧できる。

その結果、8つに分けたユーザーグループによる同等のダウンロード数に基づいてつくられたヒットチャートは、見事に中身が違っていた。

予想通り、最終的なトップ10の曲は、ほとんどがスタート時にダウンロードされたものだった。アルゴリズムで人気の曲を折にふれて薦めることで、その効果はさらに高まった。

「良くない行動」を指摘しても改善されない理由

この話にはマイナス面もある。

冒頭に出てきた、閑古鳥が鳴いている2軒目のクラブを思い出してみよう。ここには先のソーシャルプルーフとは逆の効果をもたらすハウスフライ効果が存在している。

クラブでもレストランでもデパートでも、客入りの悪い店には入りたくないものだ。賑わっていなくてつまらないというだけでなく、**何かしら皆がそこを避ける理由があるはずだと思ってしまう**からだ。

混雑は混雑を、ガラガラはガラガラを助長し、路上のゴミはさらなるゴミを呼ぶのだ。[3]

社会問題への取り組みが逆効果を生んでしまうこともある。

「毎年大勢の人が赤信号を無視しています！」「リサイクルする人が少なすぎます！」「毎日、何百人ものバス運転手がマナーの悪い客に困っています！」行政機関はこうした〝大きな問題〟を解決しようとして人々の良くない行動を指摘するが、それが望まない結果につながる。なぜなら、**人々はこうした好ましくない行動を「誰もがしている普通のこと」と感じてしまう**からだ。こうしたアプローチは逆に問題行動を促してしまいかねない。

「人を動かすメール」を書くときの工夫

この効果を職場に当てはめてみよう。

プロジェクトのメンバーに依頼したい仕事があるとする。アイデア出しや情報収集、単にミーティングの日程調整など、なんでもいい。

だが、送られてくるはずのメールは数週間過ぎても届かない。そこで、あなたはこんなふうにメールを送る。

「2か月前、〝みんなでつくるプロジェクト〟についてみなさんの意見を求めました。しかし、これまでに寄せられた回答は1件のみです。意見のある人は、明日までに送ってください。これは皆で実施するプロジェクトです。ご協力を」

メンバーは、意見を提出してくれるだろうか？

先ほどの認知バイアスを思い出してほしい。人は、自分と同じ状況の人間がいると安心する。「なんだ、みんな意見を提出してなかったんだ、自分だけ時間を費やしたりしなくてよかった」と。メールを見てメンバーはほっとしているはずだ。

これで、素晴らしいプロジェクトは、不人気のつまらない取り組みになり果てた。認知バイアスの使い方を間違えてしまったからだ。

もう誰も、プロジェクトに貢献しようとはしないだろう。わざわざ変わり者になるつもりなどないのだから。

こんなときは、ソーシャルプルーフと希少性を活用すると効果的だ。次回メールを送るとしたら、こんな文面にしてはどうだろう。

「〝みんなでつくるプロジェクト〟は順調に進んでおり、これまでよりも多くの意見*が集まってきています。できるだけ全員の意見を取り入れたいところですが、採用できるアイデアの数には限りがあるので、未提出の方はぜひ今週中に提出してください」

＊0件だった意見の数が1件になったのだから「これまでより多くの」といって差し支えない。筆者はこれをミスリーディングとは考えない。嘘をついて、相手が騙されたと感じない限り。

「集団に帰属したい」欲求は非常に強い

「ノームコア」というファッションを覚えているだろうか。

これは〝究極の普通〟を意味する「ハードコア・ノーマル」の略称で、数年前に流行したトレンドだ。若い男性は白い靴下、若い女性は履き心地のよいマムジーンズといったノーマルなファッションで、ハードコアに由来するコアというクールな響きのネーミングに象徴されるように、他人の意見に振り回されない毅然とした態度を示すものだった。

ノーマルに格好良さを見出すという、なんと革新的なトレンドだろう。

だが実際には、人はもともとノーマルであることを望む生き物でもある。

これはヒトの本能に深く根ざした事実である。**人類にとって、集団からつまはじきにされるのは最大の恐怖**なのだ。

筆者のエヴァは公務員向けのワークショップを催すとき、1日のスタートとして参加者にゲームをさせることがある。

最初に参加者の一部を廊下に連れ出し、特別な任務を与える。部屋に戻り、全員揃ったところで、3人1組に分かれてボール投げをさせる。1分後、特別な任務を与えられた参加者が、筆者からの秘密の指令を実行に移す。

3人1組のボール投げのメンバーのうち、1人を突然仲間外れにするのだ。パスを回さず、ボールは他のふたりのあいだだけを行き来する。

こうした仕打ちをされるのは実に気分の悪いものだ。ゲームの趣旨をわかっている者が見ても嫌な光景だ。

この種の実験を本で読んだりしてすでに知っている参加者でさえ、突然グループから外されるのがこれほど感情的な苦痛を伴うとは思わないはずだ。

同時に、**誰かを仲間外れにする側も、想像以上の不快さを味わう**。他愛もないボール遊びは、集団に帰属したいという人間の欲求がいかに強いかを明らかにする。

「仲間外れ」を避けるためなら「自分の考え」も曲げてしまう

人間にとって、仲間外れにされるのは大きな苦痛だ。それを避けるためなら、信念をも曲げる。それは、相手が多人数でなかったとしても当てはまる。

今から70年以上も前の1951年、心理学者のソロモン・アッシュは、「**3人の人間が同じ主張をすると、たとえその内容が明らかに間違っていても、4人目はたいていそれを受け入れる**」と述べている。*

実験では、複数の被験者（1人を除いて全員がサクラ）が室内で長さの違う複数の線を見せられる。サクラが、何も知らない被験者に「この2本は同じ長さだ」と言う。だがこの2本の線の長さは明らかに違う。サクラが2人だと被験者を納得させるのは難しいが、サクラが3人以上になると、被験者の75パーセントがそのおかしな主張に同意した。

人間にとって、たとえ自分の考えが間違いなく正しいと思えるときでも、グループ全員の反対を押し切って自分の考えを貫くのは、「除け者にされるかもしれない」という不安を抱かせるものであり、大きな苦痛になるのだ。**

＊ただし、この実験の被験者はわずか50人で、被験者以外の参加者は仕込み（サクラ）であったという点を考慮しなければならない。

＊＊この社会的圧力は今日ではさらに恐ろしいものになっている。人々に提示される間違ったアドバイスの多くが、コンピューターのアルゴリズムによって生成されたものだからだ。アッシュの実験から70年以上後の現在、アルゴリズムによって生成された明らかに間違ったアドバイス（「2＋2＝5」など）に人々がどれほど脆弱であるかを調べた研究がある。[4] その結果、本当は正しい判断ができるはずなのに、コンピューターが提示したアドバイスを支持しようとして間違った答えを選択する人は実に多かった。社会の同調圧力に従う人は〝コンピューターの言うこと〟にも従ってしまうのだ。

人材の多様性を確保したいときの方法

仲間外れに対する恐怖は、職業選択にも影響する。

２０１９年初め、ロサンゼルス市警察は職員の多様化を目指していたが、なかなかうまくいかなかった。応募者は若い白人男性がほとんどで、それ以外の応募者も、たいてい採用プロセスの途中で辞退してしまう。採用担当者が「女性やマイノリティも大歓迎」だといくら強調しても効果がない。

しかし同署はその後、「マイノリティは、自分と一般的な警官のイメージを相容れないものと見なしている」という考えに基づき、「Behavioural Insights Team（行動洞察チーム、ナッジ・ユニット）」が考案した新戦略を採用した。[5] そして同署のフェイスブックページに、「あなたも仲間」という見出しのついた、黒人男性や白人女性、アジア人男性の警察官の写真を載せて応募者を募った。

その結果、白人男性以外の応募者数は4倍に増えた。女性やマイノリティは件の写真を見て、この集団では自分が除け者にされずに溶け込みやすそうだと視覚的に理解できたので、応募に踏み切れたのだ。

「社会規範」が集団の結束を強める

社会規範とは、ある状況下において、人が集団内でどう振る舞うべきかを示す規則や原則のことだ。

社会規範は明示される場合もある。宗教の聖職者が信者に異性との正しい接し方を説き、マナーガイドには「コース料理の合間にお手洗いに行くときはナプキンをどこに置けばよいか」が書いてあり、*コラムニストは職場でタブーとされている言葉遣いを教えてくれる。

このような**規範は、自分の集団（内集団）の結束を強め、他の集団（外集団）との溝を深め**

る。

徒党を組んで異教徒を迫害したり、一般人を見下したり、「ウチの職場にも〝頑張るタイム〟を導入しよう」などと言い出す上司を陰で馬鹿にしたりすることほど、内輪の絆を深めることはないのだ。

＊正解は、お皿の左側にナプキンを置くのが正しい。それから、決して「お手洗い」を「便所」と呼んではいけない（この手の規範を重んじるのであれば）。

人は「自分の利益」と「社会の利益」の間で葛藤している

一方で、明示されない規範もある。人は、集団内の人たちが何をしているのか、ルール違反した人にどんな反応をするかを観察しながら、無意識にこのような規範を学んでいく。だが、目に見えるものに頼るあまり、誤った結論に至ることもある。

たとえば、パンデミックのあいだ、行動自粛に素直に従って外出を控えた人がどのくらいいたのかは、目には見えなかった。規則を守った人は街に出ていなかったのだから当然だ。そして、仲間と一緒にビーチに繰り出した者は、写真付きでメディアに報じられた。

このように、自分の利益を優先させずに社会のルールに従うことを求めるのが、社会規範の本質だと言える。

そこでは、**社会的な大義のために自分を犠牲にすれば高く評価される。**ヒーロー映画もいつもこのテーマを扱っている。悪役の身勝手な振る舞いを、観客は愚かな行動だと見なす。

最近になって生まれた社会規範の例として、「フライトシェイム」が挙げられる。大量の燃料を使う飛行機に乗るのは環境に悪いという理由から、長距離のフライト利用を恥じる風潮のことだ。

これは典型的な社会規範だ。何が正しいかという考えを巡るものであり、特定の社会的集団内で発生し、自分の利益（休暇を楽しむ）と社会的な利益（環境に良い行動をする）がせめぎあっている。

一部の航空会社では、この問題を特に気にする人のために、植林に貢献できるプログラムも提供している。こうしたプログラムに参加したことをSNSで共有すれば、フライトシェイムもそれなりに軽減できるというわけだ。

自分の職場に社会規範として思いやりが浸透しているかどうかを確かめるには、会議にチョコレートを1箱持っていくといい。

ただし全員分ではなく、グループの3分の2にいきわたるだけの数を用意する。そして配る前に次の内容を伝える。

- チョコレートの全体の個数

- 0個、1個、2個のいずれかを申告すること(数を書いてもらう)

- 各自が申告した数の合計がチョコレートの個数を上回る場合は、チョコレートは一切配らないこと

面白いことに、ほとんどの場合、全員の申告数を合計するとちょうどギリギリ足りる数になる(さらに面白いことに、管理職はたいてい2個と申告する。インターン生や家族のためというもっともらしい理由をつけて)。

「他人が何を考えているか」がわかると自分の行動も変わる

〝こうすべき〟と思ったことを、その通り実行できる人は少ない。

私たちの日常生活でも、とるべき行動と実際の行動が違うことはよくある（「ジムに行く頻度を増やす」「スマホをダラダラ見る時間を減らす」と思っていても行動できない）。

2つの社会規範が矛盾する場合もある。汚職や犯罪が蔓延している社会状況などがそれにあたる。

麻薬の売買に手を染めようとしている若者は、現実が示している社会規範（「仲間はみんな悪事を働いている」）と、建前上の社会規範（「若者は正しい行いをすべき」）のどちらをとるかで板挟みになる。

往々にして、**私たちは他者の振る舞いを見て自分の行動を決めている**。それが正しいと自分が思うかどうかは関係ない。その結果、また1人若者が麻薬ディーラーになってしまうのだ。

他人が何をしているのかは見ればわかるが、何を考えているのかは判断がつかない。だから他人の行動だけを見て、それに従ってしまうのもある意味で当然だ。

しかし、サウジアラビアで行われた研究によると、**他者の考えを知らされた人の行動は、大きく変わり得る**[6]。

サウジアラビアでは、働く女性の数は少ない。夫が反対するからだ。みんな、「誰もが、女性は働くべきではないと考えている」と思っている。

だがこの研究によれば、それは事実ではなかった。男たちは妻が働いてもいいと思っていたのだが、隣人を含め、世間は女性が働くことに反対するだろうと考えていたのだ。実際には、隣人もまったく同じように感じており、互いに相手がどう考えているか知らずにいた。

そこで研究チームは、女性が働くことに肯定的な男性がいることを一部の男性に伝えた。すると、それを知った男性の多くは妻が職業斡旋所に登録することを許した。4か月後には多くの女性が働き始めた。

このように、社会規範に対する誤解は、社会（や結婚生活）を成り立たせたり、壊したりしているのだ。

「〇〇し始めた」と変化を強調したほうが人の行動は変わる

社会規範を設定し、変更するにはどうすればいいのだろうか？

変化した規範を、新しい規範として発表する方法もある。

米国の科学者3人が、大学の食堂という身近な場所で実験を行った。この食堂では、利用者の80％が肉の入ったメニューを注文していて、平均5分ほど行列に並んで順番を待っている。

研究者たちは列に並んでいる人に2種類のアンケート用紙を配った。

Aの用紙には、肉の摂取量を意識的に減らしている米国人の割合を記載し（10人中3人）、Bの用紙には、最近、肉の摂取量を意識的に減らし始めた人の割合を記載した（同じく10人中3人）。

2つの文の違いはわずか1単語だけだったにもかかわらず、利用者がどのメニューを選ぶかには大きな違いが見られた。

「米国人の10人中3人が肉の摂取量を意識的に減らしている」と知らされたグループよ

りも、「米国人の10人中3人が肉の摂取量を意識的に減らし始めた」と知らされたグループのほうが、ベジタリアンランチを注文する割合が2倍（34％）も高まったのだ。[7]

ちょっとした**変化を強調するだけで、嘘をつかずに効果的に規範を望ましい方向に導ける**のだ。

先ほどの同僚にチョコレートを配る場面のように、「集団全体としてはチョコレートの申告数が多くなりすぎないようにしたいが、自分は2つほしい」といった状況を「社会的ジレンマ」と呼ぶ。このようなジレンマは、漁の乱獲や車のスピード違反など様々な場面で起こる。

人は、その状況に置かれたことに気づくと、最初はたいてい良心的で、全体の利益にとって最善の行動をとる。

人は「一定の条件下では協力し合う」特性を持つ

だが、「私はそんな〝いいカモ〟なんかじゃない。世のため人のための行動は他人に任せて、自分のことを優先させるぞ」と思う人もいる（この**いいカモ効果**と呼ぶべき現象には、**サッ**

の意味〕)。

カー効果[8]という正式名称がある〔「サッカー」はスポーツのサッカーではなく、「sucker＝騙されやすい人」

こうした〝フリーライダー〟と呼ぶべき人は、全人口の3分の1ほどしかいない。

しかし、社会的ジレンマが発生するようなゲームを何度か繰り返していくうちに、最初は良心的だった参加者も、利己的に振る舞う方が結局は得だと考えるようになる。**利己的に振る舞わないと、寛大さにつけこまれてしまうと気づく**のだ。こうなると、社会規範は崩れてしまう。

だが実際の社会では、多くの社会的ジレンマがうまくバランスをとっているように見える。

私たちはレジで列に並び、咳をする時は手で口を覆い、公衆トイレでもちゃんと水を流す。

これは、**一定の条件下では協力しあうという、人の特性**がなせる業といえる。[9]誰かが募金しているのを見れば、すすんでお金を出すのと同じ原理だ。

こうした行動をとる人は全人口の約半数いると知られていて、社会規範があるとさらに強まる。

他の人がきちんと順番を守っているのを見たら、列に割りこもうとはしなくなるということだ。

しかし、規範の力が不十分な場合、人を列に並ばせようとするための別の仕組みがすぐに生み出される。たとえば、ルールを破ったら罰を与えるのはとても効果的な方法だ（スピード違反への罰金など――第7章参照）。*

とはいえ、違反した人をルールに従わせようとするのは難しいこともある。たとえば、電車のなかで電話をしている女性に「この座席ではお静かに」と書かれた標識を指差す勇気がある人はめったにいないだろう。

＊ヘルマン、トゥーニ、ゲヒター（Herrmann, Thöni, Gächter）は、アテネ、イスタンブール、マスカットの人々が他のヨーロッパ人よりもはるかに頻繁に罰せられていることや、なぜか極めて寛大な人々ほどよく罰せられる点について詳細に述べている（２００８）。

オンラインサイトのレビューを巡る、ゲストとホストの駆け引き

幸い、ルール違反は罰する以外にも解決策がある。一番簡単なのは、協力しない者を排除することだ。

「私は、ルールを守らない人を除け者になんかしていない」と思うかもしれない。

だが、考えてみてほしい。私たちの生活は見知らぬ人とのやりとりであふれている。たいていそれは、商品やサービスとお金の交換だ。そこでは、ルールを守らない相手を外にはじき出すような仕組みがある。

オランダの代表的なネットオークションサイト（米国の「eBay」に相当）では、年間数千万件の取引が行われている。民泊サイト「Airbnb」では、2019年の夏だけで130万件の取引があった。

eBayやAirbnbをはじめとするオンラインストアでは、宿泊客（や購入者）と業者側が、相手が過去の取引先からどう評価（レビュー）されているかを参照できる。

それ自体は素晴らしいアイデアだ。

しかし、この種のオンラインサイトの黎明期である約12年前、思いがけない問題が次々と表面化した。

当時、Airbnbの利用者（ゲスト）は家主（ホスト）の投稿前にレビューを書き込むことが許されていた。その場合、あなたならどんな投稿をしただろうか？

たとえば、家主から後で報復的なレビューを書かれるリスクを冒してまで、シャワーの排水口が汚れていたと正直に書くだろうか？

もちろんしないだろう。逆に、**利用者には「家主に良い評価をつけて、自分も家主から良い評価をしてもらおう」という心理が働く。**その結果、平均評価は大幅に上がった。利用者から家主が高い評価を得ることは、Airbnbにとっても望ましい状況だった。

しかし、レビューの星はインフレを起こしてしまい、結果的に、好意的なレビューに対する信用が低下した。

Airbnbはその後リサーチを実施し、検討の結果、双方がレビューを記入するまでレビューを公開しないことにした。

バレンタインデーのように、片思いの相手に想いを伝えても、相手が気に入ってくれるかどうかはわからないような仕組みになったというわけだ。

とはいえこの変更は、あまり大きな効果はもたらさなかった。なぜなら、賢明な家主は、レビューの内容が人目にさらされる以上、あまり利用者のことを悪く言えないと知っているからだ。利用者は、宿泊客に低評価をつけて細々とした不満を言う家主の宿には、泊まりたくないと思うものだ。

もしあなたがAirbnbの社長だったら、こういった問題にどのようにアプローチするだろうか。[10] 他のサイトを見ると、後からレビューを修正・撤回できるところもあるようだ。だが、そうするとさらに新しい問題が生じて、戦略の見直しを迫られることになる。

この本を読み進めてきた読者なら、どのような問題が生じるのか、もしかするとお気づきかもしれない。

そう、最初に低評価を与えることで、レビューの修正や撤回と引き換えに見返りを要求する者が出てくるのだ。

実際にそのようなレビューの悪用が、口コミサイト「Yelp」でも報告されている。レストランに1つ星レビューを掲載すると脅して、定期的に無銭飲食を要求した客がいたという。

ここまでひどいケースはまれだが、統計によると、**レビューを取り消すことができる場合、レビューへの信頼度は下がる**。

これではサービス全体の崩壊にもつながりかねない。

客からの評判には大きな価値がある。評判のよい店は、評判以外が同レベルの他の店と比べて16%も売り上げが高い。利用者は、売り手の評価にとても敏感だ。

しかしこれは別の問題もはらんでいる。たとえば、属性によって相手を差別するといった問題だ。たとえばアフリカ系米国人の家主は、プロフィールに写真を掲載すると、12%売り上げが下がったという。[*11]

＊タクシーアプリ「Uber」の魅力は、アルゴリズムが供給、需要、格付けによって機械的に市場価格を決定するため、このような差別が起きないところだ。

真に社交的な人間は、他者のために行動する

人間には所属の欲求がある。

そして、何らかの集団に所属するには、社交的に振る舞わなければならない。社交的な人間ではないと見なされれば、つまはじきになってしまうからだ。

では、どうやって自分が社交的な人であることを相手に知らせればいいのだろうか？「私はとても社交的です」と自分から言えば、うぬぼれ屋だというレッテルを貼られてしまう。

かといって、謙遜した振りをして自慢話をするのもよくない。「私は完璧主義者でどうもいけない。本当に困ってしまいます」などとへりくだった体で自慢する人がいるが、人の気持ちがわからない嫌な奴だと思われるだけだ。ある実験によれば、人はそんな人間に好意を寄せてはくれないし、お金を与えようともしない。[12*]

こんなふうに、人から社交的だと思ってもらうのは簡単ではない。だが方法はある。そ

れは、態度で示すことだ。

意義ある目的のために資金を集める、地域の環境活動に参加する、スポーツサークルの会計係を買って出る、オンラインで慈善事業向けの資金集めをするなど、**積極的に誰かの役に立とうとして行動すれば、周りはあなたを社交的な人間だと見なすようになる**だろう。情けは人の為ならず、というわけだ（ただし当然ながら、見返りを期待する気持ちを前面に出したりせず、純粋な気持ちで人のために何かをすべきだ）。

社会の重要な一員だと認められれば、困ったときに周りに助けてもらえるばかりか、異性からもモテやすくなる。そう、世の中に〝社交的な利他主義者〟が多いのは、それが人類にとって集団内で生き延びるために欠かせない資質だったからなのだ。

＊この実験の詳細が知りたくなったのではないだろうか。米国の研究者3人が、被験者に様々な自慢話のリストを見せ、内容が自分に合っているものを選ばせる。ただし自慢話は、「謙虚さを装っているが嫌味な自慢話」（「もう、めちゃくちゃ恥ずかしいです。あの映画スターの生き写しだとみんなに言われて」「みんなからアドバイスを求められるので、時間がいくらあっても足りません」）と、「単純な自慢話」（「私は会議の進行が得意です」「私は学年で一番足が速いです」）の2つのパターンで書かれている。次に、別の被験者たちがこの自慢話の文章だけを頼りに先の被験者たちを評価してお金を分配する。その結果、（内容が自分に合っていたために、しかたなく）「謙虚さを装っているが嫌味な自慢話」を選んだ被験者は人気がなく、得た金額は「単純な自慢話」を選んだ人よりもはるかに少なかった。

「いいこと」を言う人は「いいこと」をしない

善意が、本来進むべき方向から逸れてしまうこともある。意思表示をすることが、実際に行動することよりも重要な意味を持ち始めてしまう場合もそうだ。

フェイスブックで、社会的に意義のある活動について投稿したときのことを考えてみよう。

「クジラを救え」というメッセージを投稿すれば、たしかに気分はよくなる。だが、実際に捕鯨船を止めようとボートで海に漕ぎ出す人はまずいない。

むしろ、**メッセージを発信したことに満足して、行動への意欲が薄れてしまう**かもしれない。

内なる声がこうささやく。「海洋プラスチック問題についての感動的な動画を投稿したから、みんな私に良い印象を持ってくれたはず。今日の社会的な活動はこれで十分」。そして、「だから、今日はレジ袋を使ってもいいや」と自分に甘くなってしまう。安っぽい意思表示をしたばっかりに、本当にすべき行動から遠ざかってしまったのだ。

これは、**モラル・ライセンシング効果**と呼ばれている。

鬼ごっこをしている子どもが、「タイム！」と宣言して一時的に鬼からタッチされない状態になるように、私たちは善い行いをした後に、「道徳的なタイム」をとって、善行を休もうとすることがある。

たとえば、「SNSに良い投稿をしたから、しばらくは私の評判は落ちることはないだろう」と考え、道徳的な行動を一時的にやめてしまう。

道徳的な指導者や活動家の多くが、人に説いたことを自分で実践するのに苦労している理由もこれで説明がつく。

20世紀の終わりに、慈善活動のリボンやリストバンド、バッグが流行した。これは、身に着ければ慈善活動の支援者であることを周りに示せる便利なツールだった。だが、こうしたグッズを身に着けた人が増えたことで慈善活動が広がったかというと、そうではなかった。実際には、慈善団体への寄付は減少した。

これは、新しい世代の人たちの気質として、何らかの活動にコミットするのを嫌うという側面があったからなのかもしれない。それでも、モラル・ライセンシング効果の影響があったことはたしかだ。黄色のリストバンドを腕にはめた時点で、その人の〝善い行動〟

は終わってしまったのだ。

ときに、**社交的な振る舞いをすることが競争になり、相手が迷惑するほど過剰な振る舞いをしてしまう**ことがある。

たとえば、パーティーの場であなたが軽い怪我をしてしまったとしよう。鼻血を出している姿を、大勢の人に注目されたくはない。

だが、これは他の参加者にとっては自らの善い側面をみんなの前で披露する絶好のチャンスになる。皆こぞってあなたを助けようとするだろう。

研究によると、同じような特徴はアフリカ・ブラウン・バブラーという鳥にも見られる。この鳥は集団のために利他的な行動をする。見張りという名誉な仕事を競って行うのだ。[13] 集団内での自分の地位を向上させるためにとる行動だと考えられている。

これは、**競争的利他主義**と呼ばれている。筆者は有名人が熱心に慈善事業について発言しているのを見ると、この鳥のことを思い出してしまう。

「他人の目」を気にして人は行動を変える

他人からどう思われるかは、私たちの行動に影響を与えている。たとえ、近くに誰もいないときでも。

心の中でひどいことを考え、それを誰にも言っていないのに、恥ずかしいと思ったことはないだろうか？　それほど、私たちは他人の目を通して自分自身を見ているのだ。

誰かに見られていると意識するだけでも、私たちは良い行動をとろうとする。

科学がこのことを本格的に研究しようとするはるか昔から、宗教はこのことを知っていた。だから、「大いなる神はすべてをお見通しである」というメッセージを信者に与えてきたのだ。

政府もこの力を活用している。英国では、スピード違反の罰金未払い者に、違反したときの運転中の写真を申告書類に添付して送ったところ、一気に支払い率が上がった。[*]同じく英国のウールウィッチというロンドン郊外の街で、器物損壊の被害があったときに、地元のアーティスト集団がシャッターに子どもの顔を描くと、悩みの種だった破壊行為は約24％も減少した。[**]誰かに見られていると思う感覚は、私たちの行動にこれほど大きく影響するのだ。

私たちの脳は、顔と目を特別なものとして捉えている。車や雲、コンセントを見て、人の顔のように見えることがある。人間のこのような習性をパレイドリアという。

脳は、絶えず顔の形をしたものを探している。**私たちは無意識のうちに、他の生き物が**

どこにいて、何を見ているのかを知りたいと思っているのだ。この脳内のメカニズムは視線検出器（EDD）と呼ばれ、幼い子どもの頃から見られる。

このメカニズムは、〝注意力ハッキング〟を引き起こす。私たちは、顔の形をしたものに強く注意を奪われるのだ。

ある実験では、募金箱におもちゃの目を貼り付けることで、慈善団体への寄付金が1・5倍も増えた。ただし、一連の研究を分析したところ、女性の目を使わない限り、その効果は弱まることがわかった。[14] 女性の目があるときには、男性は慈善団体にはるかに多くの寄付をした。[15]

ここで、大切なポイントを教えよう。会社のポスターに魅力的な女性の画像を加えたいのなら、必ずその女性の目がポスターの内容を説明する文字の方向を向いているようにすること。女性の目線が何もない壁に向かっていると、ポスターを見た人もその方向を見てしまうからだ。

＊フランスでは、この写真利用は廃止された。助手席に乗っている人の顔もはっきりと写っているので、浮気が発覚するケースが相次いだためだ。
＊＊この企画は〝地区の赤ちゃん（Babies in the Borough）〟と呼ばれている。

人は自分のことを「まともな人間」だと思いたがる

何らかのシグナルがハウスフライ効果として作用するとりわけ奇妙な例を紹介しよう。それは、自分が発するシグナルだ。

人は、**自分がまともな人間であることを、まともな行動をとることで自分自身に納得させようとする**場合がある。

ダン・アリエリーは著書『ずる――嘘とごまかしの行動経済学』(ハヤカワ・ノンフィクション文庫)のなかで、**どうにでもなれ効果**という、驚くべき認知バイアスについて説明している。[16] アリエリーは被験者に偽のプラダのバッグを渡し、バッグを持った状態の被験者に質問をして、回答が正直なものかどうかを調べた。

その結果、被験者はあたかも「私は今、偽物のバッグを見せびらかして嘘をついている。もうズルをしているんだ。どうにでもなれ」と思っているかのように、質問に正直に答える率が低下したのだ。

人は自分のことをまともな人間だと思いたがる。しかし、まともではない行動をとっているときには、まともな人間として振る舞う理由を見出しにくくなるのだ。*

＊筆者も、コロナ禍のロックダウン中に「どうにでもなれ効果」を体験した。交通量の多い高速道路を運転しながら、「ステイホーム。高速道路を走るのは控えよう。みんなでコロナに立ち向かおう」という看板の文字を何度も目にしたのだ。するとその夜、無意識のうちに、外出禁止令が出た後でゴミを出しにいってしまった。ステイホームをせずに高速道路を走ってしまったから、外出禁止令の最中でもゴミ出しをしてもかまわないと心のどこかで思ってしまったのだろう。

「権威」を前にすると論理的思考ができなくなる

ひとつ、思考実験をしよう（ちなみに、筆者のエヴァは、これから紹介するような思考実験に大きな価値があることを、博士号論文のテーマにしている）。

次の2つのシナリオを思い浮かべてほしい。

シナリオ1：あなたは検査のため病院にいる。派手な色のジャージを着た男性の診察を受け、重要な服薬指導を受ける。

シナリオ2：あなたは検査のため病院にいる。

白衣を着た男性の診察を受け、重要な服薬指導を受ける。

指示通りに薬を服用する可能性が高いのはどちらだろうか？　信用できないと思う可能性が高いのは？

あなたは今この思考実験で、**白衣効果**を体験した。

白衣を着た医師は信用できるのに、ジャージ姿の医師には、いぶかしい目を向けてしまったはずだ。

では、実際には白衣の何がこの認知バイアスを生じさせているのだろうか？

もちろん、白衣を着たからといって突然その人が賢くなるわけではない。

人は無意識のうちに、白衣を権威の象徴と見ている。

そのため、実験であっても、被験者はジャージではなく白衣を着た医師（実際には俳優）の話に耳を傾けようとするのだ。

実生活でも同じだ。有名な例を挙げよう。医師から英語の書面で点耳薬に関する指示を与えられた看護師の話だ。

指示書には、「右耳（Right ear）」という意味で「R. ear」と書かれていた。しかし、看護師はそれを「rear（後ろ・肛門）」と読み間違え、疑いもせず点耳薬を患者の直腸に投与してしまった。**人は権威を前にすると、論理的な思考ができなくなる場合がある**ということだ。

これが、機長の言うことなら何でも信憑性があると感じる「機長症候群」の場合、事態はさらに深刻さを増す。まともな判断ができるはずの副操縦士が、機長の的外れな指示に従い続けてしまう。これは、悲惨な結果をもたらすことがある。航空機に設置されたボイスレコーダー（いわゆる「ブラックボックス」）に録音された、墜落事故直前の機長と副操縦士のやりとりを聞いたことがある人もいるだろう（機長がミスを犯していたとしても、副操縦士は異議を唱えられず、最悪の結果を引き起こしてしまう）。

「医療や航空などの分野は複雑なのだから、専門家に頼るのは当然だ」と思う人もいるかもしれない。では、今度は警察官や警備員[17]が身に着ける制服がもたらす効果をみてみよう。状況は違うが、これも白衣と同じような効果を生じさせる。

実験では、被験者は警察官や警備員からの指示に素直に従う傾向が見られた。「見ず知らずの人に駐車場代を渡す」という「命令」にさえ従った。

広告はあらゆる方法で「権威付け」されている

白衣や警察官の制服がもたらす効果の究極の形は、**赤いスニーカー効果**に見られる。

これは、赤いスニーカーを履いたCEOのように、本来その役割に求められている服装をしない人は、逆にステータスや能力が高いと見える現象のことだ。この手の人は周りの目には、「場違いな服装をするだけの余裕がある大物」だと映りやすい。

しかし、ジャージ姿の医師の例からわかるように、これは法則というより例外である。手術室より、クリエイティブな職場のほうが効果的だろう。タトゥーに関する研究も同様の結果を示している。タトゥーをしている医師の信頼性は低く評価され、タトゥーをしている料理人の信頼性は高く評価される。

広告業界は昔から権威の力をよく知っていた。広告では「5人中4人の歯科医が、この歯磨き粉を薦めています」といった文言を使う。「医者が自ら吸うタバコ、Dr Dushkind」という賛否両論が沸き起こったキャンペーンもあった。

現代のメーカーはもっと巧妙な戦略で自社ブランドの商品を宣伝している。

高級時計の広告には、いかにも時計に詳しそうな雰囲気のリッチな俳優を起用する。デオドラントの広告には、「これをつければ間違いなく女の子にモテる」と思春期の少年に信じさせるほど魅力的なカッコいい男性が登場する。

スーパーマーケットの様々な商品ラベルにも同じ手法が使われている。どこかの権威ある組織が承認した商品だ、と書かれているのだ。

広告の世界では、広告にどの言語を使うかが権威を示すこともある。アディダスやプーマといったドイツのスポーツブランドがオランダでの宣伝文句にドイツ語を使うことはあまりないが、これが自動車ブランドとなると話は変わる。「Das Auto, Wir Leben Auto's, Vorsprung Durch Technik（車、私たちは車を生き、技術を通して前進する）」などは、ドイツの技術という権威の恩恵を受けるためにドイツ語を使った広告の例だ。

「皆さんもご存じのように」で権威を高められる

現代社会では、権威の数が猛烈な勢いで増えている。

もはや、権威とは牧師や医者や教師といった特定分野の専門家だけを指すのではない。今や、インスタグラムのインフルエンサーや、トークショーに出演するコメンテーター、

X（ツイッター）で何が流行っているかをつぶやく若者、暴力事件の取材で注目を集める事件記者、流行りの曲について語る人気DJなどは皆、それぞれの分野の権威なのだ（健康上のアドバイスをインスタのモデルに求めるのはどうかと思うが）。

あなたも、SNSを活用すればちょっとした専門家になれるかもしれない。白衣や制服を着なくてもいい。自分が長く関わってきて、それなりの知識や実績があり、職場や地域で認められた分野があれば十分だ。謙遜する必要なんてない。

権威を高めるためのテクニックも紹介しよう。

曖昧な事実でも、「皆さんもご存じのように」というフレーズで始めると信憑性が高まる。

あるいは、自分と同じ立場の同僚の仕事を褒める。相手は褒められて喜ぶし、あなたを自分の行いの正しさを明確に判断する人、つまり権威として見るようになる。

ここで告白しなければならないことがある。筆者のエヴァの博士号論文のテーマは、実は、217ページに書いた思考実験とはまったく関係がなかった。[*] 筆者が科学者だという権威を持ち込んで、「服装の違う医師の思考実験」をあなたに信じ込ませようとしたのだ。うまくいっただろうか？

＊筆者のエヴァが実際に研究した博士号論文のテーマはまったく違う。筆者は被験者に現金を与え、遊ばせる実験を

した。

自分よりも他人が気に入る投稿に「いいね」を押している

SNSでは、気に入った投稿に「いいね」をする。それは、至極シンプルな行動に思える。だが、本当にそうだろうか？

友人が、陳腐な言い回しや誤字脱字だらけの詩を投稿したとしよう。

あなたは友人を喜ばせるために「いいね」しようかと考える。けれども、「いいね」したことを人に見られるかもしれない。「この人はこれを美しい詩だと信じているのか」と思われるのが嫌で、やっぱり「いいね」はやめておこうと考える。

つまり、**人は他人も気に入ると思ったときに、「いいね」をクリックする**のだ。

少々わかりにくいかもしれない。これは、「心の理論」と呼ばれている。

ノーベル賞受賞者の英国の経済学者ジョン・メイナード・ケインズは、経済学を「美人投票」（ビューティー・コンテスト）にたとえた。

たとえば、新聞に魅力的な女性の写真がずらりと並び、誰がグランプリに輝くかを当てた読者は賞金を得られるとしよう。

そのとき読者は、自分が魅力を感じる女性ではなく、皆が一番魅力を感じる人は誰なのかを予想しようとする。

同じことが株式市場でも起こる、とケインズはいう。もっとも魅力的なものが常にトップに来るとは限らない。株価のランダムで小さな上昇が、大きな影響を引き起こすことがあるのだ、と。

「優れた文学作品」を読むと戦略的思考が鍛えられる

何人かでテーブルを囲んでいるとしよう。

全員が、紙に0から100までのなかで数字を書くように求められる。

平均の3分の2にもっとも近い数字を書いた人が、賞金を手にする。

さて、あなたならどの数字を書くだろうか。

実際、以下の空欄に数字を書いてみよう。【　　　】

これはケインズの「美人投票」の抽象的なパターンである。

参加者全員がランダムな数を書くとすると（これは「レベル0」のプレイヤーがすること）、平均は50であるという予想が成り立ち、50の3分の2、つまり33と書いた人がこのゲームの勝者となる（ここまで考えられれば「レベル1」に昇格）。

しかし、誰でもこれくらいのことは考える。となると、みんなが書くであろう33の3分の2の22が狙い目になるかもしれない（おめでとう。ここまで考えられた人は「レベル2」だ）。

そうやって計算を続けていくと、最終的には0が最良の答えになる。だが、全員がそこまで考えて答えを出すことはまずないので、実際には0と書いても勝ち目はない。

つまり、**自分がいかに戦略的に考えるかだけでなく、他人がどう考えるかを戦略的に推し量ることが重要になる**のだ。

この種の戦略的状況では、誰もがここまで先のことを考えられるわけではない。

全体の5分の1がレベル0の思考をし、3分の1がレベル1、4分の1がレベル2まで考え、残る何人かはさらに突き詰めて考える。[18] そして現実的には、レベル1〜2の思考

（相手の1歩、2歩程度先を読む思考）が総じてよい結果を出すことがわかっている。コンピューターで戦略シミュレーションをしても、たいていレベル1〜2が勝つ。だから、SNSで「いいね」をたくさんもらいたいなら、レベル1〜2程度の思考が良いということになる。友だちの友だちの友だちが何を気に入るかまで考え抜かなくてもいいのだ。

人生は美人投票的なものであふれている。給料の交渉や会社の買収を首尾よく運び、人気の戦略ボードゲーム『リスク』を攻略したいなら、相手の立場に立って考えることだ（ただし、考えすぎてはいけない）。

前述の実験で、「自分はもっと戦略的思考を高められるかも」と思った人には、いい方法がある。

研究によると、「心の理論」の筋肉はトレーニングで鍛えられる。[19] しかも、数学を勉強するのではなく、文学作品を読むことが効果的だ。

ただし主人公に読者が自分を重ね合わせながら読むような娯楽小説にはあまりその効果はない。主人公の目を通して他人を外側から見るのではなく、**優れた文学作品を読むときのように、積極的に他者の視点に立つことで戦略的な思考は身についていく**（他人がどう考えるかわかるようになる)からだ。

筆者はこのような方法で「心の理論」を磨くことをお勧めする。小さな違いが大きな効果を生む。ぜひ試してみてほしい。

「互恵関係」が人類の文明の基盤となっている

ボールが丘を登っているイメージを頭に浮かべてほしい。

ボールが丘の頂上の手前に来ると、そこにいた四角形に行く手をさえぎられ、下に押し戻されそうになる。

すると小さな三角形が現れて、ボールを下から持ち上げると、そのまま頂上まで一緒に登っていく。

かなり抽象的な物語だが、1歳未満の赤ん坊ですら、これを見るといじわるな四角形よりも親切な三角形のおもちゃで遊びたがるようになる。[20]

私たちは、**共感を通して親切な行動に気づく能力を高めている**。この能力は、人が協力しあううえで大きなメリットをもたらす。

この世知辛い現実社会で、なぜ人は他人に親切な行動をするのか？　この問いの答えのヒントを示しているのが、オンライン・ゲームの『Evolution of the Trust（信頼の進化）』だ〔英語版のみ〕。

これは、シンプルな絵のキャラクターになって、自分の利益をとるか他人を助けるかを選択するゲームだ。

どのような場合に助けるかは、相手が親切にしてくれた場合、ランダムな場合、自分が誰かから何かをもらったばかりの場合など、自分で決められる。他のキャラクターと競争することもできる。嫌な奴、楽に勝たせてくれるいい人、最初は親切なのに後から手のひらを返してくる者など、いろんなキャラクターがいる。

あなたは自分の選択が、集団の行動にどう影響を与えるかを観察できる。得をするのは、嫌な奴として振る舞うことなのか、それともいい人になることなのか？

このゲームには中毒性がある。しばらくプレイすると、小さなキャラクターを通して、普段同僚や自分の子どもが交渉のときにどんな戦略を使っているかがわかるようになってくる。10分も続ければ、複雑さで有名な科学理論、「進化ゲーム理論」を多少は理解できたような気がしてくる。

互恵関係は人類の文明の基盤だ。たとえば、愛は相互的なものだ。共同プロジェクトでの取り組みや、バーでの飲み物のおごり合い、大切な人への贈り物も、持ちつ持たれつで成り立っている。

このバランスが崩れると、物事がうまくいかなくなる。そのため私たちは、半ば無意識にこのバランスを保とうと努力をしている。

自分がメールに書いたジョークにいつも大袈裟に反応してくれる友人からのメールには、絵文字を1つ冷淡に返すだけ、というわけにはいかない。

人に親切にするのは「お返し」が欲しいからではない

企業は、相手との互恵的なバランスを保とうとするこの人間心理をうまく利用している。その典型が、プレゼントを用いたアプローチだ。

食品に無料でついてくるおもちゃや、メールに添付する興味深い資料、お勘定に添えられたミント・キャンディ。こういった小さなギフトには大きな効果がある。ある実験によれば、おまけのペパーミントを客へ渡すために、いったん離れたテーブルに戻るウェイターは、チップを21%多く受け取る。[21]

日本には、過剰なまでのお返しの文化が根付いている。この国では、バレンタインデーにはまず女性が男性にチョコレートを贈り、１か月後のホワイトデーには男性がお返しをすることになっている。

とはいえ、人は見返りを求めず相手に親切にすることもある。

それはいったいなぜか？

誰かに親切にすることは、一見すると自分にとって特にメリットがあるようには思えない。なのになぜ、進化はこれほどまでに利他的な行動を生み出したのか？

アダム・スミスのような経済学者は、他人に親切にするのは単に気分がいいからだと考えた（これは後に**温情効果**と名付けられた[22]）。恵まれない人に寄付をしたときに心地よい疼《うず》きを感じたら、これに当てはまるかもしれない。

生物学者もこの問題に取り組んだ。チャールズ・ダーウィンは、人間の善行は計算ずくの合理的な考えに基づいていると主張した[23]。もちろん、これは部分的には正しい。サルが仲間のノミを取ってやるのは、見返り（自分のノミを取ってもらうこと）を期待しているからだ。私たちも同じ原理で同僚と接している。「このプロジェクトは私が引き継ぐよ」と言うとき、今度自分が同じような立場になったら助けてほしいというメッセージを暗に伝えているのだ。

これに対し、**「間接的な互恵関係」は人間ならではのもの**だ。Ａさんがあなたを助け、あなたはBさんを助ける。自分がしてもらった親切を直接その相手に返すのではなく、他の誰かに返す。つまり、恩送り（ペイ・フォワード）するのだ。

これはまさに映画『ペイ・フォワード』のテーマでもある。俳優のハーレイ・ジョエル・オスメント演じる主人公が、「誰かに親切にされたら、他の誰かに3回親切にしよう」と思い立つ、感動作だ。

人は、その相手からのお返しを求めて親切にするのではない。**自分がした親切を、他の人に伝えてもらいたいと思っている**のだ。

＊アダム・スミスは、「見えざる手」という概念を提唱した経済学者だ。彼は「人間がいかに利己的であろうとも、その本性には、他人の幸福に関心を持ち、それを自分にとって必要なものとみなす原理がたしかに存在する。その幸福を見て喜ぶほかに何も得るものはないにもかかわらず」と言った。これが「温情」や「与える喜び」とも呼ばれる、心地よい感覚だ。

＊＊チャールズ・ダーウィンは『人間の進化と性淘汰』（文一総合出版）のなかで、「集団内の個々の推測力や先見性が向上するにつれ、人は仲間を助けるとその見返りとして援助を受けられるのを理解する」と書いている。これは俗っぽい言葉で言えば、「損得勘定」だ。もちろん、アダム・スミスとダーウィンの2つの説明は最終的に同じ答えにつながる。すなわち、進化の圧力によって遺伝子の存続の助けとなり得るものは、たいていどれも気持ちよく感じるようにできているということだ。セックスしかり。

人は実際に「恩送り」をしているのだろうか？

では、人は感動的な映画のなかだけではなく、現実の世界でも本当に恩送りをしているのだろうか？

中国のメッセージ・サービス、「WeChat（微信・ウィーチャット）」のユーザーデータを分析した答えは、「間違いなく、している」だ。

WeChatには送金機能がある。マサチューセッツ工科大学のユアンユアンは、このWeChatの心躍る機能がどのように使われているかを研究した。[24]

ユーザーはこの機能を使って、指定したグループにお金を贈れる。中国の結婚式などでおなじみの、お金が入った赤い封筒「紅包（ホンバオ）」を模した形で贈れるのだ。

贈られたお金は、グループの全員にランダムに振り分けられる。誰がいくら受け取ったかはわからず、受け取った額が一番多い人のみ、「もっとも幸運な人」としてグループのメンバーに名前が明かされる。

1年間で340万人の中国人が2000万米ドルを超える金額を贈ったのだから、このアイデアはすっかりユーザーの心をつかんだといっていいだろう。

「もっとも幸運な人」は無作為に決まるため、研究チームにとってこれは善行が伝染するかどうかを調べるのに格好の題材だった。

人は受け取った金額が大きいほど、他人に多くを分け与えようとするのだろうか？

つまり、人は恩送りをするのか？

答えはイエスだ。

WeChatの「紅包」でお金を受け取った人は、それを独り占めしようと思えばできるのに、受け取った金額の平均10％を同じ機能を使って匿名で誰かに贈っていた。自分にメリットがあるわけではない。**純粋に誰かに何かを贈ることを喜んでいる**ように思える。

ただし、評判を気にする気持ちはあるようだ。

名前が公表された「もっとも幸運な人」は、お金を受け取った他の人とは違う行動をとることがわかった。寄付額が平均で15％と、わずかに多かったのだ。

たくさんのお金を手にしたことが公になると、意識的であれ無意識的であれ、寄付する金額が増えていたということだ。

直接的な見返りを求めないことで人類は発展してきた

このように、恩送り（ペイ・フォワード）と合理的な互恵主義のメカニズムは、私たちの人間関係のなかで重要な役割を果たしている。脳の研究でも、この2つの行為を司る神経経路の存在が確認されている。[*]**人が「利己的」かつ「共感的」[25]である**ことを実証するこの2つの行為を司る神経経路こそが、人が互いに親切にする理由を示している。

人がお互いに親切にすることは、人類全体にとって有益であった。直接的な見返りを求めずに誰かのために何かをすることで、親切の貸し借りを細かく気にすることなく、集団全体として行動できる。その結果、人類は干拓地に水をひき、民主主義を構築し、気候変動から世界を救うことさえできるかもしれないのだ。

さらにいえば、これは戦略的に利用することも可能だ。「寸を与えれば尺を望む」とは、少し譲歩すると相手がつけあがることを意味する諺だが、常にそうなるとは限らない。これとは正反対のとても奇妙なハウスフライ効果もある。小さな頼みごとをきいてくれる人は、もっと大きな頼みごとにも応えてくれるようになる、というものだ。

＊残念ながら、この研究に関する論文の内容は、脳に関する専門知識（大脳の内側面にある楔前部の機能的結合の静止状態についての詳細）がある人でないと理解しがたい。

職場で「小さな親切」をしてみよう

さて、あなたならどうするだろうか？　WeChatのようなアプリを使って、ご近所さんにお金を配るだろうか？

よい行いかもしれないが、なんの脈絡もなく近所の人にお金を渡すのはさすがにおかしい。

とはいえ、もし昨日、あなたが幸運にも誰かからちょっとした額のお金をもらっていたとしたら？

日頃のお礼としてご近所さんにコーヒーの一杯くらいごちそうするのではないだろうか。

だがそのとき、迷惑なご近所さんにも親切にするだろうか？

戦略的な人なら、自分の寛大さを示したいので、親切にすると思うかもしれない。

「恩送り」を実践する人なら、これをきっかけにその人がもっと親切になるかもしれないという思いで、親切にするかもしれない。

用心深く賢明な人なら、トラブルに巻き込まれないように、人を選んで近所付き合いをしたいと考え、親切にしないかもしれない。

日常生活のなかで気軽にこの方法を実践してみよう。たとえばあなたには、同僚にしてもらいたいことが何かあるのではないだろうか。

そこで、チョコレートのようなちょっとしたものをあげてみよう。それによって、相手がお返しに何かしてくれる可能性は高まる。それに、こんな小さな行動でも職場の雰囲気を良くできる。少なくとも、あなた自身がいい気分になれる。

第4章まとめ――「同調」と「社会性」で人を動かす

この章では、人間がいかに群れをなす生き物であるか、そこから生じるハウスフライ効果がいかに強力であるかを見てきた。

人に何かをさせるには、すでに多くの人が同じことをしている（またはこれからそうする人が増える）と示せばいいことも学んだ。これはソーシャルプルーフ（社会的証明）と言われている。

その結果、これからは**ネガティブなソーシャルプルーフ**のことも気にかけるようになるはずだ。これは「悪い行動が蔓延している」と批判することで、かえってその悪い行動が普通のことだととらえられ、結果として悪い行動をさらに促してしまう現象だ。

また本章では、人が規範に対してとても敏感であることも説明した。人はなぜ親切に振る舞うのか、あるいは利他的に行動するかについても理解が深まったはずだ。善い行いをすれば、人はいい気分になる。しかしそれだけでなく、**親切な行動は社会全体にとってあらゆる意味で有益**なのだ。もちろん、いい人だと思われて評判が上がるのなら、親切にしない手はない。

その際気をつけるべきは、**モラル・ライセンシング効果**だ。これは、たとえば善いことを言ったから、しばらくは善い行動をしなくてもいいと自分に言い訳をするような、「道徳心のタイムアウト」ともいうべき感覚だ。

また、自分の権威を高める方法についても学んだ。

ぜひ、本章で得た知識を他の人に教えてみてほしい。もちろん、利他主義的な気持ちで。

第 5 章

「今すぐ欲しい」が「まだやりたくない」

——「時間」を効率的に使うコツ

時または“時間”。
「現在偏重」、「時間制限」、「ピーク」、
「順序」、「先延ばし」など。
すばしこく、想像以上の速さで近づいてくる
賢いハウスフライ効果。
ごく身近な存在で、派手にブンブン飛び回り、
同種や苦痛のハウスフライ効果との組み合わせで
動き回ることが多い。
職場や、大晦日、ブラック・フライデーの前後、
病院や休日に出没する。
専門家の力を借りた計画的な対策が効果的。

「将来の自分の行動」を予測するのは困難

すべては子どものときから始まっている。

俗に「マシュマロ・テスト」と呼ばれる、20世紀でもっとも有名な心理実験で、米国の心理学者ウォルター・ミシェルは4歳児に「今すぐマシュマロを1つ食べるか、20分待って2つマシュマロを食べるか」[1]を選ばせた。

子どもは目の前にマシュマロを1個置かれ、1人部屋に残される。椅子に座ったまま太ももの下に手を入れて誘惑に耐えたり、マシュマロを隠したり、顔を背けたりした子どももいたが、[*]ほとんどは瞬く間に目の前のマシュマロを食べてしまった。

この実験は様々な議論を呼んだ。この実験結果から推論した、まことしやかな説もいくつか出てきた。ミシェルが「この実験結果から子どもたちの将来の収入が予測できる」などと主張したことも有名だ。このような説は現在ではすべて否定されているが、ミシェルがこの実験を通して重要な何かを見つけたことはたしかだった。

子どもたちは、今すぐマシュマロを1個食べるより、我慢して後で2個もらうほうが得だということはわかっていた。だが、誘惑に耐えられるほど前頭葉が発達していなかった。前頭葉はその成長に伴い、海馬における「未来思考」などの他領域とのつながりが増す。[2] こういったつながりが強くなるほど、人は現在と将来の報酬を天秤にかけて行動できるようになる。

しかし、**前頭葉が十分に発達している大人でも、将来の自分の行動をうまく予測するには工夫が必要**だ。

筆者（エヴァ）の例を紹介しよう。

昨日、サーモンを1パック買った。消費期限が翌日で、35％オフの商品があったからだ。今日、筆者は半分残っていたそのサーモンを捨てた。安売りに釣られて、食べきれない量を買ってしまったというわけだ。食品廃棄についても研究を重ねてきた行動経済学者としては、いささか恥ずかしい行動だ。

一般的に、人が今食べたいと思うものを選んで、数日後にも変わらずそれを食べたいと思う確率は、どのくらいだろうか。

ある実験によれば、80％の人は、他のものを食べたくはならないと確信していた。だが、結果的に55％の人が別の食品を選んだ。[3] 見通しが甘いのは筆者だけではないようだ。

筆者は自分の選択に自信を持ち、消費期限の長いサーモンを買うことに余分なお金を払う（定価で買う）ことをよしとしなかった。この実験の被験者も同様だ。

研究者たちは人間のこうした傾向を「愚か」とは言わない。「将来の食べ物の好みについての予測に楽観的な傾向がある」といった言い方をする。こう表現されると、何か打つ手がありそうな気がしてくる。これからその方法を探っていこう。

ポイントは、**将来に関する自分の予測を信用しすぎない**ことだ。

＊これは薬物依存症者が薬物使用を我慢するために取る戦略でもある。

未来よりも「今、目の前」の報酬が大事

自分に対する予測の甘さは、人が自分の幸福度をどう見積もるかにも当てはまる。

「宝くじに当選する」「死ぬまでにどうしても訪れてみたかった場所を旅行する」「大病を患う」といった大きな出来事から受ける影響は、実は私たちが思っているほど大きくはない。＊ **人は重大な出来事がもたらす影響の大きさを、過大評価してしまう**のだ。

たとえば、乳房切除手術を受けるのは大きな出来事だ。けれども、乳房を片方失った人も、数年後には他の人と同じくらいの幸福度に戻ることがわかっている。[4]

だが、「終わりよければすべてよし」とはいかない。私たちは、食器洗いや通勤といった**日常的な些事によって自分がどれくらい不幸になっているかを逆に過小評価してしまっている。**[5]

これも、人が将来の自分の考えを予測するのが苦手なために生じる現象だ。認知バイアスのなかでも時間に関するものが特に手ごわいのはこのためだ。

人はジャングルをかき分け進むときも、スーパーで買い物をするときも、目の前にごほうびを見つけたとき、たとえそれがどんなに小さなものであっても、誘惑に抗うのが得意ではない。

マシュマロの例からもわかるように、**人間の脳は将来得られる報酬よりも、今、目の前にある報酬をはるかに高く評価するようにできている。**

太古の昔、人類は目の前の食べ物をその場で即座に摑みとらなければ生きていけなかった。その厳しい生活には、〝目の前のものを我慢すれば将来得をする〟といった計算が入り込む余地はなく、今を優先させなければならなかった。

人類はこうした祖先のDNAを受け継いでいる。だが、自然界を生き延びるために進化した人間の脳は、現代人の生活に錯覚や混乱を引き起こしている。私たちが嫌なこと（たとえば、貯金）を延々と先延ばしするのも、時間の見積もりが甘く計画通りにうまく行動できないのも、帰路がいかに楽しくスムーズかという印象に旅行全体の感想が大きく左右されるのも、すべてそのためだ。「現在バイアス」から抜け出すのは、とても難しいのだ。

この章では、タイミングや時間の知覚に関する代表的な認知バイアスを紹介する。

まず初めに……いや、ここは慎重に考えよう。章の内容をどういう順序で組み立てるかは、あなたが何を記憶するかに大きく影響するからだ。

……では、**順序効果**の話から始めよう。その後、悪いニュースを知らせることにする。すなわち、人間の記憶力がいかに頼りないか、私たちが「将来の自分の考え」（筆者のサーモンの話のように）や「今の決断が人生の幸福度にどんな影響を与えるか」について予測するのが、いかに苦手かを見ていこう。

人間は将来の予測が苦手なので、計画もうまく立てられない。ストレスを受けると事態はさらに悪化する。だが、これを打開する方法はある。

たとえば、私たちの選択には、決断するタイミングが大きく作用している。状況をどれだけ鮮明に想像するか、将来について話すときにどんな言葉を使うかも同様だ。

この影響から身を守るコツは他にもたくさんあるが、それは最後に取っておこう——その方が、うまく記憶に残るからだ。

＊予期的後悔については第3章（166ページ）も参照。

スーパーが「野菜売り場」から始まるのはなぜ？

建築家は、建物内の動線を入念に設計する。私たちが普段何気なく辿っているスーパーマーケットの買い物ルートやオンラインショップの経路にも、マーケティングの視点が徹底的に活用されている。

人を進むべきルートに誘導したい場合、はっきりとわかる矢印や道標が用いられることもある。コロナ禍では、ソーシャル・ディスタンスを保つためにこうした方法が用いられた。

けれども**日常生活のなかで、私たちは知らないうちにこっそり誘導されている**ことのほうが多い。そこでは巧妙なトリックが随所に使われている。

たとえば、寄付が呼びかけられているチャリティー会場で私たちが最初に目にするのは、寄付金額の最高額と最低額のどちらだろうか？

スーパーではなぜ最初に野菜売り場があり、その後でお菓子売り場を通るようになっているのか？

なぜ青と黄色のロゴで有名な家具店（そう、ＩＫＥＡだ）の出口付近では、安いソフトクリームが売られているのか？

これらは**すべて意図的な順序効果に基づいたもの**であり、私たちの行動にいつのまにか大きな影響を与えているのだ。もちろん、店の売上も。

いつものスーパーマーケットの店内を想像してみよう。どのスーパーにも、入り口付近には生鮮食品のコーナーがあり、野菜や果物が売られているはずだ。買い物ルートや店内のレイアウトは、スーパー側が徹底的に調べたうえで採用している。店が儲かる順序に設計されているのだ。

客は入り口付近で目についた新鮮な野菜や果物を手に取り、まずカゴに入れていく。マーケティングの観点では、こうした健康的な食べ物が先にカゴに入っているのは好都合だ。カゴの底で存在感を示す人参のパックが、「身体にいいものを買ったんだから、ちょっとくらい不健康なものに手を出してもかまわないはず」と客にささやくからだ。

そのせいで、客はあとでスナック菓子やクラフトビールの売り場を通るときに、特に罪悪感にさいなまれることなく商品をカゴに入れられる。

この効果は**目標達成の代行**と呼ばれる。[6] 有機栽培のリンゴがカゴに入っていると、「身体にいいものを選んだ」という感覚が生じ、隣にあるポテトチップスに手を伸ばす免罪符になるのだ。

誘惑に耐えるうちに「意志力」が尽きてしまう

マクドナルドは2000年代以降、サラダや天然水といった健康的な商品に力を入れるようになった。それに伴い、脂たっぷりのファストフードメニューの売り上げも伸びた。これが目標達成の代行の持つ力だ。

スーパー各社は、客がレジに近づくにつれ足早になるのを知っている。業界用語で、〝チェックアウト・マグネット〟と呼ばれているくらいだ。レジの手前に凹凸のあるタイルを敷いてカートを減速させようとする店もあるが、この足早なペースは通常むしろ好ましいものとされている。**客が商品を選ぶ速度が速くなると、衝動を抑えにくくなる**からだ。菓子売り場の5個入りパックの方が割安だったのに、レジ横の割高なチョコレートをうっかりカゴに入れてしまうのはそのためだ。

買い物の最後に非合理的な衝動に駆られる理由については研究者のあいだで諸説あるものの、**自我消耗**という現象と深い関連があるとされている。

この仮説に従えば、人は何度も誘惑に耐える(「薦められた飲み物を何度も断る」など)と、意志力が尽きてしまう（その結果、チーズビスケットを夢中で食べてしまう）。これは、前頭葉のエネルギーが枯渇してしまうからだと考えられている。

そのため英国では、店舗内の**〝客に衝動的な買い物を促す位置〟に不健康な商品を置くことが禁止**されている。メーカー各社が狙う入口や通路端の売り場には、健康的な商品のみが並べられている。

オンラインショップでも、サイト側は会計の直前に同じような手口を使っていることが多い。

私たちがこうしたトリックに気をつけていても、店側は順序効果を活用するための新たな方法を繰り出してくるだろう。

「ギャンブルに負ける」と高いリスクを取りたくなる

日常生活でも、順序効果が強い影響をもたらすことが多い。

筆者のエヴァには、よくディナーに出かける友人がいる。ワインを飲んで酔いが回ってくると、前回どちらが勘定を支払ったかわからなくなってしまう。ふたりはこれを解決しようと、公平な方法を思いついた。

コインを投げ、表なら筆者が払い、裏なら友人が払うというものだ。

この方法を始めてから、筆者はもう7回も連続で負けている。大喜びの友人から不運をからかわれるのが筆者は面白くない。人は怒ると、大きなリスクを取ろうとする。[7] 筆者もご多分に漏れず、「次からはもっと高いレストランに行こう」と言い出した。「勝つまで倍賭けすれば、いつかは負けを取り返せる」という、昔からあるギャンブラーの発想だ。

負けた後に賭け金を上げようとするのは筆者だけではない。**ゲームに負けると、次の賭けで負けを取り戻せないかもしれないのに、賭け金を上げたくなる**ことがある。これは、怒りの感情とは関係ない。純粋な順序効果だ。

スイス・オランダの経済学者トーマス・ブザーは、学生に数学のゲームをさせてこれを実証した。被験者の3分の1には（実際の結果通りに）勝ったと告げ、3分の1には負けたと告げ、3分の1には何も告げなかった。

その後、被験者全員に再びゲームをさせたところ、負けたと告げられた男子学生は平均より高いリスクをとった。その結果、残りのゲームにおいて平均20％負けが込んだ。ただし女子学生の結果は違っていた。負けると、その後はリスクを取ろうとしなくなったのだ（よって損失はそれほど大きくなかった）。[8]

女性は男性よりもリスクを取らない？

女性は負けた後に男性に比べてリスクを取ろうとしない傾向が高い。だが筆者のエヴァは例外で、コイントスの件では結果としてかなりの金額を失うことになった。

とはいえ、筆者はこの負けん気の強さが役に立っている面も多いと信じている。一般的にも、リスクを取ることは、たとえば昇給を要求する場面などでメリットをもたらすことがある。

では、なぜ女性は男性よりもリスクを避ける傾向があるのだろうか？

1つの理由としては、以下のようなものが考えられる。

コイントスでは、表が出るか裏が出るかはまったくランダムなはずだ。だが、仮に筆者が「自分はコイントスが下手だ」と思っていたらどうだろうか？　こうした考えを持っていると、人はリスクを取ることに悲観的になる。

そして、女性はどちらかというと、このタイプの見立てをしてしまいやすい。男性に比べて、誰かと競争する状況では悪い結果を不運のせいではなく自分自身の能力のせいだと見なしがちなのだ（つまり、第1章で説明した自己欺瞞の影響をあまり受けない）。

そのため女性は競争に大きな労力を注ごうとはせず、負けた後のパフォーマンスが悪くなることも多い。[9]

女性がリスクを取ろうとしない原因ははっきりとはわかっていない（だからこそ、メタ（旧フェイスブック）の元COOシェリル・サンドバーグは、自著のタイトルにもあるように、「リーン・イン！」（一歩踏み出そう！）と女性たちに呼び掛けている）。

ただしこの男女差は、勝ち負けに対するホルモン反応の違いによる影響を受けているかもしれない。ギャンブルゲームをして勝つと、男女ともに男性ホルモンのテストステロン値が上昇する。**この男性ホルモンが増えると、人はリスクを取ろうとするようになる。**[10]男性は元々テストステロン値が女性より高く、そのためによりリスクを取る傾向があると考えられるのだ。

とはいえ、レストランでの筆者のように、[11]負けたことに反応して血中テストステロン値が上昇し、さらなるリスクを取ろうとする人もいる（この経験から筆者は、「勝負できるときは勝負するが、負けたときは、本当に賭け金を上げるべきかよく考えよう」という教訓を学んだ）。

大切な決断は「朝のうち」にしたほうがいい

勝ち負けの問題がない場合でも、順序効果が生死の問題にかかわる場合もある。

これは決断疲れによって起こる。たとえば裁判所で判決が下されるとき、裁判官の決断疲れが被告の生死を分けることもある。午後になると、裁判官の判決は厳しくなる傾向があることがわかっている。[12]

病院でも、1日の早い時間帯のほうが適切な治療を受けやすい。勤務時間が終わりに近づくにつれ、医療従事者が手を洗う頻度が減ったり、[13]患者の病状に合っていない抗生物質が処方される傾向が高まったりするからだ。[14]

私たちの日常生活も同様だ。**大切な判断はなるべく1日の早い段階で行うといい**だろう。

「終わりよければすべて良し」は科学的に正しい

あなたは自分の記憶を、ハードディスクに整然と保存されている情報のようなものと見なしているかもしれない。

しかし、記憶の性質はそのような静的なものではない。**記憶は、絶えず書き換えられているのだ。**そして、ここに認知バイアスのつけ入る隙がある。

たとえば、休暇の最後をいい気分で締めくくれば、美しい思い出として記憶しやすくなる。

前回、風邪を引いたときのことを思い出してみよう。病気で横になっているだけの期間は、あまり記憶に残っていないはずだ。覚えているのは最後の部分（辛さが薄れてきて、昼寝をしたり、テレビをのんびり見たり、温かいスープを飲んだりして、回復を実感しているような状況）だけではないだろうか。

心理学・行動経済学者のダニエル・カーネマンは、この現象を見事に説明している。カーネマンは実験で、大腸内視鏡検査（不快で、痛く、誰もが恐れる処置）を受けた人は、検査にかかった時間をよく覚えていないことを明らかにした。検査後に受診者が示した不快感の程度は、平均的な不快感や所要時間と呼応していなかった。

受診者はスナップ写真のような特定の瞬間の記憶を持っているようだった。受診者はこの検査の経験を、もっとも激しい瞬間（ピーク時）と最後の瞬間（終了時）がどれだけ不快だったかに基づいて記憶していた。

カーネマンはこれを「**ピーク・エンドの法則**」と呼んだ。[15]

この研究結果が知られるようになってから、医師たちは内視鏡検査の最後の数分間は器具を動かさないようになった。検査時間は多少長引くが、患者が主観的に感じる苦痛が減るからだ。受診者の検査に対する評価も、大いに高まった。

人は「違う状況に置かれた自分」の予測が苦手

歳を取ると時間が経つのが早く感じられるようになるのには、身体的な原因が関わっている。

時間の感覚は、人間が常に受け取っている感覚情報で構成されているが、この感覚情報の処理速度は歳をとるにつれて徐々に遅くなる。眼球運動の回数も減少する。[16]あるいはコロナ禍でのロックダウン時のように、出来事が少なくなると時間が早く過ぎるように感じられる。自宅勤務を経験した人はそれがわかるのではないだろうか。

また、人は自分の経験や見通しを状況に当てはめようとするが、これは感覚にも当てはまる。

たとえば、デオドラントを使い始めたとき、何日かするとあまり匂いが感じられなくなってくる。これは、鼻の感覚が鈍くなるためだ（この現象に言及した「あなたの家、本当は臭いかも！」と視聴者に訴えるコマーシャルには、「匂いは盲目」というおかしなコピーがついている）。

私たちの感覚が状況に慣れていくことは、記憶にも強く影響している。

長いあいだ状況に変化がないと、覚えておくべき新しい出来事がないので、時間が早く

過ぎるように感じられるのだ。

このように、記憶はあまり信頼できないが、私たちは将来を予測するのもあまり得意ではない。

人は「前回はどうだったか」という記憶をもとに出来事を想像し、それを目の前の状況に投影している。だがそこには、微妙なズレが生じやすい。たとえば、筆者のティムはレコードを買う度に「これで私のレコードコレクションは完成した」と思っている。あなたも、身に覚えがあるのではないだろうか。

人は、いまと違う状況に身を置いたときに自分がどう感じ、どう振る舞うかを予測するのがとても苦手だ。この現象は**感情移入ギャップ（ホット・コールド共感ギャップ）**と呼ばれている。ホットは興奮、欲求、または空腹といった精神状態を、コールドはその反対、または非覚醒の状態を表す。

たとえば、昼食を終えたばかりのときは、「もう今夜はおやつに手を出さないぞ」と自信たっぷりでいられるものだ。だが、その数時間後には……。

状況からどのような影響を受けるか認識する

状況を具体的に思い浮かべてその場にいる自分の感情を想像すればするほど、その状況で自分がどんな行動をとるかを正しく予測できるようになる。

明日しようとしていることを、具体的に想像してみよう。

たとえば、氷の張った湖でのスケートを計画しているとする。まず、朝に目が覚めたときの様子をイメージしよう。きっと、暗くて寒いはずだ。すると、自転車で湖に向かう道のりが、とてつもなく長く感じられるはずだ。前夜にどんな準備をすべきか、細かく思い描こう。もし目覚ましを止められず、寝坊してしまったら？その場合は、湖まで車やバスで行く？ もし友人がキャンセルしたら、代わりに誰を誘う？

そして何より、湖に着いたら、どんな気分になる？

氷上をおぼつかない足取りで滑り出すときの不安、次第に体感するスピード、乾燥する唇の感覚、足元の氷がパチパチと弾ける音！ **その場にいたらどれだけ興奮するか、どのような問題が発生するかを鮮やかに想像する**ことで、計画はより良いものになり、目的を達成しやすくなる。

予測能力を高めるには、まず、自分がどんな状況でどんな影響を受けるかを認識することだ。元心理学・マーケティング分野の学者であるチャルディーニは、イエス・キリストに次いでこの世の人々に大きな影響を与えたであろう人物だ。[17] 彼は、2人の内なる作家がいると述べている。「優れた作家」と、「学術的な作家」だ。チャルディーニはそのもっとも有名な著書『影響力の武器』(誠信書房)を、大学のキャンパス内オフィスと、自宅の両方で書いた。

大学で書いた冒頭部分はこうだ。

「私の専門分野である実験社会心理学は、社会的影響力のプロセスの研究が主領域である」

これはこれで悪くない出だしである。

しかし、家に帰ってこの文章を読み直したチャルディーニは、次のように書き直した。

「この際、正直に打ち明けてしまうことにしよう。私はこれまで、実に騙されやすい人間だった」

置かれていた状況(2か所で本を執筆する)が、この影響力の達人に大きな精神的影響を与えた。それによってチャルディーニには、1冊のなかに2つのまったく異なる声を共存させることができたのだ。[*] 彼は校正時まで、そのことに気づかなかった。

＊お気づきのように、筆者2人は自宅で本書を執筆している。

「お金がない」ときに人は頭が悪くなる

お金がない人は、ときにおかしな行動をとる。スクラッチくじや宝くじを買ったり、貯金をしなかったり、大きな借金をしたり。残念ながら、それは習慣になり、結果としてさらにお金がなくなる。

とはいえ、「貧しい人がこうした選択をしてしまうのは、教育や社会環境のせいだけではなく、生まれ持った性格のせいだ」と容易に考えてはいけない。それは大きな誤解だ。**貧困とは誤った選択の結果ではなく、むしろ原因**なのである。

多くの研究が、一時的な貧困が意思決定能力に影響を及ぼすことを明らかにしている。ただし、その影響も一時的なものだ。

貧しさは、「現状偏重バイアス」を引き寄せる精神状態をつくり出す。このことは、収穫期が年2回（つまり収入も年に2回）のインドの農業従事者を対象にした数年前の実験がよく物語っている。農業従事者のＩＱテストのスコアは、収穫直後と比べて、収穫期直前のほうがはるかに低かった。収入を得た直後の人は、生活費のことで頭がいっぱいの人よりも賢明な判断を下せたということだ。貧困は、被験者がテスト前に徹夜したときと同じくらいテスト結果に悪い影響を及ぼしていた。*

「私はインドの農業従事者ではない」と思った人もいるだろう。しかし、**思いがけずお金に困ると、誰でも近視眼的な反応をする**ものだ。この心理状態は、お金と時間、どちらが不足しても引き起こされる。両者の影響が似ているためだ。

つまり、CEOが仕事の締め切りに追われるのは、貧しい人が支払いの締め切りに追われるのと同じように好ましくないことなのだ。

＊学生へのアドバイス。親にこの話をしたら、試験前にお金を貸してくれるかもしれない。

米国人の「1時間の価値」は19ドル？

昔から「時は金なり」と言われる。果たしてこれは正しいのだろうか。

もちろん、正しい。

では、あなたの1時間にはどれだけの価値があるだろうか？　当然ながら、それは人や状況によって違う。時給に換算すると相当の高額をもらっているCEOが、無償で炊き出しのボランティアをすることもある。

とはいえ基本的に、時間は誰にでも平等に与えられている。

ある実験では、シェアライドサービスを提供しているタクシー会社の1400万件分の利用データを分析し、早く目的地に到着するために、乗客がいくらまでなら払うかをシミュレーションした。到着予定時刻に0秒、60秒、150秒、240秒をランダムに追加し、乗客が所定の料金で乗車するかどうかを見積もることで、乗客が「自分の時間にどの程度の価値があると見なしているか」を算出したのだ。このようなデータには大きな意義がある。たとえば行政は、こうしたデータを用いて、公共交通機関への投資額や年間の経済成長率を計算している。

このシェアライドサービスの研究では、米国人は1時間を節約するのに平均して19ドルを惜しまないことがわかった。[18] これは米国人平均時給の約75%に相当する。

ところで、この本をここまで読む時間に対してあなたは100ユーロほど費やしていることになる。それだけの価値を見出していただけただろうか？

「時間不足」も思考力を低下させる

締め切りのストレスとお金のストレスを比較するためには、人を意図的にストレス状態に置く必要がある。

行動科学の研究者は見事な創造性を発揮して、被験者を辛い状況に置く方法を思いつく。ある実験では、学生の被験者に「ハングマン」（紙と鉛筆を使う言葉当てゲーム）や「アングリーバード」（オンラインゲーム。プレイヤーがスリングショットやボムの攻撃で豚をやっつけるバージョンのもの）などの様々なゲームをさせた。そのとき、一部の被験者は他の被験者よりもターン（順番）が回ってくる回数を少なくした。〝豊か〟な被験者は、〝貧しい〟被験者より5回も多くターンが回って来る。

実験の結果、ターンの回数が少ない〝貧しい〟状態が、プレイヤーの思考力に悪影響を生じさせることが示された。

貧しいプレイヤーは豊かなプレイヤーよりもずっと長い時間をかけ、狙いすましてから行動をしたため、ターゲットに命中させる確率は高かった。ここまでは悪くない。だが、次のラウンドでターンを借りることができるようになると、貧しい被験者はたちまちそのリードを失った。

1ターン追加するには、次のラウンドから2ターンを借りなければならない。これは100%の利息に相当する。これほど高コストにもかかわらず、貧しい被験者は豊かな被験者の12倍ものターンを借り、結果的に相当な損失を出してしまったのだ。

これは貧しい被験者が**目の前のラウンドに気を取られ過ぎて、先の見通しを失ったことが原因**だと考えられている。

では、ターンの回数を減らすのではなく、反応する時間を減らすとどうなるだろうか？ある実験では、被験者に「5対5」というゲームをさせた。これは、「ピクニックに何を持って行くか」という質問に対する、一般的だと思われる回答を当てるというものだ。

その際、次のラウンドの質問を被験者の視線に入る位置に掲示した。考える時間がたっぷり与えられている〝豊かな〟被験者は、回答中に次の質問を見る余裕があったおかげで、全体的に成績が良かった。

一方、考える時間がわずかしか与えられていない〝貧しい〟被験者は、時間的プレッシャーにさらされているため、次の質問に目を向ける余裕がなかった。考える時間を増やそうとして時間を借りるという手も使ったが、それでもパフォーマンスは低かった。**時間不足は、経済的な貧困と同じように思考力を低下させる**のだ。[19]

私たちはお金が足りなくても、時間が足りなくても、重要度がそれほど高くはない目先の問題のことで頭がいっぱいになり、じっくりと物事を考える余裕を失ってしまう。

支払いや締め切りが原因でストレスを感じている人が、同じように間違った判断をしてしまうのもそのためだ。[20]

高金利ローンの警告文はほとんど役に立っていない

前項で説明したゲームにあなたのパートナーが参加し、あなたがゲームマスターだったとしよう。

パートナーが次のラウンドからターンを借りようとしたとき、それが悲惨な結果を招くかもしれないことを知っているあなたは、どうするだろう？

1. ゲームのルールを変えてターンを借りるのを禁止する
2. やめたほうがいいとパートナーに助言する
3. ターンの前借りルールがないグループにパートナーを割り当てる

多くの人は、3番目の選択肢が最適だと考える。

では、これを実社会に当てはめてみよう。あなたが政治家だったら、法律を改正して高金利ローンを思い切って禁止するだろうか？

それは簡単ではないはずだ。こうした法外な高金利ローンを提供する側は、「人は誰しも自分にとって何が良い選択かはわかっている」という前提に立って、その正当性を主張する。「利用者は自分なりに考えたうえでローンを組んでいるのだから、我々貸し手に非はない」、と。

しかし、あなたは「お金に困っている人は判断力が鈍っている」ことを知っている。この手のローンに大切なパートナーが手をだすのをやめさせたいとも思っている。ならば、当然誰に対しても同じことを願うのではないだろうか。少なくとも、そのことを警告したくなるだろう。

実際、この手のローンについてはあちこちで警告文が出ている。高金利ローンを提供する2000ものウェブサイトには「警告！　お金を借りるのにはお金がかかります」という文章が掲載されているのだ。

だが、こうした警告は一体どれほど問題解決に役立っているのだろうか？*

＊金融市場庁（Financial Markets Authority）の詳細な報告書によれば、ほとんど解決につながっていない（Effectiveness Credit Alert, 2016）。

「先延ばし」をやめて「すぐやる人」になる方法

これまで見てきたように、締め切りはストレスの原因となり、ストレスは間違った判断につながる。

だが、対策はある。締め切りをうまく計画するのもしないのも、自分次第だからだ。賢いタイミングで締め切りを設定すれば、ポジティブな効果が得られる。

たとえば、人は9で終わる年齢のとき（29歳、39歳、49歳……等）に、思い切った変化や新しい行動を取りやすい傾向がある。これは、海外旅行や趣味講座を客に売り込む側は知っておきたい知識だ。

9から10に移るタイミングにはちょっとした魔法のような効果があるらしい。この魔法は締め切りにも当てはまる。

たとえば、**締め切りが月や年などの何らかの境界をまたいでいると、人はそれを遠いものに感じる**ことがわかっている。

ある実験では、カナダの学生に課題を与え、いつ取り掛かるかを尋ねた。締め切り日が翌月に設定されていた被験者は、同月内に締め切りがあった被験者よりも着手するのがずっと遅かった。[21]

先延ばしグセがあるのはトロントの学生だけではない。インドでの実験では、被験者の農業従事者に、6か月間で子どもの教育費を貯めることを奨励し、一定額貯蓄すればボーナスを与えると伝えた。* 一定額を貯金できるかどうかを大きく左右したのは、被験者の教育費を貯めようとする意欲ではなかった。それは、締め切り日が年をまたぐかどうかだったのだ。

ボーナスを得るために目標額まで貯金できたのは、6月1日からこの条件で貯蓄を始めた人（12月1日が締め切り）の場合は28％だったのに対し、7月1日から貯蓄を始めた人（1月1日が締め切り）の場合はわずか4％だった。

なぜ人は、締め切りが近いと感じると早く仕事に取り掛かろうとするのだろうか？ その主な理由は、すべきことが具体的にイメージできるためだと考えられている。

たとえば、締め切りが遠くに感じられると「すべきことを漠然とイメージする」程度のことしかしようとしないが、締め切りが近いと感じられると、「やることリスト」をつくって具体的な行動をイメージするようになる。

大切なのは、**締め切りを遠くに感じない工夫をする**ことだ。たとえば、月や年をまたがないようにする。目標を立てる際は、行動の開始日を月初めや年初にすると、締め切りが月や年をまたぎにくいので、成功する確率が高まる。

＊なぜ科学者たちがインドの農業従事者を被験者に選ぶのか、不思議に思う人もいるかもしれない。1つは経済的な理由で、カナダの学生を被験者にするよりも低コストで実験を実施できること。もう1つの理由は、それほどシニカルなものではない。それは、2019年のノーベル経済学賞を共同受賞し、MITのアブドゥル・ラティフ・ジャミール貧困アクションラボ（J-PAL）の創設者でもあるインド出身のセンディル・ムッライナタンに依るところが大きい。ムッライナタンは貧困にあえぐ人々を対象にして、認知バイアスの影響を調べるなどの有益な研究を多く実施している。

目標を達成したいなら「1色刷り」のスケジュール帳を使うべき

成功は、頭で考えるだけでなく、実際に行動できるかどうかにかかっている。行動を促すための面白いコツを1つ教えよう。それは、**1色刷りのスケジュール帳を使うことだ。**

一般的に、スケジュール帳には2つ以上の色が使われる場合が多い。こうしたスケジュール帳では、週末と平日の違いや週ごとの違いなどを目立たせるために別の色が使われている。

そして、色が分かれていると時間の境界線が明確になる。ある実験では、このように複数の色が用いられているスケジュール帳を使っている被験者の学生は、将来の目標行動を抽象的に表現する傾向が見られた（例：「明日の朝に5キロ走る」ではなく「明日、運動をする」と表現する）。これは、スケジュール帳の色違いの場所に目標行動が書かれていたために、心理的に遠くに感じられたことが原因だと考えられる。

つまり、先延ばししたくないなら、スケジュール帳は色分けされていない1色刷りのものにしたほうがいいということだ。「週末／平日」や「週」の区切りが色違いになっていないため、日程に連続性が感じられる。締め切りが近くにあるように思えるので、早く作業に着手しやすくなるというわけだ。

「人生の節目」すらマーケティングに利用される

「よし、これで時間に関する認知バイアスの仕組みは理解したぞ。もう騙されない」と思った人もいるかもしれない。だが残念ながら、マーケティング担当者もこの仕組みを知り尽くしていて、消費者の上を行くような手を使ってくる。

新米ママたちが出産後に突然洗剤を別ブランドの商品に切り替えるのはよくある話だが、新米パパがビールの銘柄を替えるのも珍しくないことをご存じだろうか。

企業側は、「ライフイベント」と呼ばれる人生の節目の出来事から、消費者が購入するも

のを簡単に予測できる。 データベースを活用したマーケティングでは、アルゴリズムを用いることで、一見何の変哲もない購入履歴から様々な予測を立てている。

たとえばクレジットカード会社は、利用者がナイトクラブで一晩に多額の支払いをすると警戒レベルを上げる。この利用者は離婚する（それに伴い、経済的に破綻する）可能性が高いと見て、信用限度額を下げることを検討する場合もある。

男性は、スーパーから恋人向けに送られた赤ちゃんグッズの広告メールを見て、彼女が妊娠していると察することがある。同じような原理で、カード会社が握っている利用者の情報が家族にばれると、大きな問題に発展しかねない。

アルゴリズムは全知全能だ。「妊娠したら、もうワインは買わなくなるだろう。でも、代わりにビタミン剤を薦めてみよう」といったことまで考えている。親としての「カスタマージャーニー」が始まると同時に、企業側が儲けるチャンスも始まる（英国のマーケティング担当者は、あまり露骨にこの手法を用いると不快になる消費者がいるのを知っているので、たとえば赤ちゃん用品と一緒にウィスキーの広告を入れるようにしている。この巧妙な仕掛けにより、顧客はプライバシーが完全には把握されていないと錯覚する）。

5日も早く確定申告書を提出させた「1枚のメモ」

一方、行政も人々のライフイベントに注目するようになっている。

オランダ人の若い父親、サンデルのケースを想像してみよう。彼は昨年子どもの誕生を役所に届け出たばかりで、週に一度クラフトビールを飲むのを楽しみにしていて、保育園のお迎えがあるため16時には退社する。

ある日、サンデルが帰宅すると、妻が隣人と一緒にベッドにいるところを見つけてしまった。これは行政機関から見れば様々な手続きが必要となるライフイベントになる。サンデルは離婚を申し立て、住宅ローンの変更手続きをし、慰謝料を受け取ることになるからだ。精神的に動揺するだろうし、しなければならない手続きが山のように発生するので、子どもの保育時間や保育料を税務署に申告するのを忘れてしまうかもしれない。小さなミスだが、残念ながらサンデルはこのことで厳しく罰せられるだろう。

このケースは、2020年に実際に問題となった。オランダの法令は、市民が落ち着いて合理的に思考し、行動できる状態にあることを前提につくられている。だがサンデルのように、一時的であれ、こうした心のゆとりが持てなくなる人もいる。

そのため政府は数年前から、新制度を導入する際には十分なテストを実施することにしている。データを集め、市民が新しい制度にきちんと従うか、意図せず従わなかった場合にはどうなるかなどがシミュレーションされる。人はライフイベントがなくても物事を忘れてしまうものなので、これは大きな改善だと言えるだろう。

また、政府は「時間の認知バイアス」もうまく活用している。オランダ税務当局は10年も前から、税務書類の入った青い封筒に「10日以内にご回答ください。ご協力に感謝いたします。」と書かれたメモを貼り付けて送っていた。

具体的かつ差し迫った日付（10日以内）入りのメモが貼付されたことで、通常であれば遅れがちなところ、平均して5日早く確定申告書が提出されるようになった。税務署は、督促用の電話代を大幅に節約できた。

その後も病院や歯科医、美容院など、このリマインダーメモの威力は様々な場所で確認されている。

すぐやる人は「未来時制」を使わない

リマインダーメールを送信する以外に、言語の選択も認知バイアスを生む。

未来を表す言葉を用いると、その未来は心理的に遠いものに感じられる。オランダ語で「Getver, morgen regent het wee.r」とは「やれやれ、明日も雨だ」という意味だが、これを一字一句英語に置き換えると「Yikes, tomorrow it rains again.」となる。「rains」は現在形であり、これは文法的に正しい英語とはいえない。正しくは、未来を表す「will」を加えた、「Yikes, tomorrow it will rain again.」になる。

このオランダ語と英語の文法的な違いを知れば、貯金が多く、裕福な老後を送り、喫煙量が少なく、危険なセックスはせず、太りすぎないのが、どちらの国の人かはわかるはず。

ご明察！　オランダ人だ。

一般的に、**未来を遠くに感じさせるような言語を使う人は、将来の自分への関心も低くなる。**このような違いは、メラーノ（北イタリア地方）の子どもにも見られた。[22] 同じクラスのなかでも、ドイツ語を話す子どもたちは、イタリア語を話す子よりもマシュマロテストの結果が良かったのだ（ドイツ語ではイタリア語と違い現在形で未来を表現できる）。何かを成し遂げようと心に決めているなら、「will」という言葉はあまり使わないほうがいいようだ。

目の前の小さな報酬が将来のための行動を妨げる

「月末」と聞いてこの世の終わりのように感じる人は少なくない。**現在バイアス**や**双曲割引**といった言葉をご存じだろうか。これは私たちにおなじみの現象を指す科学用語だ。

脳にとっては、未来の自分は他人同然か、あるいは架空のキャラクターみたいなものだ。自分であることはわかっているが、今の自分とは無関係のように感じてしまう。

筆者のティムはまたカラフルなタトゥーを入れようとしているが、そのツケを払うのは何年も先の年老いた自分だ。さらに筆者のエヴァは締め切りを未来の自分に託すが、これも同じこと。

あなたも身に覚えがあるのではないだろうか。たとえば老後資金のために貯金を始めようとしても、なかなか行動に移せていないかもしれない。

目前の小さな（感情的な）報酬が、将来のための行動を大きく妨げることがあるのだ。

240ページで紹介したマシュマロ・テストのようなケースを想像してみよう。

せっかちな人はこう思うかもしれない。「5分後に2個食べるより、今すぐその甘いものを1個食べたい」

では同じ人に、「1か月後に1個お菓子をもらうのと、1か月と5分後に2個もらうのと、どちらをとるか？」と尋ねたらどうだろう？　いくらせっかちな人でも、後者を選ぶはずだ。

しかし、ちょうど1か月後にお菓子を差し出すと、ここでもまた目前の報酬が勝ってしまう。その人が5分間お菓子を我慢する可能性はきわめて低い。

つまりその人は、**未来の自分の行動を見誤った**ことになる。少なくとも、未来の自分の自制心を買いかぶっていたといえるだろう。

「せっかち」と「先延ばし」はセットになっている

私たちは、楽しい出来事になるとせっかちになる。注文した本はすぐに届けてほしいし、そのために追加料金を払うこともいとわない。

だが、厄介なタスクは後回しにしようとする。「空き瓶をリサイクルに出すのは明日にしよう」「事務仕事は明日の夕方でいいや」「犬の爪は明後日切ろう」というふうに。

実はこの2つの特性、**せっかちと先延ばしはセットになっている。**

不思議に感じる人もいるのではないだろうか。一見すると、先延ばしにする人は忍耐強く、せっかちではないように思えるからだ。

人がどれだけせっかちかを測定するのはそう難しくない。

マシュマロ・テストの方法を用いればいいのだ。ある実験では、お菓子ではなく現金を使って、学生被験者の忍耐力を調べた。

被験者は、ある金額のお金をその場でもらうか、2週間後に少し余分にもらうかを選べる。そして、65%の被験者が、2週間後に2%余分に受け取るよりも、今お金を受け取るほうを選んだ。12%の利子がついてもなお、2週間待とうとしない者もいた。

この〝今すぐ欲しい〟タイプが、翌年度の必要書類を学校に提出したのが一番遅い部類だったのは、偶然ではないはずだ。[23]

さらに、この実験では報酬の支払い方にもトリックが仕掛けられていた。被験者の学生は現金ではなく、小切手でお金を受け取った(これは米国ではまだ一般的な金銭授受の方法だ)。このため、学生がいつお金を取りに行ったかを追跡できた。その結果は、はっきりとした違いを示していた。

せっかちな学生は、「少し我慢してお金を増やす」という選択肢を捨ててまで目の前のお金を受け取ったのに、そのお金をすぐには回収しに行かなかったのだ。

このように、せっかちと先延ばしは表裏一体だ。

これはよく考えてみると、理にかなっている。**長期的な目標**（**本を書く、利息を貯める**）**よりも、手っ取り早い喜び**（**今すぐSNSをチェックする、今すぐお金を手に入れる**）**の方を重要だと感じる**ために、せっかちに目先の報酬を優先し、将来的に有益なことを先延ばしにするのだ。

しかし諦めることはない。このタイプの人にも、打つ手はある。

たとえば、せっかちさを活かして、長期的な目標を今すぐに立てる。

あるいは、将来の目標（「禁煙する」「ピアノを習い始める」など）を設定し、それが実現できることにお金を賭けるという方法もある。もし先延ばしにしてしまったら、お金を慈善団体に寄付すると決めておくのだ（効果を高めるために、あまり趣旨に賛同できない慈善団体を選んでもいい）。

「ぜんぜん行かなくなっていた」スポーツジムに賢く通う方法

スポーツジムの会費を払うことは、将来の自分の行動に対して賭けをすることでもある。

『ジムに行かないのにお金を払う（Paying not to go to the gym）』という2006年の面白いタイトルの有名な論文[24]によれば、ジムの会員が将来の自分の行動を予測するパターンにはいくつかのタイプがある。当然、ジム側もそれに応じた会員形態を用意している。

1. 合理的なタイプ――未来の自分がどのくらいの頻度で運動するかを考え、割安な会員タイプを選び、それに応じてジムに通う。

2. 未来の自分のことをさらによく理解しているタイプ――1月1日に年会員に申し込むなどして、強制的に運動を続ける。

3. 甘い考えの人――未来の自分が月に9回はジムに通えると考え〝通い放題〟の年間パスに申し込んで840ドル（月あたり70ドル）を払うが、実際にジムに通うのは平均月4回（1回あたり約17ドルになる。回数券なら1回10ドルで済む。ちなみに本当に月9回通えた場合は、1回あたり約7・8ドルだ）。

4. 多少は知恵を働かそうとしているが、まだ考えが甘い人――3番目のタイプになるのを恐れて月払いにしている。ただし、効率的な使い方ができず、3のタイプよりもさらに割高な利用料を支払う羽目になる場合がある。

幸い、賢くスポーツジムを利用するための方法はある。以下のうち、どれがもっとも効果的だろうか（答えは後で）？

1．ジムに行くお金を誰かに払ってもらう。
2．1週間ジムに行かなかったら罰金を払う（これを実践するには、上記の論文を読んだハーバード大学の学生が考案した「ジム・パクト」という有料のシステムを利用できる）。
3．楽しいこととセットにすることで行動を促す**誘引バンドル**を実践すべく、『ハリー・ポッター』のオーディオブックをジムのロッカーに入れておく。

このなかでは、最後の方法（3）が一番効果的だ。

行動科学者のケイティ・ミルクマンは、この誘引バンドルをまず自分自身で試し、その後大規模な学生グループで検証した（詳細は、『ハンガー・ゲームはジムの人質（The Hunger Games is held hostage in the gym）』という論文に記載されている）。

何か**楽しいことをジムに紐づけて、他ではそれをしない**ことにした学生は、ジムに通う頻度が50％増し、お気に入りの本を人質に取られることにも喜んでお金を払った。

自主的な目標設定で「未来の自分」を動かす

タイムマシンがなくても、未来の自分に望ましい行動をさせるためのテクニックがある。それは、**コミットメント**だ。ただし、その方法を間違えないようにしなければならない。

一般に、人は自分が思っているほど懸命に働くことはない。

会社員なら、その主な理由が意志力不足だと知っているはずだ。学生や自営業者も、勉強や仕事に気持ちが向かない、学習回避行動や仕事回避行動と呼ばれる先延ばし現象を経験しているだろう。

今日中にしなければならないことがあるのに、何時間もSNSを見てしまい、「明日こそ頑張ろう」と思ってしまう。残念ながら、明日もインスタグラムは存在するし、その上、明日は明日でしなければならないことがある。

こういった**先延ばし行動**は、上司がいる職場だと、さらに状況を悪化させる。仕事の質が落ちるし、昇給やボーナスにも悪影響が生じる。

この問題を乗り越えるためのヒントを示すのが、労働者（ここでは124人のインド人データ入力者）の先延ばし行動に、いつ、どのように報酬を受け取るかが及ぼす影響を調べた、経済学者3人による実験だ。

この実験のポイントは、労働者が自分の先延ばし行動を自覚していて、その対処策を講じようとしていたことだ。[25]

労働者の報酬は、データ入力1件当たり0・03ルピー（0・0004セント相当）。1日平均で、3ユーロ程度を稼ぐ。

11か月にわたる実験期間中、研究者は、労働者が目標値を設定するかどうかを選べた。目標値を受け入れた場合、1件当たりの報酬は、1日に4000件以上入力できた場合で0・03ルピー（目標を設定しない場合と同じ）、4000件以下の場合は0・015ルピーになる。

客観的には、目標値を設定するのはバカげた選択に思える。目標を達成しても1件当たりの報酬は変わらないし、達成できなければ半額になってしまうからだ。

だが、**目標を立てることで、未来の怠惰な自分が少しは頑張って働くかもしれないという期待も持てる。**

実験データを分析した結果、労働者の仕事量に大きな影響を与えていたのは給料日だった。労働者は、給料日当日に平均7％多く稼いでいた。給料日の効果には個人差があり、20％以上稼ぐ人も、1週間を通して同程度稼ぐ人もいたが、全体的には給料日が近づくにつれてデータ入力の件数は上がっていた。

また、従業員は自分の意志力の弱さを自覚していて、勤務日全体の35%で入力件数の目標値を設定し、モチベーションを保とうとした。賢明な判断ではないように思えるかもしれないが、実際には、労働者は自分自身をよくわかっていたといえる。目標を設定した場合、していない場合よりも生産性が2%上がったのだ。もちろん、これは会社側にとっても喜ばしいことだった。

実験してみよう

「コミットメント」で宿題への意欲を高める方法

人に宿題を出す立場の人は、次のようにコミットメントを用いてグループの意欲を高めてみよう。

ステップ1：「宿題をする人は？」と尋ねる。
ステップ2：手を挙げた人に、「本当にできますか？」と尋ねる。
ステップ3：宿題をすることへの**コミットメント**（約束、宣言）を求める。このコミットメントを守れなければ減点などの罰が与えられると説明する。
ステップ4：前年のテスト結果を見せる（コミットメントを守れずに減点される生徒もいたが、

コミットメントしたグループの方が総じて成績が良いことを説明する）。

ステップ5：もう一度、宿題へのコミットメントをするかどうかを尋ね、挙手した人の写真を撮る。

多くの人が宿題を期日までに提出するはずだし、成績も上がるだろう！[26]

自然と貯蓄を増やすなら企業年金を使うべき

自らにコミットメントを課す仕組みは、雇用主と従業員を幸せにする。

政府機関もこの仕組みを活用しようとしている。「ナッジ」という言葉を有名にした次の研究は、まさに同じ認知バイアスの効果を扱ったものだ。この研究は1500万人を豊かにし、おそらく幸せにした。もちろん、あなた自身もこのアプローチを応用できる。

前述の書籍『NUDGE 実践 行動経済学完全版』（日経BP）では、著者のリチャード・セイラーが多くの話題を集めた「Save More Tomorrow―明日はもっとお金を貯めよう」プログラムについて説明している。

これは企業の従業員向けのプログラムで、給料の一部を企業年金として貯蓄し、昇給すると自動的にその割合を高くするというものだ。退屈な仕組みに聞こえるかもしれないが、大勢の人たちがこのプログラムを利用して貯蓄を増やした。

読者にも、ぜひこれと同じような仕組みを取り入れることをお勧めしたい。これによって、3つの認知バイアスがもたらす悪影響から一挙に逃れられるからだ。

1つ目は、「将来のために現在を犠牲にする」という感覚を避けられること。昇給分をすべて貯蓄するわけではないので、給料が増えた分、今を楽しめる。

2つ目は、長い時間をかけて貯蓄をするので、今すぐお金を使いたいという衝動から逃れやすくなること。

3つ目は、**今コミットメントすれば、それを変えるための行動を起こそうとしない限り、それに従いやすくなる**こと。もちろん、行動を起こしてプログラムをキャンセルすることもできる。だが、未来のあなたはそれを先延ばしにするのではないだろうか？（「明日キャンセルすればいいや」と）

第5章まとめ——「すぐやる人」になって目標を達成する

この章では、物事の起こるタイミングや順序が様々な認知バイアスを生むことを見てきた。

カッコいい響きの専門用語も紹介した。次に遅刻したときは、「すみません、**双曲割引**にやられました」と言ってみてはどうだろう。

もうあなたは、長い休暇の最後に嫌な雑用をしたりはしないだろう。**ピーク・エンドの法則**に従えば、休暇の記憶全体が台無しになってしまうからだ。

順序効果や、タイミングを用いたトリック、先延ばしなどに対抗する方法は他にもある。自分に合った方法を見つけられるだろう。この章で紹介した対処策は2つに分類できる。外の世界の何かを変えることと、状況に対する自分のとらえ方を変えることだ。

外の世界を変える方法とは、たとえばインドのデータ入力者が行った**コミットメント**、つまり未来の自分と約束を交わすことである。スポーツジムに通い続けたい場合は、好きなこと（オーディオブックを聴く）を、すべきこと（ジムで運動する）とセットにするという方法を使うと効果的だ。「自動的に預金を増やす」という画期的な仕組みも利用できる。将来の自分のために罠を仕掛けるという方法もある。たとえば、4分後に自動的にSNSをシャットダウンするアプリを使うといった方法だ。

そして、時間のバイアスに対抗するもう1つの方法は、**外界の何かではなく、状況に対**

する自分のとらえ方を変えることだ。

そのカギを握るのは、タイミングだ。「お腹が空いているときには買い物に行かない」「ストレスを感じているときは意志力には頼らない」「月初めや、新しいコンピューター、新しいパートナーなどがもたらす、〝フレッシュな〟タイミングの効果を活用する」などだ。

また、**目標は具体的に想像するほど達成しやすくなる**。記憶が鮮明になるほど、何かを繰り返したいと思うようになる——そのことを身近に感じられるからだ。人の記憶力は頼りにならない（ほんの数十ページ前にこのことを説明したが、覚えているだろうか？）。将来のメリットを、五感をフルに働かせてできる限り具体的に思い描くのがうまくいくコツだ。

目標を達成するために、いつ、どこで、何をすべきかを具体的に思い浮かべてみよう。専門用語では、これを**実行意図**と呼ぶ。

実行意図の具体的な実践方法には、「何を、何のために、いつ、どこで、どのように行動するか」をメールに書き出し、自分宛に送るというものがある。

たとえばパンデミックの影響で、自費で購入した電車の通勤定期を解約する場合を考えてみよう。

1．「定期を解約することのメリット」を具体的に列挙する（毎月105ユーロを節約できる）。

2．定期を解約するために、いつ、何をするかを具体的に書く（今夜、鉄道会社のウェブサイトにログインして解約手続きをする）。
3．そのとき起こり得るトラブルを書く（パスワードがわからない）。
4．その場合の対処策を書く（新しいパスワードを要求する）。
5．未来時制を避けて書く（つまり、「定期を解約すること」ではなく「定期を解約」というふうに書く）。

こうした方法は、他人の目によるプレッシャーと組み合わせるとさらに効果的になる。**コミットメントは公にすることで威力が高まる**のだ。

ギリシア神話に登場するオデュッセウスは、船旅の途中で怪鳥セイレーンの鳴き声に誘惑されないように、自らを船のマストに縛り付けた。船員たちの耳には蠟《ろう》を流し込み、自分がいくら嘆願しても縄を解かせないようにした。

これは極端な例だが、たとえば徹夜で勉強したいときは、一時的に友人に自分の電話番号を着信拒否してもらうのも手だ。

順序効果は、自分（や自分が経営する店）の利益のためにも利用できる。ポイントカードには、たいてい最初の1個のスタンプがあらかじめ押されている。目標達成でも同じことをすればよい。来月から自転車通勤を目標にしたいなら、すでに2度、ペダルを漕いで会社に行ったことを思い出し、次回を3回目として始めればいいのだ。

人は、いったん貯めたスタンプは増やし続けないと損をしたような気分になる。だから、今すぐページをめくって第6章を読み進めよう！

第6章

知らぬ間に注目している
——誘惑の仕組みを利用する

誘引。
「注目」、「フレーミング」、「不完全」、
「参照」、「贅沢」、「物語」、「繰り返し」など。
高級品から時間を食うアプリまで
広範囲に生息する一般的なハウスフライ効果。
広告など、人の心が操られようとする場面でよく用いられる。
もっとも目立つハウスフライの種でありながら、
与える被害の甚大さは甘く見られがち。

人を惹きつける「魅力」はテクニックで身につく

1999年製作の米国映画の名作『マグノリア』を観たことがあるだろうか？

トム・クルーズ演じる主人公のナンパ師は、孤独で自信のない男性を集めて「女性にモテるためのセミナー」を開催して大金を稼いでいる、卑劣でいけ好かない極めつきの女たらしだ。だが残念ながら、そういう人間は実際にいて、「ピックアップアーティスト（PUA）」と呼ばれている。彼らは「女性を騙して電話番号を聞き出す方法」を講義して報酬を得ているのだ。

その講義の内容は、心理学や手品、科学、自己啓発書の名言などをごちゃまぜにしたものだ。

あなたは、そんないかがわしいことが講義のテーマになっていることに驚き、「ただの巧妙な詐欺じゃない？　女性を惹きつける魅力は誰かに教わって身につくものなの？」と本当に効果があるのか疑問に思うかもしれない。

詐欺師の存在は認めたくはないが、この手の講義はある程度は効果的なようだ。もちろん、その理由にはターゲットとなる受講者の特性も関係している。いままで女性を誘うのを怖がっていた人が励まされれば、多少はナンパの成果が出るのは当然かもしれない。ただし、それとは別に、伝授されるテクニックもどうやら本当に効果があるらしい。

どういう仕掛けなのだろう？　ジャーナリストのニール・ストラウスも同じ疑問を抱いた。そして、究極のダサ男だった彼がナンパ師としての腕を磨き、「女性に好印象を与える方法」を若者に伝授するまでになったいきさつを著書『ザ・ゲーム』（パンローリング）のなかで書いている。*

ストラウスと教え子たちは、手品師や占い師が用いるテクニックを拝借し、「これは母の形見だった」といったインチキ話を添えた安物の宝石を女性に手渡したりする。

なかでも特に注目すべきテクニックを紹介しよう。

まず、乾燥機から拾った糸くずをポケットに忍ばせ、ロサンゼルスのクラブを訪れる。そして魅力的な女性を見つけると後ろから近づき、ポケットから糸くずを取り出して、それを彼女の背中からつまんだふりをして声をかける。女性は動揺する。背中に糸くずをつけたまま一晩中歩き回っていたかと思うと恥ずかしくなり、隙が生まれる。

女性の威厳を落とし、さりげなくスキンシップをはかり、そして親切にする。これがナンパ師のテクニックだ。

勘のいい読者なら、もう気づいたかもしれない。そう、ナンパ師が駆使する様々なハウスフライ効果には共通点がある。それは、**使う側（この場合はナンパする人）を魅力的に見せる**ことだ。

誘惑の認知バイアスには、〝モノや人を自分に合うと感じさせる〟効果がある。

他にも、自尊心や贅沢、ステータスという感覚を呼び覚ます認知バイアスや、別の視点で物事を見るように仕向けたり、魅力的でないものと何かを比べさせたりする認知バイアス、人に親しみを感じさせたり、驚かせたり、興味を抱かせたりできる認知バイアスもある。

特に多いのは、何かに注意を向けるよう密かにそそのかすハウスフライ効果だ。

＊親御さんへ。娘さんのために本書を買うことをお勧めする。

「注目してしまう」と好きになる

魅力的になるためには、まずは相手の注目を引くことだ。

注目を引くという単純な事実が、対象に対して人が抱く感情に影響を与えるからだ。これを**フォーカシング効果**という。

注目を引かれると、私たちは無意識のうちに、「**これが目に留まったということは、私の賢い脳がまさにこのモノや人を選んだということだ。きっと何か特別な価値があるに違いない**」と思い込む（これは、誰もが持つ自信過剰の表れでもある）。

このことは〝注目モード〟に入りやすい環境だと、はっきりと体験できる。

美術館にいるときのことを想像してみよう。厳かな静けさに、わずかな物音も反響する空間。自然と歩みはゆっくりになり、誰かと話すときも声が小さくなる。さらに美術館の白い壁が美術品を際立たせている。

扉を開けて一室に入ってみると、薄暗い屋内に一筋のスポットライトが見える。その光を追った先に、1枚のゴミ袋が置かれているのが目に入る。

そうか、ゴミ袋が美術品として展示されているのか。きっと、前衛的なインスタレーションなんだ——。じっと見ていると、この日用品に独特な質感があることに気づく。なめらかだが、同時にざらざらしている。色は黒ではなく、濃いグレーで、思っていたより美しい。感動的と言ってもいいくらいだ。

あなたは、日常生活に潜む、見落としがちな美に思いを馳せる。咄嗟にスマートフォンをつかむ。たった今心に浮かべたばかりの「日常に潜む美」という素晴らしい考えは、この美しいインスタレーション作品の写真とともにＳＮＳに投稿する価値があると思ったからだ。

その瞬間、低い声がして、無情にも思考が中断される。

「お客様、何をしているんですか？　ここは廃棄物処理室です。立ち入り禁止ですよ！」

フォーカシング効果は、高級レストランで1杯のワインをじっくり味わっているときにも体験できる。「何て芳醇な香り！」。私たちは、普段とは違う環境で味わうワインに、特別な視線を注ぎ、それによって特別な感覚を体験する。

大音響、大スクリーンの映画館で新作映画に夢中になっているときも同じ効果が生じる。だが、同じ映画を家でソファに座り、スマートフォンを片手にパートナーとしゃべりながら観ると、映画館と同じような感動は味わえないかもしれない。

つまり、**注目は経験を変える**のだ。そして、注目は私たちの行動や選択、買うものにも影響を与える。

目を奪われたものは、他のものよりも興味深く、重要に思える。よく見れば見るほど、美しく思えてくる。

自社の製品やサービス、アプリ、ガジェットにユーザーの注目を集められる企業が圧倒的な収益を上げられるのも当然だ。

さらに、**注目は好意に変わりやすい**。だからこそ、ユーザーの注目を奪い合う争いは熾烈を極めるのだ。

「カラフルで可愛いロゴ」を使ったデスメタルバンド

意外にも、一見取るに足らない工夫を用いると、この争いに勝てることがある。

あなたは、パーティー・キャノンという名前を聞いたことがあるだろうか？　この英国のデスメタルバンドは、ネット上でこれまでに3回も大きな話題になったことがある。その唸るようなギターサウンドで？　重々しい歌詞で？　いや違う、ロゴでだ。

デスメタルのバンドロゴはどれも似ていて、不気味な石の割れ目のような、おどろおどろしいギザギザの白黒文字が使われていたりする。

だがパーティー・キャノンは、玩具店がお似合いの、楽しくカラフルで風船みたいな文字をロゴにした。

大勢のバンドが参加する音楽フェスのポスターでこのロゴを使うと、ひときわ目立つ。このロゴが最高の効果を生んだ。彼らは、音楽そのものは一切変えずに、一躍注目を集めることに成功した。

ただし、その理由はカラフルなロゴそれ自体にあるのではない。もし、このロゴが子どものおもちゃに使われていたら、まったく話題にならなかったはずだ。

注目を引くのは、そのもの自体ではなく、周りとの違いの大きさだ。

タキシードを着てプレミア試写会に行けば、周囲に溶け込む。けれども、カジュアルなパーティにただ1人タキシードを着て行けば、注目の的になる。

だが、それはなぜだろう？　前述したように、脳はエネルギーを節約する必要があるため、周囲の環境を読み取ってパターンを記憶しようとする。そうすることで、馴染んでいるものや見当がつくものにまで、わざわざ注意を向けなくてもすむからだ。

一方で、パターンから外れるものには、注目しようとする。それは危険なものかもしれないし、魅力的なものかもしれない。いずれにしても、アンテナを張るに値する何かと判断する。

新しい家に住み始めたばかりのときは、物音が気になるものだ。だが不思議なことに、日常的なノイズに慣れてくると、次第にこうした音は聞こえなくなる。脳がパターンをつかみ、察知するのはそのパターンから外れた音だけにしようとするからだ。

他と違うものが目立つ現象は、前世紀にこの理論を提唱したドイツの精神科医に因み、**フォン・レストルフ効果**と呼ばれる。*

この専門用語がすぐに思い浮かぶ広告主はあまりいないが、その効果についてはよく知られている。

だからこそ、広告では意外性のある映像を使い、他とは違う独自の特徴を訴え、ビジネスモデルを根底から覆し、無視できないほどうるさく宣伝するのだ。すべては、自社ブランドを差別化するためだ。

＊第2章の127ページで取り上げたアベイラビリティ・バイアスと類似の理論。

iPodに「白いイヤホン」をつけたアップルの戦略

この種の認知バイアスは、製品にも仕組まれていることがある。「スワップフィーツ(Swapfiets)」は、ヨーロッパの多くの都市で導入されている自転車の会員制プログラムだ。

このプログラムが広く普及している都市では、青い前輪が特徴的な自転車が町じゅうを走っている印象を受ける。ここでもフォン・レストルフ効果が機能している。青いタイヤの自転車は珍しい。黒いタイヤが主流の自転車のなかで、ひときわ目立つ。だから実際の台数よりも多く感じられるのだ。
アップルも、初代iPodを発売したとき、まさに同じことをした。当時のイヤホンは黒のものが多かったので、iPodには白いイヤホンを導入した。その結果、iPodを使っているとすぐに見分けがついた。アップルのテレビコマーシャルでも、真っ白なイヤホンをした黒いシルエットが踊る映像が使われた。

数年後、白いイヤホンが珍しくなくなると、アップルは従来のイヤホンとは形状が異なるAirPodsを発売した。すぐに大勢の人たちが、イヤリングのように見えるこの奇妙な白色の製品を使い始めた。もちろん、これはアップルの狙い通りだ。アップルは自らの仕掛けた認知バイアスの効果をよく心得ている。

アップルだけではなく、広告主やメディア、アプリ開発者、政府などが、人々の注目を奪おうと躍起になっている。

その結果、私たちのスマートフォンでは常にボタンが点滅し、通知の着信音が鳴り、目につく赤い数字が表示されている。

街頭にはカラフルでダイナミックな電子看板があふれ、ラジオではコマーシャルの音声がますますやかましくなり、それがうまくいかない場合は効果音が加えられる。*

私たち消費者にとって、このように注目をせがまれるのは鬱陶しいものだが、その逆はもっとたちが悪い。

企業は、ありとあらゆる手段を用いて、消費者の注目を〝ハッキング〟しているのだ。昔は、宝くじや募金の勧誘をされるときに、ステッカーや鉛筆、コインなどが入った厚みのある封筒が送られてきたものだった。あまり役立たないグッズが多かったが、注目を引くことはできた。

ところが現代では、スマートフォンのバナー広告上に本物そっくりの髪の毛を描く企業がいる。ユーザーが髪の毛をはねのけようとして画面をスワイプすると、その企業のオンラインショップに誘導される仕掛けになっているのだ。

こうしたデジタル上のずるい手口は、「ダークパターン」と呼ばれている。

＊広告主への無料アドバイス：ラジオの広告にサイレンは使わないほうがいい。運転中のリスナーはサイレン音がどこから聞こえるのかを確かめようとラジオを消すからだ。認知バイアスは必ずしも望む効果を生んではくれない。

「お人好し」が人を動かす

話を狡猾なナンパ師に戻そう。注目を集めるだけなら、彼らはダンスや手品など他にどんな手段を使ってもいいはずだ。

だが、先ほどの例では、「(乾燥機の)糸くずをとって、親切にすること」を選んだ。[*] これにはそれなりの理由がある。

米国のリアリティテレビの出演志願者のモットーは「友だちをつくりたくてここに来たわけではない」だ。つまり、ビジネスで成功するにせよ、スーパーモデルになるにしろ、最高のステーキを焼くにせよ、物事をうまく進めるにはタフでないといけない。

だから、「お人好しにならないための方法」を教えてくれる講座が人気なのも当然である。「もっと自分本位になる方法」を説く自己啓発書が売れるのも同じ。

親切な人なら世のなかにごまんといる。「お人好しは貧乏くじを引く」とも言われる。

だが、実はそうではない。

研究結果は、職場では**自己中心的な人ほど成功しない**ことを示している。

一時的には成果を上げても、同僚とうまく連携できないため、すぐに不利な立場になるからだ。

同僚に協力してもらうには、相手に共感を抱かせるほうがいい。

デール・カーネギーの名著『人を動かす』(創元社)にも同じ趣旨のことが書かれている。

つまり、**人を動かすには、人に親切にすべき**ということだ。

私たちは共感の持つ力を頭では理解している。だが共感が持つ本当の効果の大きさを知ったら驚くだろう。

「相手が満面に笑みを浮かべていても、私は騙されたりしない」とあなたは思っているかもしれない。

だがたとえば、メッセージを送ってきた相手に対して好意を抱いているかどうかで、私たちがメッセージの内容そのものに抱く印象も変わる。実は、メッセージの送り手に対する好悪の印象によって、受け手がメッセージの内容をどう受け取るかは、大きく影響されることがわかっている。相手に対する共感や、良い感情、つながり意識などは、強力なバイアスになるのだ。

〝説得の権威〟として有名なロバート・B・チャルディーニの言葉を借りれば、「〝我々〟という同じ集団に属していると、人は〝イエス〟と言う」のである。

＊ナンパ師によれば、彼らの目から見て9点とか10点とか高評価になる女性ほど、冷たく扱ったほうがいいらしい。そういう女性は、優しく話しかけられることに慣れているから、かえって無関心を装ったり、嫌な態度を取られたりすると、その相手に魅力を感じるのだそうだ。

自己紹介の目的は「共通点」を探すこと

俗に「タッパーウェア商法」と呼ばれる、知り合いのホームパーティーのような場での実演販売が効果的な理由もまさにそこにある〔食品保存容器の販売員が、パーティーのホスト役の自宅に赴き、そこでタッパーウェアなどの商品の実演販売をすることが多かったため、そう呼ばれるようになった〕。

販売員は、家族や友人という既存の関係を最大限に利用しているのだ。だが、そのような親しい関係がなくても、様々な方法で身内意識を感じさせることはできる。また、ナンパ師のやり口を真似しなくとも、相手に好印象を抱かせるもっとさりげない方法もある。

たとえば筆者のティムは、大手広告代理店に新入社員として入社した頃、デスクの隅にお気に入りのジャズのＣＤを置いていた。すると、それがきっかけとなり、音楽ファンの同僚と会話が弾み、すぐに仲間ができた。

あるいは、職場での自己紹介について考えてみよう。大抵の人は自己紹介を面倒な儀式だと感じている。「皆に何を話せばいいんだ？　こんな堅苦しい儀式はさぼって、時間を有効活用したほうがマシだ」と思う人もいるかもしれない。

だが、それでは信頼を築いて早々に協力し合う（さらには今後の会議を迅速に進める）機会を失うことになる。

互いを知れば、共通点が見つかり、連携もしやすくなる。自己紹介の場には積極的に加わり、相手の話に注意深く耳を傾けよう。互いの共通点に注目してみるといい。[*] 同じ会社で働いたことがある、母校が同じ、小さな子どもがいるなどだ。

共通点はつながりを生み出す。だから出会い系サイトの運営側は、利用者の共通点をこれでもかというくらい大袈裟に強調する。[**]

共通点は認知バイアスの効果を生む。実験によれば、**同じ系統の服を着ていたり、同じ言葉を使っていたり、誕生日が同じだったりすると、相手がこちらの要求に応える可能性が高くなる。**[1] 名前が同じでも効果がある。見込み客と同じ名前の営業担当者が社内にいたら、ぜひその人に担当させるべきだ。

＊アドバイス：自己紹介の順番はなるべく後にしよう。みんな、「自分の順番が来たら何を話すか」で頭を一杯にしていて、他の人の自己紹介は上の空で聞いているからだ。ほとんどの人が話し終わっている状態のほうが、より注目してもらえる。これを「次の番効果」と言う。

＊＊オーストラリアのテレビ番組『マッチングの神様〜結婚実験リアリティ〜』は、その究極の例だ。番組では、コンピューターのアルゴリズムを使って相性のいいカップルをマッチングさせ、初対面の相手と結婚の約束をさせようとする。筆者のティムの考えでは、そもそもこの番組に出たいという時点でふたりには共通点があるわけだから、成功する確率は大きくなる。この番組は、くだらないダイレクトメールを思い出させる。そこでは、怪しげな医師

や天性の霊媒師が、肩こりや性の悩み、年金格差の問題などを必ず解決すると謳っている。このニセ医者は、切羽詰まった騙されやすい人だけが反応するようにカードの文章を書いているから、他の人から胡散臭いと思われてもかまわない。どうやらこの手のカードは見た目ほどバカにできないようだ。

同じことでも「繰り返す」だけで魅力的になる

「同じことを何度も繰り返し、それまでとは違う結果を期待するのは、正気の沙汰ではない」――この有名な言葉は、現代物理学の父、アルバート・アインシュタインのものとされることが多い。だが誰が言ったにしろ、それは正しいとは限らない。少なくとも、消費行動には当てはまらない。

消費の現場では、繰り返しは悪質なハウスフライ効果を引き起こす。

1回だけコマーシャルを見せても、消費者の行動に大きな影響はない。だが、7回、8回、9回と見せ続ければ、影響が出始める。

繰り返すことで、同じものが魅力的になっていくのだ。不思議に思えるが、考えてみれば理にかなっている。

脳は生き延びるために、よく知っているもの、安全なもの、識別できるものを認識しなければならない。過去に何度か見たことがあり、まだ自分が生きているのなら、それは自分を襲って食べる敵ではないと確信できる。

何かを繰り返し提示されることで、脳内では「処理流暢性《りゅうちょうせい》」と呼ばれる現象が起こる。脳内にその対象を認識する経路ができて、その対象を簡単に処理できるようになるのだ。人はそれを心地よく、ポジティブなものと感じる。

しかし、気をつけなければいけないことがある。私たちは、どんなモノや人にそうしたポジティブな感情を抱くのかをはっきりと自覚できないのだ。

たとえば、流行りの曲は、初めは気に入らなくても何回か聞くうちに耳に馴染んでくることがある。これも、繰り返しがもたらす効果だ。近所の店が閉店すると、そこで一度も買い物をしたことがないのに残念な気持ちになるのも同じ原理だ。

アムステルダムに住む筆者2人は、日頃から市民による〝救出プロジェクト〟に感心している。風変わりな建物や、落書き、壊れたベンチ、挙句には臭いのする丸型の小便器まで、当局が撤去しようとすると、住人がいつの間にか委員会をつくり、街のユニークな景観を保とうとするために反対運動を起こすのだ。住民は毎日目にするうちに、こうした物に愛着を感じるようになる。それは、人質になった人々が、時間が経つにつれて誘拐犯に好意を抱くようになる「ストックホルム症候群」と似ていると言えなくもない。

新しいデザインを受け入れてもらうコツ

米国の心理学者ロバート・ザイアンスは、こうした現象を広範囲に研究し、**単純接触効果**と命名した。

人は、接触する回数が増えると、その対象に次第に好意を抱くようになる。ザイアンスは、ポスターに架空のシンボルを書いて掲示し、学生に毎週、「どういう意味だと思う?」と尋ねた。その結果、見る回数が増えるにつれ、学生の表現は肯定的になっていった。

ザイアンスはさらに写真を使い、様々なバージョンでこの実験を続けた。学生は写真を頻繁に目にするほど、そこに写っているものを美しいと感じるようになった。

あなたはこれを取るに足らない現象と思うだろうか?

では、国民の怒りを招いてしょっちゅうニュースの見出しを飾る政治家について考えてみよう。

メディアは、こうした政治家の失言などを大きく取り上げることで、自分たちは良い仕事をしたと思っているはずだ。

しかし、来る日も来る日も同じ顔をニュースで見たらどうなるだろうか？

視聴者は、この政治家は悪者に違いないとは思っているが、同時に親しみを覚えるようにもなる。

同じ顔を何度も見た結果、感情に変化が起きるのだ。

単純接触効果を経験する人が増えれば、選挙結果にも影響が出る。小さな行動が、大きな影響につながるのだ。


もちろん、単純接触効果はあなたの仕事や日常生活に役立てることもできる。

新しいロゴデザインを承認してもらいたいのに、社内受けが悪くて苦労しているのなら、そのデザインを皆が毎日通りかかる掲示板にさりげなく貼りっぱなしにしておこう。

1か月後、同僚たちは「改めて見ると、なかなかいいな」と言い始めるだろう。

フェイクニュースの拡散を防止する効果的な方法は？

人は、同じ情報に何度も触れていると、それを信じるようになる。特に、SNSではその傾向が強い。

フェイスブックやツイッター（現X）などの企業は、フェイクニュースに荒らされないように自分たちのSNSプラットフォームを必死に守ってきた。そのために日々、様々な取り組みをしている。

では、フェイクニュースの拡散を阻止する最良の方法は次のうちどれだろうか？

① 見出しの横に情報源を記載する
② 記事に「ファクトチェッカーが偽だと暴いた」という警告を掲載する
③ 「フェイクニュースに注意！」という一般的な警告を掲載する
④ ユーザーが「信頼できる」とする情報源からの投稿を多くの人の目に触れさせる
⑤ 他人の投稿をシェアする前にもう一度よく考えるよう呼びかける
⑥ ユーザーに、無作為に選んだメッセージの正確性を評価してもらう

正解は、④、⑤、⑥だ。念入りに試した結果、フェイスブック上でもツイッター上でも、①、②、③は信用性やフェイクニュースの拡散防止に大した効果はなかった。一方で④、⑤、⑥の3つは効果があった。調査では、「直感的によさそうだと思う方法が必ずしもうまく機能するわけではないことが証明された」と説明している。[2] あなたはいくつ正解しただろうか？

「知らない悪魔より知っている悪魔」

英語には、「知らない悪魔より知っている悪魔」という諺がある。同じ悪魔なら、知っている悪魔のほうがマシだということだ。

実際に顔を見ていなくても、〝知っている悪魔〟への好意は芽生える。筆者は以前、この効果を試すための実験をした。

被験者は「信頼ゲーム」をプレイし、本物のお金（数ユーロ）を対戦相手に投資する。筆者はそのお金を倍にして、対戦相手に与える。その対戦相手はそのうちいくらかを自主的に元の投資者に戻すことができる。

当然ながら、いくらかのお金を戻す人もいれば、全額を自分のものにする人もいる。

1回戦が終わった時点で、被験者は次の対戦相手を選ぶことになる。

被験者は、自分を騙した相手（1回戦の相手）を再び選ぶだろうか？　それとも他の被験者を騙した別の相手を選ぶだろうか？

そう、被験者は、会ったことはなくても〝知っている悪魔（自分を騙した相手）〟と対戦することを選んだのだ。

「目新しさ」と「馴染みのあるもの」の組み合わせがベスト

では、単純接触効果とは逆に、何度も繰り返すことで馴染みすぎてしまう場合はないのだろうか？　それはありうる。そしてその場合、まったく違う現象が起きる。馴染み過ぎた結果、対象が見えなくなってしまうのだ。

この現象は、**非注意性盲目**と呼ばれていて、様々な人間関係の問題や、交通事故の原因になっている。

交通事故は、通勤時の運転中に起こることが多い。これはドライバーが、通勤という状況に慣れ過ぎているからだとも考えられる。

馴染み過ぎることで生じる問題に対処するには、驚きの要素を少し取り入れると効果的だ。**人は見慣れないものを見ると警戒心を高め、緊張し、興奮する**からだ。

この驚きの効果は、楽しい感情と組み合わせるとさらに効果が上がる。よく知っているものや望んでいるものを、予期しない方法で提供すればいいのだ。

つまり、馴染みのある品を売りたければ、新商品のように感じさせればいいし、逆に新商品を売りたければ、馴染みのある商品のように感じさせればいい。

これは、(昔からある)マーケティングにおける最高のアドバイスだ。アップルが、今でも「保存」ボタンのアイコンにフロッピーディスクを、「削除」ボタンのアイコンにゴミ箱を使い、「ドキュメント」をA4用紙に見立てている理由も同じだ。スティーブ・ジョブズは、このように新しいものを馴染みのあるものと組み合わせることを「スキューモーフィズム」と呼んだ。

この「親しみのある驚き」の効果は、様々な場面で活用できる。たとえば、ブレインストーミングをして出した商品のアイデアを絞り込むときにも応用できる。

まず、ホワイトボードに縦線を3本描いて画面を4等分し、左から右に向かう4つのエリアにそれぞれ「退屈」「親しみ」「驚き」「混乱」と書く。

次に、出たアイデアを当てはまると思われるエリアに入れていく。最近のヒットシリーズやヒット曲はどこに入るだろうか？　おそらく「親しみ」と「驚き」の境界線あたりに落ち着くはずだ。

親しみの要素があまりに強すぎると、退屈でうっとうしいと感じるようになる。驚きの度合いが大きすぎると、混乱を招くかもしれない。

だから、この**「親しみ」と「驚き」の中間あたりに位置するのが、新商品の最適なアイデア**だと言える。

もしあなたが本書を読んで新しい学びを得つつ、馴染みのあるような内容も取り上げているように感じていたら、それは偶然ではない。

「完璧」よりも「玉に瑕」のほうが好まれる

〝完璧〟な写真モデルは、受け手のセルフイメージに悪影響を及ぼすことがある。この問題については、メディア上でも健全な議論が交わされている。

広告クリエイターも、完璧すぎないモデルを探す。完璧なスーパーモデルは高級な香水など夢を売るブランドには相応しいが、生活感のあるスーパーマーケットの広告にとっては場違いだからだ。スーパーマーケットの顧客はモデルの完璧さに憧れではなく苛立ちを覚える。私たちは了見が狭く、妬ましくてそう思うのだろうか？　そうかもしれないが、別の見方もある。

「世の中には完璧なものなど存在しない」というのが世間の常識だ。

だから、**人は出来すぎだと思えるモノや人物を見ると、「どこかに落とし穴があるのでは？」と思ってしまう。**

逆に、小さな欠点があることで、大きなハウスフライ効果を生みだせるのだ。

有名な実験がある。[3] 被験者を2つのグループに分け、物理学の質問にすらすらと答える人の映像を見せる。

1番目のグループには短いバージョンを見せ、2番目のグループには同じ映像に別の映像を加えたものを見せた。追加された映像には、最後にその賢い回答者がコーヒーをこぼして、一瞬きまり悪そうにする姿が映っている。この人物がヘマをしたというわけだ。

予想通り、第2グループのほうがこの人物に好感を抱いた。しかし意外にも、この人物に尊敬の念を強く抱いたのも第2グループのほうだった。

この結果を不思議に思うかもしれない。だが、同じ現象はオンラインショッピングでも起きている。**5つ星評価では、平均4・7を獲得した商品や旅先が一番売れる。**それ以上の評価だと、完璧すぎて信用度が落ちるからだ。こうした現象は**プラットフォール効果**と呼ばれる。

だからといって、プレゼンの最後にわざとヘマをしたほうがいいというわけではない。

この効果は、すでに相手からある程度の尊敬を得ていて、かつヘマをしても専門性に大きな傷がつかない場合に大きくなることを留意しておこう。そのような場合では、ミスを認めたほうがかえって信用につながるのだ。

たとえば、必要な統計資料を準備せずに会議に臨もうとする政治家は、有権者や同僚からの尊敬を失う。

一方で、テレビでふと柄にもない振る舞いをする政治家は、人間味があると思われる。有権者は好感を持ち、その政治家に投票するかもしれない。

「95%脂肪カット」と「脂肪5%入り」どちらが欲しい?

今、あなたは「これは有権者を騙そうとする政治家のメディア担当アドバイザーが企みそうな手だな」と思っているかもしれない。

たしかにそうだ。けれども、あなたもこの1週間のうちに、きっと同じことをしている。政治家が好む、**フレーミング**を使っているのだ。[4]

フレーミングとは、相手がどのようなレンズを通してものを見るかを誘導することだ。

人間は、同じものを様々な視点で見ることができる。ただし、まったく同時に複数の視点を持つのは難しい。

これは子どもにも当てはまる。背の低いグラスに入ったレモネードを子どもに見せた後、中味を背の高いグラスに注ぐ。子どもは、どちらのグラスにも同じ量のレモネードが入っているという事実を理解できず、低いグラスのレモネードに喜ぶ。これがフレーミングの力だ。大きさの違う2つの皿に食べ物をのせる実験でも同じ結果が見られる。

フレーミングが選択に及ぼす影響は驚異的だ。

政府を例に考えてみよう。政府とは、「国民の共通の利益に奉仕する公共部門」のことだろうか？　それとも「権威主義的な公務員で構成された組織」のことだろうか？

あるいは「ビジネス」と聞いて思い浮かぶのは「勤勉で意欲的な起業家」だろうか、それとも「大量消費主義」だろうか？

人は頭のなかに同じ対象についての対照的な2つの概念を抱いており、ちょっとした言葉に刺激されて2つの概念を切り替えることがある。

スーパーマーケットで売られているヨーグルトで考えてみよう。あなたは「95％脂肪カットのヨーグルト」と「脂肪5％入りのヨーグルト」のどちらを買いたいだろうか？　2

つの商品のカロリーは同じだが、消費行動に与える影響が違う。健康志向の人は前者を選びやすい。一方、後者のほうが濃厚な味わいを感じやすいと言われている。

このように、フレーミングはあらゆる場所で使われているので、私たちはそれを避けることはできない。

本書について言えば、「役立つアドバイスの詰まった面白い本」とも「人を操るための手引書」とも見なせるかもしれない。裏表紙を見れば、編集者が本書をどうフレーミングしているかがわかるはずだ。本の作り手の多くが、このようにフレーミングを意識している。ヨーグルト選びや本の捉え方など、小さな問題だと思うかもしれない。だが、次の実験についてはどうだろう?

実験してみよう

フレーミングのすごい効果

1981年、新型コロナウイルス感染症が世界中に知れ渡るずっと前、ノーベル賞受賞者ダニエル・カーネマンは学生グループにこう質問した。[5]

「アジアで発生した病気で600人が死亡すると予測されています。幸い、治療薬はあります。あなたなら、下記の2つのうちどちらを選びますか？」

A：200人の命を救える

B：3分の1の確率で600人の命を助けられるが、3分の2の確率で1人も助けられない

答えを選んだら、身近な人に少し時間をもらい、以下の質問に答えてもらう。

「アジアで発生した病気で600人が死亡すると予測されています。幸い、治療薬はあります。あなたなら、下記の2つのうちどちらを選びますか？」

C：400人を見殺しにする

D：3分の1の確率で600人が死なずにすむが、3分の2の確率で全員が死ぬ

あなたはAとBのうち、A（この実験の被験者72パーセントも選択した）を選ぶのではないだろうか？

あなたの身近な人は、CとDのうち、Dを選ぶはずだ（実験結果でも78パーセントが選択している）。

だが、よく考えてみよう。

AとCの内容はまったく同じ（200人が助かり、400人が死ぬ）だ。唯一の違いは、Aは〝ポジティブな〟フレーミングを使っている点だ。死ぬ人数ではなく、救える人数に言及している。すると、「200人の命を救う」ことで安全策を取った気になるのである。

BとDもまったく同じ内容を言っている。一部の人を救うために、リスクを取るべきかが問われている。

しかし、Bは「200人の命を救える」というAの選択肢と比べたとき、リスクが大きく感じられる。

一方でDを「400人を見殺しにする」というCの選択肢と比べたとき、「3分の1の確率で600人が死なずにすむ」というメリットが大きく、「3分の2の確率で全員が死ぬ」というリスクは小さく感じられる。

つまり**質問に対する答えの選択は、「内容は同じでも」フレーミングによって変わる**のだ。

「バレバレの嘘」で議論をすりかえる

フレーミングにはかなりの影響力がある。それは言葉の問題に留まらない。**この認知バイアスを知っているかどうかが、生死を分けることもある。**

医師は、患者に治療法を選ばせる際、ポジティブなフレーミング（助かる見込みを伝える）を使うか、ネガティブなフレーミング（助からない見込みを伝える）を使うかによって患者の判断が大きく変わるのを知っている。

また、医師自身もこのフレーミングに左右されやすい。

政治家の発言にフレーミングが頻繁に使われるのも納得できる。

たとえば、米国の共和党員は、妊娠中絶に反対する理由として生命の尊さを強調する。そう言われると、反論しにくくなる。また共和党は相続税に否定的で、この税のことを「死亡税」と呼ぶことがある。沼地を埋め立てて建設されたという説もあるワシントンD.C.（ライバルの民主党支持者が圧倒的に多い都市）を「沼地」と呼ぶ。泥だらけで汚く、危険なイメージだ。共和党自身のことは、「GOP（The Grand Old Party＝歴史ある偉大な党）」と呼ぶ。

英国のEU離脱（ブレグジット）への賛成派も、フレーミングを大胆に利用した。大型バスの側面に、毎週英国からヨーロッパに流れる巨額な資金の額を大きな文字で掲載したのだ。

その数字は正しくなく、かなり水増しされていた。それゆえ、反離脱派はメディアに訂正を求めた。メディアは、ブレグジット賛成派の嘘を見破った。それは3億ポンドではなく、たった1億7800万ポンドだった。だがこの件をきっかけに、メディアや街頭での人々の議論の争点は、平和や経済、旅行などEUにとどまるべき理由に関するものではなく、「英国が毎週どれだけヨーロッパに資金を使っているか」になった。

これこそ、賛成派が仕組んだフレーミングだった。**あえて最初に間違った高い金額を提示することで、お金が議論のテーマになるように仕向けた**のだ。

頭のいい人が「喩え」をうまく使う理由

このような大げさな方法を用いずとも、議論の場で効果的にフレーミングを使う方法がある。相手に質問をすればいいのだ。

質問をすれば、相手は頭のなかで自動的に答えを探す。

ジョン・F・ケネディ元米国大統領は、あの有名な演説でこの手法を使った。「国があなたのために何をしてくれるかを問うのではなく、あなたが国のために何をなすべきかを問うてほしい」

それに対し、「大きなお世話だ。何を問うかは自分で決める！」と言った人はいなかった。これは、よく考えてみるとすごいことだ。人々は何の疑いもなく、「これはよく考えるに相応しい質問だ」という前提を受け入れたのである。

有名なシャンプーのブランドがこうしたアイデアをキャッチコピーに採用している。「あなたには、その価値があるから」。このコピーは「私にはその価値があるだろうか？もちろん、あるに決まってるさ！」という消費者の自問自答を誘導している。

消費者はこの問いに気をとられることで、「そのシャンプーには、競合製品より高いお金を払う価値があるか？」と自問するのを忘れてしまう。

フレーミングによって、焦点がシャンプーから消費者自身に置き換えられたためだ。

フレーミングは喩えという形で用いられることが多い。政治の場合なら、政府による生活保護は貧困層を守る「セーフティーネット」と見なされることもあれば、働けるのにそうしない者を甘やかす「怠惰なハンモック」と見なされたりもする。

販売員もしきりに次のような喩えを使いたがる。

「お客様がご覧になっているモデルは、インクジェットプリンターのロールス・ロイスです」

一見、もっともらしく聞こえるが、実際には何の意味もない。そのプリンターが本当は「安物の車」に近いと証明するのは難しいからだ。

言葉には、もともと比喩的な性質がある。そのため、**喩えを使ったフレーミングの可能性は無限だ。**私たちは、「穴があったら入りたい」と口では言っても、本当に穴に入るわけではない。オランダ語では困った状態のことを「つけ汁のなかに座っている」と言ったりするし、英語にも「青い恐怖のなかにいる」という表現があるが、もちろんこれらも比喩だ。

しかし、私たちは実際にこういう表現を使う。頭のいい人は、それをふまえたうえで、うまくフレーミングを使っているのだ。

実験してみよう

「喩え」を使って味方をつくる

仕事上でどんな喩えを使っているか思い出し、それにどんなフレーミング効果があるか考えてみよう。

たとえば、同義語を調べてみれば、どんな言葉が同じ意味に属するかがわかる。「取っ組み合う（tussle）」という言葉と同じ項目には、「闘う（fight）」、「打つ（hit）」、「暴力（violence）」などが属する。「得点（score）」は、「対戦（match）」、「試合（game）」、「スポーツ（sport）」などに合う。

正しいイメージを喚起し、間違ったイメージを与えないように慎重に言葉を選ぼう。プレゼンテーションをしているとして、「どんどん攻撃してください。チームで守りますから」と言えば、そのフレーミングは戦争を想起させる。

敵は正反対にいるものだから、勝つのはどちらか一方だ。死ぬまで戦うしかない。そんなフレーミングで年次報告を発表するのは物騒だ。

代わりに音楽を喩えに使ってみよう。「この企画はヒットすると信じていますが、皆さんが拍手してくださるまで確信は持てません」と言ったほうが、聴衆を味方にしやすい。

「名前を変えた」だけで大人気になった魚

人を操る術に長けている人は、喩えだけでなく、カテゴリーも自在に操作している。脳は物事をいろいろな箱に仕分けるのが好きだ。それが入れられた箱によって、魅力の感じ方も変わる。

たとえば、朝食にケーキを食べるのは自堕落な気がするが、マフィンと呼び変えるとそうでもない気がする。

インスタントスープをスープ代わりに飲もうとすると、粗末な食事をしている印象が強くなる。だが、元気になりたいときにコーヒーの代わりに飲む物と捉えると、突然、悪い印象はなくなる。

このように**フレーミングを用いることで、人の行動に対する印象も変えられる。**「飲み会帰りの飲酒運転を予防する」ことを打ち出したベルギーとオランダでの交通安全キャンペーンのおかげで、パブでソーダ水を注文する、普段なら「つまらない奴」と見なされる人が、盛り上がった飲み会の後で友人たちを安全に家まで送り届ける「ヒーロー」に変わった。

米国では、食べきれる程度の少量の食品へのニーズが高まったとき、これらは「スモールサイズ」ではなく、「お楽しみサイズ」と呼ばれるようになった。また、「食べ放題」は「楽しみ放題」になった。

漁師も魚に名前をつけるときにフレーミングを意識している。

１９７７年、米国の水産業者のリー・ランツは、味はいいのに人気のない魚を売りたいと考えた。その魚は見た目が不気味で、しかも「マゼランアイナメ」という食欲が失せるような名前だった。

そこでランツはこの魚を、「チリシーバス」という名前に改めた。美味しそうに聞こえるし、311ページで述べた「親しみ」と「驚き」の境界線上に見事に当てはまる（日本では「銀むつ」という名前で売られていた。現在は「メロ」という名前で流通している）。

おかげでこの魚は、乱獲対策が必要になるほど大人気になった。

英国の漁師たちも、EU離脱後に魚をヨーロッパの国々に売ることができなくなったため、国内市場に売り込もうと、クモガニという気味の悪い名前のカニをコーニッシュタラバガニに変えた。

「絶対に選ばない選択肢」をわざわざ設ける理由

選択も重要なフレーミングである。

以前、筆者のティムが仕事で関わった大手教育機関では、顧客が切り取り、書き込み、郵送する新聞のクーポンという昔ながらの方法を採用していた。その際、顧客がチェックを入れる選択肢には、次の項目が必ず入っていた。

「いいえ、利用するつもりはありません。このメリットすべてを諦め、素晴らしい将来を棒に振ります！」

論理的に考えれば、「新聞からクーポンを切り取って、自分はこのサービスを利用しないとわざわざ伝える人なんているはずない」と思うだろう。しかし、誰もそんな野暮なことは言わない。

これは**「自分の意志で選択したこと」を顧客に確認させる典型的な方法**だ。他の答えを選ばないような選択肢にすることで、相手を誘導しているのだ。ネットで買い物をする人にはもうお馴染みだろう。

［　］はい、この一番お得な価格で購入します。
［　］いいえ、苦労して稼いだお金を今後も無駄にし続けます！

この単純なトリックには、大きな効果がある。
だから、誰もが日常的に使っている。
たとえば、家族や恋人をお出かけに誘うとき、こんなふうに尋ねたことはないだろうか。

［　］今から行く？
［　］それとも、このまま家でダラダラ過ごして、せっかくのあのすばらしいイベントを楽しむチャンスをふいにする？

だが、フレーミングを使う際は、逆効果になる場合もあるので注意が必要だ。

「韻を踏む」だけで説得力は高くなる

広告主は、科学からヒントを得ることがある。一方科学者は、広告主が経験的にすでに知っていることを、科学的に発見することがある。

後者の例は、**韻踏み効果**、または**キーツ・ヒューリスティック**に見ることができる。魅力的な文章であればあるほど、人はその内容を正しいと感じやすいという認知バイアスだ。

ある論文によれば、同じ内容でも、文章が韻を踏んでいるほうが説得力は高くなる。[6] ちなみにその論文のタイトルは「Birds of a feather flock conjointly（?）（同じ羽の鳥は集まる（?））」で、「Birds of a feather flock together」（類は友を呼ぶ）という「together」と「feather」が韻を踏んでいる諺をうまくもじったものだった。

「an apple a day keeps the doctor away（1日1個のリンゴは医者いらず）」「shop till you drop（買い倒れ＝買い物ざんまい）」「walk the talk（有言実行）」なども、韻を踏んだ表現の典型例だ。

昔の広告のキャッチコピーには韻を踏んだものが多かった。それが流行遅れになるのは、もったいないことだ。

なぜ誰も頼まない「とびきり高いワイン」をメニューに載せるのか？

一流シェフのダニエル・ブールーは、高級料理しか出さない自分のレストランのメニューに、ハンバーガーを加えた。

値段は１００ドル。

あなたは注文したいだろうか？　ハンバーガーにしては高すぎる？　ブールーのハンバーガーは、神戸牛やトリュフを使っていて、マクドナルドのハンバーガーよりは美味しそうだ。だが同じ金額を出せば、マクドナルドのハンバーガーを80個も買える。

ところで、ニューヨークのフードトラック「６６６バーガー」では、「ドゥーシュバーガー（Douche Burger）」と言われるハンバーガーを出している〔doucheは、米国英語で「ムカつく」といった意味〕。テイクアウトして路上で食べなければならないが、神戸牛やトリュフだけでなく、フォアグラやキャビア、ロブスターまで入っている。おまけに、金箔でラッピングしてくれる。店がつけたキャッチコピーは、「美味しくないかもしれないが、ものすごくリッチな気分になれる。ムカつく」。値段は６６６ドル。

あなたは注文したいだろうか？　筆者なら、もっと安い軽食にしたい。

だが、ここで不思議な現象が起きる。

この「ムカつく」バーガーの法外な価格が頭に残っている状態で、ブールーのハンバーガーのことを思い出すと、突然、それが値ごろな価格に思えてくるのだ。

たしかに、１００ドルは決して安くない。しかし、それを**高いと思うか安いと思うかはあなた次第**だ。

素敵なレストランのテーブルにつき、一流シェフが手掛けたバーガーをゆっくりと堪能できる。それも異様に高い「ムカつく」バーガーの６分の１以下の値段で！　不思議なバイアス効果が作用し、ブールーのハンバーガーが妥当な値段に思えてくる。

ブールーも「６６６バーガー」も、このとき客の心理に何が起きているかよくわかっている。

これは**アンカリング**、または**参照効果**と呼ばれる現象だ。

人は、文脈なしに物事を判断するのが苦手だ。比較する情報が無ければ、何が安くて、何が高いのかよくわからない。だからたいてい、値段などの数字を比べて判断する。

スーツケースを持ち上げて、その重さをキロ単位まで当てられる人はまずいないが、スーツケースを2つ別々に持ち上げれば、どちらが重いかがわかるのと同じ原理だ。

比べることで生じる、認知バイアスの大きな効果がある。それは、アンカーポイント（先に与えられた情報）と比べることだ（アンカーとは「錨《いかり》」のこと）。

666ドルのハンバーガー（アンカー）に驚いた後では、100ドルのハンバーガーは手頃な値段に感じる。

メニューに載っている一番高いワインは、2番目に高いワインを選ばせるための囮《おとり》というのは有名な話だ。一番高いワインは、実際には店に置いていないことすら多い。

ロンドンのあるイタリアンレストランでは、実に重い錨《アンカー》を投げ入れた。ピザやパスタが並ぶメニューに、約3000ポンドするベスパのスクーターを載せたのだ。

人は「まったく関係ない数字」にも影響を受ける

「スクーターとピザを比べるなんておかしい」と思った人もいるだろう。

だが、**まったく関連性のないアンカーポイントでも影響はある。**

たとえば、数字の大きな郵便番号（例：9214AB）を入力した直後の人は、小さな郵便番号（例：1001 BC）を入力した直後の人よりたくさん寄付をしたという実験結果がある。[7]

慈善活動を例に挙げたところで、寄付の金額について考えてみよう。以下の2つの文章は、どちらも寄付を求めるものだ。どちらの書き方のほうが、寄付を多く集められるだろうか？

A．私は以下の金額を寄付します［金額を○で囲む］
50　30　20　10

B．私は以下の金額を寄付します［金額を○で囲む］
10　20　30　50

正解はAだ。高い金額から提示すると、平均の寄付額は増える。

このように数字を並び替えて寄付者を誘導する方法は、慈善事業の世界でよく用いられている。たとえば、逆順（低い額から提示する）にしたほうが、寄付のハードルが低く感じられるので、寄付する人の数は多くなる。

提示する金額の違いも、最終的に寄付される額に影響する。もっとも寄付金額が大きくなるのは、大きな金額まで急に増やす方法だ(例:10－20－50－250)。抜け目のない資金調達者は、寄付者の前回の寄付額を考慮に入れて、最低金額を前回の1・5倍に設定したりする。巧妙だが、効果的な方法だ。

実験してみよう

アンカリング・参照効果を体験する

本書の好きなページを開いて、ここにそのページ番号を記入してほしい。

[　　]

さて、これからワインを1つ買うとしよう。

あなたはそのワインにいくら払いたいと思うだろうか？　ここに額を書き込もう。*

[　　]ポンド

*ページ番号が60未満だった人は、6ポンド以上ワインに払いたくないと思ったのではないだろうか？　逆に、ページ番号が100より大きかった場合は、おそらくもっと高い額を書いただろう。

実験してみよう

裁判官ですら参照効果から逃れられない

「参照効果は、無意識のうちに素早く判断してもいいような、あまり重要ではない状況でのみ有効なのではないか」とあなたは思ったかもしれない。だが、そうではない。次のケースは、実際の実験に基づいている。[8]

法廷で、検察官が判事に事件の説明をする。

運転手が人をはねた。被害者は一生車椅子の生活を余儀なくされ、賠償金を請求している。運転手は車の点検を怠っており、ブレーキには不具合があった。

あなたなら、いくらの損害賠償金を認めますか？

［€　　　　］

2番目のグループの判事も、まったく同じ説明を受けるが、被告側から「上訴の最低額は1750ユーロです」という追加の情報が1つあった。

このグループにも「あなたなら、いくらの損害賠償金を認めますか？」と同じ質問をした。

〔€〕

最初のケースの場合、あなたの答えはおそらく100万ユーロを超えるだろう。実際、最初のケースの説明を受けた100人の判事は平均130万ユーロと答えている。だが、上訴の最低額に関する意味のない情報を聞いた100人の判事は、平均で90万ユーロと答えた。

人の人生を左右する決断を下すために高度な訓練を受けた専門家にさえ、参照効果は影響を与えるのだ。

定価を下げるより「割引クーポン」を配ったほうがいい理由

参照効果のわかりやすい応用例に、値引きと値下げがある。

「100ユーロも払ってはダメです。たった40ユーロでいいのです！」

これは、深夜の通販番組で使われている、筆者お気に入りの売り文句だ。

直接的には値引きすると言わずに、まるで値引きをしたように伝える巧みな方法である。

「この手の文句に引っかかる人はあまりいないのでは？」と思った人もいるかもしれない。

ところが、そうではない。米国の小売チェーンＪＣペニーは、この値引き効果を実感している。

ＪＣペニーは割引のクーポンやチラシを大量にばらまいていた。その同社の新ＣＥＯに、アップル出身の重鎮が就任した。アップルのような大手のＩＴ企業は、自社製品を値引きすることはまずない。新経営陣は、新ＣＥＯの就任は無意味な割引をやめるいい機会だと考えた。さらにマーケティング部門が顧客にヒアリングをしたところ、割引はそれほど求められていないこともわかった。求められていたのは、定価を下げることだったのだ。

同社は定価の値下げを実行し、結果を出した。だが、それはマーケティング部門が望んでいた結果ではなかった。定価を下げたことで売上が25パーセント減り、年間3億ドルの損失が出て、株式価格も5割近く下落してしまったのだ。

現在ではクーポンが復活し、顧客も戻ってきた。ヒアリングの際、どうやら顧客は自分の感覚をはっきり表現できなかったようだ。

90ドルの服を90ドルで買うのと、１８０ドルの服を90ドルで買うのでは、まったく別の体験になるからだ。

このように、**何かの本当の価値を見積もるのは、極めて難しい**ことが多い。

プライマーク（アイルランドのファストファッションブランド）のTシャツが5ユーロで売られているのに、似たようなTシャツが通りの向こうのハロッズ（英国の高級百貨店）では150ユーロするとしたら、いくらが適正価格なのかは誰にもわからない。

実験してみよう

交渉を成功させる「逆言法」

職場や家庭で、参照効果を試してみよう。その際、「逆言法（言わないといいつつ実は述べる論法）」を使うと効果的だ。

たとえば、「これに1万ユーロも請求するなんてできません」と言ってから、5000ユーロから交渉を始める。一言も嘘は言っていないが、成功率は高まる。

残念なことに、実際には反対のことをしてしまう人が多い。「これを無料で提供することはできません。経費がすでに1500ユーロかかっていますから、5000ユーロ以上でないと無理です」と交渉を始めるのだ。言われたほうは、同じ額からのスタートであってもハードルをより高く感じてしまう。

この逆言法は様々な場面で試せる。給料の交渉では、「25パーセントアップまでは期待していませんが……」、納期の交渉では「仕上げるのにまる1年は要りませんが……」、新しい家庭用テレビを買うときは「もちろん、3000ポンドのテレビは必要ないけど……」といった具合だ。

「戦略的サバ読み」で評価を上げる

参照効果は、航空業界に生息する高度なハウスフライにも見られる。ワシントン大学の研究者が1997年から2017年の20年分の飛行データを分析したところ、同じルートのフライトでも飛行時間が長くなっていることがわかった。[9] 予約時に航空会社が提示する飛行時間が、20年前と比べ8パーセント以上長くなっていたのだ。

飛行機が遅くなったのだろうか？　最大対気速度が小さくなったのだろうか？　研究者はあらゆる原因を考えたが、残ったのは1つ、〝戦略的サバ読み〟だった。予定時刻より遅れて到着すると、航空会社の評判が悪くなる。その結果、顧客満足度が低下し、苦情の原因にもなる。

一方で、**予定飛行時間を水増ししておけば、パイロットは頻繁に良いニュースを伝えら**

れる。

「予定より早く飛行しております!」

この戦略は職場でも使える。締め切りを設定するときに毎回3日の余裕を持たせておけば、毎回上司のウケをよくできる(ただし、同僚が同じような仕事をしている場合、この手は使えないので注意すること)。

この戦略は、代替がない場合に特に効き目がある。もっと速い他のフライトがあれば、客は航空会社を変えるだろう。研究者も、競争が激しくなると、戦略的サバ読みの度合いは小さくなると考察している。

「物語」で5800倍高くなった古い腕時計

2015年1月、アリゾナ州フェニックス。

ザック・ノリスという男性が、ある骨董屋で、程度のいい古い腕時計を見つけた。値段は5・99ドル。

だが、腕時計に詳しいノリスは、これがヴィンテージのジャガー・ルクルト・ディープシー・アラーム(手づくりの機械式スイス製ダイビングウォッチ、中古でも約2万5000ドルする)

だと気づく。もちろん、迷わず購入した。

それから面白いことが起きる。腕時計ファンが集うオンラインの掲示板でノリスがこの物語を紹介したところ、大きな話題になった。この物語のおかげで、コレクターたちはノリスの腕時計に強い興味を持ったのだ。最終的にノリスはその時計をとてもいい条件で売った。

なんと3万5000ドル。しかも憧れの腕時計であるオメガのスピードマスター付き。オメガのこの特別なモデルにも、実に魅力的なエピソードがある。月面着陸に初めて成功した宇宙飛行士たちが身につけていたものと同じモデルなのだ。

オフィスで使う腕時計は、宇宙でも使えるもののほうがいいということだろうか？　誰かが破格の値段で購入したというだけで、突然その腕時計の本当の価値は上がるものなのだろうか？　つまり、こうした腕時計を巡る狂騒曲は常軌を逸しているのではないだろうか？

そんなことはない。それは、「印象に残る物語」というハウスフライ効果なのである。

ノリスのような物語は、コレクターの興味をかき立てる。地元の蚤《のみ》の市で、こうした掘り出し物に出会うのは、彼らの夢なのだ。生命の安全を精密なスイス製時計に委ねる宇宙飛行士の物語も、もちろん想像力をかき立てる。だから、腕時計の価値も上がるというわけだ。

実験してみよう

物語をつければガラクタでも売れる

オークションサイト「eBay」で行われた、物語に関する面白い実験がある。

ジャーナリストのロブ・ウォーカーは、フリーマーケットで集めた平均価格1・25ドルのガラクタに魅力的な物語をつけることで、価値が上がるのかどうかを実験した。[10]プロの作家に頼み、それぞれの品につくり話を書いてもらったところ、劇的な効果が見られた。

たとえば0・99ドルのプラスチック製の馬の頭が、印象的な物語をつけたおかげで、62・95ドルで売れた。

仕入れの合計が197ドルだったガラクタが、総額8000ドルで売れたのだ。

物語の力で人類は進歩した

物語はモノを魅力的にする。この効果は観光客を引きつける道端のアトラクションにも見ることができる。

筆者のティムは米国のフロリダ州を旅行したとき、異様な雰囲気のあるベートーヴェンの巨大な胸像や、前世紀中頃までは州のなかでも屈指の高さを誇っていた木、トーマス・エジソンが一度も泳がなかったプールなどを見に行った。*

ラスベガスに行く途中では、世界一巨大な体温計の脇を通らずにはいられなかった。

何の変哲もない場所でも、そこにちなんだ物語があれば、遠くからでも人々を引きつける。


なぜ物語は魅力を添えるのか?

人間は、生まれつき物語を通して物事を理解するようにできているからだ。

人類が文明を築いたのは、物語の力があったからだという科学者もいる。

人類は物語を語ることを覚えた頃から、効率的に行動し始めた。伝説、神話、英雄物語――。人々はこうした虚構の物語の力を借りたからこそ、大きな集団で協力できるようになった。

こうした物語が魅力的だったのは昔の話だと思うなら、「アイアンマン」や「スパイダーマン」といったヒーローが活躍する映画シリーズの「マーベル・シネマティック・ユニバース」の大成功を考えてみればいい。これは大昔の英雄物語の現代版だ。いわばトールやオーディンといった北欧神話の神々と同じような存在が、10代の若者たちを（そして私たちを）映画館に向かわせているのだ。

心理学者のカール・グスタフ・ユングとジョーゼフ・キャンベルは「モノミス」、すなわち古今東西の数多の物語の底にある〝根源をなす物語〟を研究した。

物語は、主人公が旅に出かけるという構造になっているものが多い。

ある日、普通の生活を送っていた主人公は冒険に誘われる。最初は躊躇するが、メンターに背中を押されて冒険に出発し、様々なトラブルに巻き込まれる。その途中で友を得て、敵と出会い、成功を収める。大きな試練を通して己を知り、文字通り、あるいは比喩的に生まれ変わる。危険な旅と壮大な最後の戦いを終え、無事に帰還する。以前の生活に戻るが、主人公の人生はそれまでとは根本的に変わっている。

この物語のひな型を、あなたのお気に入りのスリラーやホメロスの叙事詩『オデュッセイア』、ピクサーの映画に当てはめてみてほしい。きっと、違和感はないはずだ。

優れた構造を持つ物語の影響を過小評価すべきではない。逆に言えば、こうした物語を提供しなかった場合に、人々がどんな行動を取るかを甘く見てもいけない。

＊もちろん、エジソンが泳いだことのないプールはもっとたくさんある。だが、このプールは、この有名な発明家の家にあった。運動は時間の無駄だと考えていた彼は、自分の家にあるプールにすら入らなかったのだ。

人は「事実」ではなく「物語」で動く

数年前、アムステルダム・スキポール空港で飛行機のハイジャック警報機が突然鳴り出した。

オランダの国家警備隊が公にした情報はこれだけで、それ以外は何も知らされなかった。ところが、30分も経たないうちにツイッター（現X）のユーザーたちが恐ろしい物語の全貌を考え出した。その中には、武装した犯人グループが様々な要求を突きつけ、乗客がパニックになっているというものもあった。

だがそれは、単なる警報機の誤作動だった。実際には何も起きていなかったのだ。

このエピソードの教訓は、「物語を伝えなければ、世間が物語をつくる」だ。

これはネット上で広まる多くの陰謀論にも見て取れる。無関係の事実から、瞬く間に国際的な陰謀がでっち上げられる。

こうした現象は、**物語の誤謬**と呼ばれている。*

物語が人を動かす。けれども、政界やビジネス界には物語ではなく事実を語りたがる人が多い。とはいえそれも無理はない。彼らは小説家ではないし、事実を正確に伝える責任もある。

しかし幸い、**事実そのものが物語としての意味合いを帯びることもある。**たとえば、テレビドラマ『マッドメン』（1960年代のニューヨークの広告業界を描いた米国のテレビドラマシリーズ）の時代に有名だった広告のキャッチコピー「時速60マイルで走る新型ロールス・ロイスのなかで聞こえる一番の騒音は、電子時計の音」のように。これは事実だが、素晴らしい物語でもある。

＊現実の出来事を見て、「これは偶然にしてはできすぎている！」という発想から、物語が語られ始める。

実験してみよう

正確な数字よりも1つの物語

物語の効果を使って人を動かすには、よくできたエピソードを用いることが大切だ。たとえば、悪趣味なナンパ師の話や、アリゾナ州の店で売られていたスイス製の腕時計の話などだ。

被害者1人についての感動的な話（バイアス的には、**身元のわかる犠牲者効果**と呼ぶ）のほうが、問題や不正の大きさを示す明確な数字よりも人を動かしやすい。

けれども、ときにはたった1つの文が物語を示唆することもある。後は、相手の想像力が埋めてくれる。

6語だけでできた物語を見てみよう。たとえば、ヘミングウェイによる次のような有名な物語がある。

「売り出し中：ベビー靴、未使用（For sale: baby shoes, never worn.）」

11万円で売れた「何の役にも立たないアプリ」

私は金持ちだ
私はそれを受けるに相応しい
私は善良で、
健康で成功している

上記はiPhone用アプリ「アイ・アム・リッチ（I Am Rich）」に表示される唯一の文言で、上部には安っぽい赤い宝石が輝いている。

これはそれだけのアプリだ。ゲームもシェアボタンもなく、イースターエッグ（おまけ要素）が隠されているわけでもない。

このアプリで興味深いのは、価格が999・99ドル〔アプリが公開された2008年当時で約11万円〕もしたこと。当時の「アップストア」で購入できるアプリの最高価格だった。

買った人はいるのだろうか？　何人かいた。

アップル社がアップストアから削除する前に、8人が購入した。誤ってクリックした人は返金を求めることができたが、全員が誤って購入したわけではなかった。

つまり、**金持ちであると友人に自慢できるというただそれだけの理由で、この何もないアプリに1000ドルを払った人が本当にいた**のである。

正気の沙汰ではないと思うだろうか？　機会があれば買ってみたいと思うだろうか？　あなたの知り合いはどうだろうか？

ではここで、ちょっとした思考実験をしてみよう。

車の販売代理店で、ほぼ同じ中型サイズの、ピカピカの車2台が売られている。

どちらも車内は広々としていて、安全性能も高い。スポーティーでカッコいい外観をしていて、値段に見合うだけ長持ちしそうだ。

ただ、ロゴだけが違う。

自動車業界ではよくあることだが、このモデルは2つのブランドから販売されている。

1つは堅苦しくて退屈で、からかいの的になることもあるブランド。

もう1つは高級感があり、評判もよく、少し派手だがそれだけ心躍るブランド。

2台の価格差は1000ユーロだ。

では、肝心の質問をしよう。「アイ・アム・リッチ」を買ったユーザーのように、あなたはこの高級なロゴに1000ユーロ払うだろうか？　そうしたい誘惑にかられるだろうか？

「金をかけている」と他人がわかるものが欲しい

同じことは、もっと少額の買い物でも起きる。

ジム用に奮発してナイキのウェアを買う？　客を自宅に招いたディナーパーティーで安物のミネラルウォーターをボトルで出すのは恥ずかしい？　あなたは自分で思うより、「アイ・アム・リッチ」を買った8人の気取り屋に似ているかもしれない。

だが、気にする必要はない。**ステータスシンボル**は社会で重要な役割を果たしているからだ。

動物は、自らが魅力的で、健康で、強いパートナーであることを群れのなかでアピールする。

そのため、過剰なほど派手な外見を持つ動物も多い。一番有名な例はクジャクの羽だ。

羽を広げれば、動きが鈍くなり捕食動物や寄生虫の標的になりかねない。だから、それをするだけの余裕のある雄は、敏捷で警戒心も強いと見なされる。

これは米国の婚約指輪には給料の数か月分が必要だという考えと大差ない。Tシャツや腕時計、ハンドバッグに十分な金をかけていることを誇示する高級ブランドのロゴも同じだ。

企業は、ハリウッドスターやインフルエンサーを起用するなどして、自社の商品がクジャクの羽と同じ効果があることを消費者に感じさせようとする。**スターたちの富や成功を、ブランドのイメージと結びつける**のだ。

さらに現代の有名人たちは、ブランドから声がかかるのを待たずに、自身がブランドになればいいと気づき始めている。ラッパーのカニエ・ウェストは、ヒップホップのTシャツを1枚120ドルで販売した。そのTシャツにはロゴさえついていなかった。購入者は、そのだらしない白いTシャツが本物の「Yeezy」〔カニエ・ウェストの愛称を意味するブランド名〕だとわかっているだけで十分というわけだ。

カニエ・ウェストは見抜いていた。ステータスへの渇望が、どれほど深く人々のなかに浸透しているのかを。周りに見せつけるロゴがないTシャツを着ていても、心のなかで自尊心を満たせるというわけだ。同じく、所有するモネの絵やフェンダーの1960年製ストラトキャスターのギターを自分だけで楽しむ裕福なコレクターは少なくない。

とはいえ、新しく買ったモノの価値を周りから注目されることにも効果はある。「アイ・アム・リッチ」は世間から叩かれたが、そのことで逆に興味を持たれた。

同じ理由で、高級品の広告が、場違いなところに掲載されることもある。ファミリー向け雑誌に掲載される高級車の広告や、バスの待合所に貼られた高価な宝石の広告などだ。

もちろん、インターネットを使えばもっと効果的にターゲットユーザーに訴求できる。しかし、こうした高級品は、近所の人や義理の兄弟がその値段を知っていてこそ初めて本当に魅力的になると企業は知っているのだ。

高級品を買う人も、**「身近な人がその品の価値を知っている」とわかっているからこそ金を出す**のだ。

日本で販売された「2玉300万円のメロン」

さらに企業は商品の高級感を高めるためにあらゆる工夫を凝らしている。

高級オーディオシステムのリモコンは手に取ると少し重く感じる。部品の質がいいから？　そうではない。高い品質を感じさせるために敢えて少し重くしているだけだ。

自動車メーカーは、車のドアの設計では閉めたときの音に細心の注意を払う。プラスチックみたいな安っぽい音ではなく、重厚感がありつつも品のある音に仕上げなければならないからだ。

ネットで情報を検索しているとき、やたらと長いプログレスバーで進捗状況が表示されることがある。これは、コンピューターが一生懸命処理しているような印象をユーザーに与えるためのものだ。

ビジネスクラスのリネンナプキン、星つきレストランでコロナ禍にウェイターが着用した高級マスク。どれも高価なジャケットを着たハウスフライ効果である。

ここでは、187ページで述べた**希少性**という現象が関連していることが多い。ステータスのあるものすべてに希少価値があるというわけではないが、希少なものは珍重される。

たとえば16世紀のイングランドではパイナップルはとても珍しく、それゆえステータスシンボルになった。買うことができず、借りる人さえいた。食べるためではなく、テーブルに飾るためだ。

今でも英国の大邸宅のファサードには、当時の名残として、パイナップルの絵や彫刻が飾られていることが多い。

日本では1玉5000円もする高級メロンを大切な人への贈り物にするのは珍しくない。メロンが2玉300万円で販売されたレアなケースさえある。

同じ金を使うなら、オランダではロレックスの腕時計を買うだろう。ただし、ロレックスの販売店があなたの名前をウェイティングリストに載せてくれるかどうかはわからない。このスイスの高級時計メーカーは、希少性の価値を知っていて、客を選ぶ。不況時であろうが年に3度も値上げをして、平然と一見の客に背を向ける。

商品に希少性がない場合は、希少だと思わせる方法が使える。

たとえば、あなたがロッテルダムで唯一の蕎麦職人だとする。本物の「ロッテルダム蕎麦」を売れるのはあなたしかいないので、価格を自由に上げられる。

フランス人はワインとチーズで、英国人とドイツ人はビールで同じことをしている。地域による希少性をウリにしているのだ。

他にも、初版、初回生産版、限定版といった手もある。つまり、希少性はつくれるのだ。

希少性は、モノの魅力を高める。需要が供給を上回れば、モノは高くなるからだ。

だが、正反対のこともある。高いから需要が増すものがあるのだ。

価格が高くなるほどよく売れる商品のことは、経済用語で**ヴェブレン財**という（この場合、需要が上がるにつれて価格が下がる「価格弾力性」の逆の作用が働く）。

チケットを売りたいなら「価格を倍」にする

筆者のティムが広告業界で働き始めた頃、職場の先輩がクライアントから「豪華な船旅を売りたいが、どうすればいいか？　派手な広告は効果があるだろうか？」と相談された。

「まず価格を倍にして様子を見ましょう」と先輩はアドバイスをした。

すると、あっという間にチケットは完売したのだ。

筆者のティムは大手通信会社での仕事を通して、客は無料でない付加サービスに興味を抱くことも知った。

最後に、次のことを覚えておこう。人が何かに支払う「代価」は、金である必要はない。

武道の黒帯、卒業証書や免状、ハイキングで獲得したメダルなどは、努力をしたからこそ価値がある。

ブランド品をこれ見よがしに自慢することを軽蔑する人たちは、旅行や読書、ボランティア活動などを自慢するものだ。

こうした活動をするには、お金だけではなく、快適な暮らしや時間的余裕、手間暇などが必要になる。つまり、羽を広げるクジャクのように、自分にはそうするだけの余裕があるとアピールできるのだ。

この現象を巧みに利用する小売チェーンもある。

格安スーパーマーケットの大きな赤いショッピングバッグや、ローブランドのスニーカー。こうした**低価格のモノを買うことで、人は周りに「私は高級品など買わなくても自信があるから大丈夫」とアピールできる**のだ。*それは、究極の贅沢なのかもしれない。

＊第4章の**赤いスニーカー効果**を参照。

ポルノ女優の「セックスなし動画」に注目が集まる理由

かなわぬ恋、禁断の果実——。できないこと、手に入らないモノ、見ることができない何かに対して、人は大きな魅力を感じる。

これは**ロミオとジュリエット効果**と呼ばれている。

筆者のティムは、担当した広告キャンペーンでその効果を使った。母親向け雑誌のセックス特集を宣伝する依頼を受け、表紙モデルのボビー・エデンが出演する、フェイクの「セックスビデオ」をつくることを思いつく。彼女は母親であり、有名なポルノスターだった。

けれど、このビデオにはひねりが仕掛けてあった。泣いている赤ん坊に邪魔されて、ボビーと夫は何もできない。つまり、ノーセックスビデオなのだ。

ビデオを公開した後、ボビーは、「流出したあの映像についてはいっさいコメントしない」とツイートした。すぐにタブロイド紙が食いつき、このニュースはテレビで取り上げられた。雑誌のウェブ記事は30万回以上も閲覧され、話題の的となった。

「インターネット・アダルト映画データベース（Internet Adult Film Database）」（アダルト映画に関して筆者が知るかぎり一番まともな情報源）によれば、ボビーは１６７本もの作品で濃厚なセックスシーンを演じている。それなのに、見ることができない１本の映像にはるかに関心が集まったのである。彼女はガウンを着たままだったにもかかわらず。

第6章まとめ——「誘惑」で人を動かす

慈善事業やビジネス、アイデア、自分自身を魅力的に見せるために、どのハウスフライ効果を使えばいいか、おわかりいただけただろうか?

まずは、周りとの違いを際立たせてみよう(**フォン・レストルフ効果**)。相手に親切にし(これは間違いないアドバイスだ)、相手との共通点を見つけよう。**フレーミング**はごく日常的に用いることのできる認知バイアスだ。これは、どのレンズを通して対象を相手に提示するかを工夫するテクニックだ。

アンカリングや**参照効果**など、意図的な比較を用いることも効果的だ。言わないといいつつ言いたいことを伝える**逆言法**も試してみよう(「もちろん、これに1000ユーロを払ってほしいなんて言えません」)。

印象的な**物語**が大きな効果を発揮することも説明した。1人の犠牲者について語るほうが、全体的な数字を用いるより効果的である(**身元のわかる犠牲者効果**)ことや、値段が上がるほど魅力的になる**ヴェブレン財**と呼ばれる商品があることも学んだ。

なぜ、この章で説明したことを、わざわざここでもう一度繰り返すのか?

そう、繰り返せばさらに興味が増すからだ。これは**単純接触効果**や処理流暢性と呼ばれる認知バイアスだ。

最後に1つ、アドバイスを。今晩出かける予定があるなら、乾燥機の糸くずをポケットに入れていったりしないこと。あなたがお近づきになりたいような魅力的な人なら、本書を読んでいる可能性も十分にあるのだから。

第7章

報酬はどう与えるべきか

——「アメとムチ」をうまく使うために

報酬または“インセンティブ”。
「金銭的動機」、「ご褒美」、「懲罰」、「評価」など。
効果的な刺激を与えるハウスフライ効果。
「人を動かす」と聞いて最初に連想される効果だが、
その刺激の効果は過大評価されがちで、
思ったほど持続しないことが多い。
使用法には注意が必要。
推奨量を下回らないようにし、
均等に配付しないと、効果が裏目に出ることがある。

報酬さえ与えれば簡単に人を動かせるのか？

かつてインドが英国の植民地だった頃、首都デリーは蛇の大量発生に悩まされていた。しかもただの蛇ではなく、猛毒をもつ危険なコブラだ。

そこで政府は得意の手段に訴えた。報奨金制度だ。

コブラを捕まえてきた者には、かなりの金額が支払われることになった。

最初は効果があった。シュウシュウと這い回るコブラが、たくさん捕らえられた。

しかし、貧しい人々は、コブラを飼育して数を増やし、それを野生でつかまえたことにして持ち込めば、安定した副収入を得られることにすぐ気づいてしまった。

もちろんそれは政府が望んだ結果ではなかった。それでも、状況はまだ悪くなかった。

ところが、政府が不正を突きとめ、報奨金制度の撤廃を決定すると、事態は一変した。人々は育てていたコブラをすべて逃がすしかなくなったのだ。

結局、デリーでは制度の実施前よりコブラが増えてしまった。

この現象は、善意のインセンティブ（成果に応じた報酬）が逆に働くものとして、**コブラ効果**と呼ばれるようになった。

本書も終わりに近づいている。ここで、こうした**ハウスフライ効果の意図せぬ副作用**について、じっくりと考えてみよう。

これまで見てきた様々なトリックやテクニック、現象、効果を振り返って、あなたは「もっと簡単に人を動かすことができるのでは？」と思ったかもしれない。

たしかに、インセンティブや懲罰、罰金、ボーナスは、行動を促す手っ取り早い方法だと思われがちだ。しかし、この種のアメとムチは思いがけない作用を及ぼすことがある。

たとえば、**お金が最良の動機付けになるとは限らない**。このアメには毒がある。報酬が少ない（あるいは他の人と比べて少ない）と、従業員の反発を招き、職場の空気が悪くなる可能性もある。やる気に満ちている人にインセンティブとしてお金を与えると、意欲が落ちることもある。金銭的報酬は、思わぬ弊害を生むことがあるのだ。

これを痛感した古生物学者がいた。20世紀の探検家グスタフ・フォン・ケーニヒスワルトだ。彼は、ジャワ島の人々に、古い人間の頭蓋骨を一片持ってくるたびお金を渡した。だがやがて島民は頭蓋骨を砕いて持ってくるようになり、ケーニヒスワルトはそれを修復しなければならなくなった。[1]

報酬が「逆効果」になる場合もある

この章では、有形無形の「アメとムチ」の効能について考察する。

労働に対する報酬は、個数、時間、ボーナスなど、何を基準にして与えるべきなのだろうか？

答えは、「**インセンティブを与える行動さえ明確にすれば、どんな方法でも構わない**」になる。

お金だけでなく、褒め言葉やポイントも効果的なインセンティブになる。相手はインセンティブを与えられた行動を頻繁に繰り返すようになる。

大切なのは、インセンティブをどう設計するかだ。それは、成果や努力に見合ったものでなければならない。つまり、**頑張った分だけ多く報酬を得られるようにすべき**なのだ。

しかし、筆者がボーナスをあげなくても清掃員は真面目に仕事をするし、お金を払わなくても義母は熱心に子守りをしてくれる。

お金で買えるやる気には、限界があるようだ。

これは規模が大きくなっても同様だ。西欧諸国では、「あなたはお金のためだけに働いているのですか？」と尋ねて「イエス」と答える人は2割程度しかいない。[2*]

仕事から得られる喜びは、マクロ経済の数字にも反映されている。

たとえば、所得や富に課される税金が上がるからといって、金持ちが仕事をすぐに減らすことはない。

また貧しい人たちも、給付金やベーシックインカムを受け取ったからといって、簡単に職探しをやめたりしない。

報酬は、時には必要で、時には不要で、時には逆効果でさえある。つかみどころのないものなのだ。

この章では、報酬が効果を発揮するタイミングを学んでいこう。

＊お金のためだけにする仕事は、「ブルシットジョブ」（社会的に無益な、「クソどうでもいい仕事」）と呼ばれることがある。

「ご褒美」が効果を発揮するのは、「改善の余地」があるときのみ

経済学でもマーケティングでも、何かを理解するためには測定から始めなければならな

い。

教育の場では、成績を判断する重要な手段として試験がある。

オランダでは、「CITOスコア」と呼ばれる共通テストの結果に基づいて学校に助成金が割り当てられる。2003年以降、オランダ全体のスコアは全教科で徐々に低下しており、他国と比較しても低い水準である。2019年には、読解力のスコアがOECD（経済協力開発機構）平均を下回った。*

この結果は、教師の給与が低いことが関連していると考える人もいるかもしれない。たしかに、教師への報酬の低さがスコアに悪影響を与えることはある。だが実は、共通テストの点数の低さは、生徒たちの頑張りに対するご褒美が十分でないという原因もある。

もし、数学の試験で高得点を取った子どもにご褒美を与えたらどうなるだろうか？　突拍子もないアイデアに聞こえるかもしれないが、これは文化の違いを超えて生徒の意欲を調べるためのいい方法になる。

ある実験では、上海と米国の数校で、成績のよい生徒たちには褒美を出すと告げた。[3] 生徒たちは試験の直前にこれを知らされたため、前もって勉強を頑張ることはできなかった。

それでも、褒美を出すと告げられた米国の生徒たちは、何も告げられなかった生徒たちよりも試験中はるかに努力をした。もし全州の学校で褒美を出すと告げたら、米国の成績は世界ランキングで36位から19位に上昇していただろう。

一方、上海の生徒たちは、褒美を出すと告げられても、成績に影響はなかった。すでに意欲が高く、褒美はその頑張りにほとんど影響しなかったからだ。

ここから、2つの教訓を引き出せる。

オランダの生徒たちの成績が良くないのは、単に試験への意欲が低いだけかもしれないこと。そして、**ご褒美は改善の余地がある場合にのみ効果を発揮する**ことだ。

＊ＯＥＣＤの裕福な37カ国が対象。

「教師の指導能力」に応じてボーナスを与えるのは効果的か？

教師に改善の余地はあるのだろうか。特に途上国の学校は、教師の生産性と教育力を向上させる方法を長年にわたり模索してきた。

その結果としてわかったことがある。まずは、教師をきちんと出勤させることだ。これは、途上国では必ずしも当たり前のことではない。

インドでは、ボーナス制度を導入することで教師の欠勤が半減した（この場合のボーナスは、コブラの例とは違って効果的だった)[4]。

次のステップは、教師の指導能力に応じて報酬を与えることだ。オランダでは、この問題は慎重に扱うべきだ。教師たちの意欲や責任感が欠如しているとは考えられていないからだ。

だが、2010年のドキュメンタリー映画『スーパーマンを待ちながら』で描かれた米国の怠慢な教師たちには、読み書きを教えた子どもの数に応じてボーナスを与えたことで効果が見られた。教師たちは、出勤はしているが指導方法が杜撰なため、生徒たちはろくに読み書きができないまま卒業していた。そこで読み書きができるようになった生徒の数に応じてインセンティブを与えたところ、教師の指導の質や意欲が高まったのだ。

とはいえ米国のこうしたケースを除けば、**一般的に教育現場でこの手のインセンティブを用いるのはそれほど効果的ではない。**

教師を十分に動機付けるには、金銭的報酬以外の要素が必要なのだ。

事前にお金を受け取ったほうが、良い成果を出せる

2014年、シカゴ大学の経済学者ジョン・リストと、『ヤバい経済学』(東洋経済新報社)

の著者の1人であるスティーヴン・D・レヴィットは、意地の悪い方法を使って実験を行った。それは、一度渡したお金を相手から取り上げるというものだ。

リストとレヴィットは、寄付者からの資金をもとに、ボーナスがどの程度効果をもたらすかを検証した。

まず、彼らは学校を無作為に2つのグループに分けた。

一方のグループでは、生徒の学習成果に応じて（他グループの生徒との成績比較に基づく）、教師は年度末に最大8000ドルのボーナスが与えられる。これは、一般的なボーナスの方式だ。

もう一方のグループでは、教師は年度初めに4000ドルを受け取り、生徒の成績がよければ、最大で合計8000ドルのボーナス（最初の4000ドル＋追加分最大4000ドル）が与えられる。しかし、生徒の成績が他のグループの生徒たちより悪ければ、最初の4000ドルを返さなければならない。

どちらのグループでも、教師の評価対象となるのは生徒の成績だ。教師は生徒を良い成績に導くことで、ボーナスを手に入れられる。つまり、条件は同じだと言える。

常識的に考えても、従来の経済学の観点からしても、インセンティブが同じなら結果も同じだと思うかもしれない。

しかし、実際には大きな差があった。**事前にお金を受け取ったグループの教師たちは、生徒の成績を大幅に向上させた**のである。

このグループの生徒たちは、数学と読解力の成績が他方のグループより10％向上した。

一方、一般的な方式のボーナスを提示された教師たちのグループでは、生徒の成績に向上が見られなかった。

「生徒が高成績を取ればボーナスがもらえるので、教師はカンニングを見逃したのではないか」と疑う人もいるかもしれない。しかし、成績が向上した生徒たちは、教師のボーナスとは無関係の共通試験でも、全科目で13％も良い成績を収めている。[5]

このように、**ボーナスを取り消すことは大きな効果を生む場合がある。**これは、内発的動機付け（金銭的報酬など外的な要因以外の、対象への興味や関心などを要因とする動機付け）が低い職種では、ボーナスの効果がより高くなり得ることを示唆している。

ボーナスが多く与えられると、業績が下がる場合もある

１９３４年、米国でＣＥＯの報酬額の公開を義務づける法律が制定された。

この法律の狙いは、自らの利益だけを考えようとするCEOの欲求を抑えようとすることだった。

2016年、ある研究者が最新のデータ分析ツールを駆使して、その効果を検証した。結果、**給与制度の透明性が向上しても、CEOの報酬額は他の従業員の給与より大幅に上がっていた**ことがわかった。むしろ、会社の最下層にいる従業員たちは、CEOの多額の報酬を知ることになり、屈辱を味わっていた。一方で、CEOは公開される自分の報酬が低いと、取締役会でリーダーシップを発揮しにくくなる。[6]

2015年以降、オランダの金融業界では、ボーナスの額は本給の20%に制限されている。

その背景には政治的な理由がある。金融危機後、銀行の幹部は、自分たちのボーナスを増やすことよりも、銀行の長期的利益を優先することが大切だと気づいたのだ。

嘘をついて新規顧客を獲得すれば、深刻な結果を招く可能性がある。

2008年には、研究によって、ボーナスが人の意欲や業績に悪影響を与え得ることが実証されていた。実験によれば、**思考力が求められるタスクの場合、ボーナスを多く与えられるという条件下では逆に成績が悪くなる**ことがある。[7]

「搾取された」と感じるだけで、心臓病につながる危険がある

また、一番成績が良い従業員にボーナスを与えることのデメリットは、ボーナスをもらえない人が多くなることだ。この場合、**ボーナスをもらえる人がハッピーになることより、もらえなかった人が落ち込む影響のほうが大きくなる。**「自分は評価されていない」と感じると、人は努力をしなくなるのだ。[8]

政治家は、賃金の不平等が生産性の低下を招くことを懸念しているかもしれない。だが、スイスでの実験によれば、労働者の健康も賃金の不平等によって影響を受けている。[9]

この実験では、数字がびっしりと並んだページに「1」がいくつあるかを数えるという、ストレスのかかる課題が被験者に与えられた。

正確に数えられたら、1ページあたり3ユーロが支払われる。1つ間違いがあれば1ユーロしかもらえず、2つ以上間違えると報酬はもらえない。被験者は25分間作業し、平均21ユーロを稼いだ。

しかし、支払い方法に落とし穴があった。報酬は被験者本人（労働者）ではなく、別の被

験者（雇用者）に支払われるのだ。この「雇用者」は、「労働者」である被験者にどれだけ報酬を支払うか決めることができる。

平均すると、「雇用者」は「労働者」に、稼いだ額の半分にすら満たない9・50ユーロしか払わなかった。

この程度の支払額を予想していた人もいたが、大半はもっと多くの額を期待していた。実験では、支払額が伝えられた瞬間から、被験者（労働者）の心拍数とその変動値を記録していた。そして、「搾取された」と感じた被験者（労働者）の心拍数は、心臓病につながる不健康なパターンを示していた。

搾取されている（または給料が低すぎる）と感じている状態が長く続くと、ストレスや心血管疾患が起こりやすくなり、全般的な健康状態が低下する。

研究者が1984年以降のドイツ人2万5000人の健康、収入、教育、年齢に関するデータを分析したところ、十分な収入が得られていないと感じる人々の健康は悪化していた。収入や教育、労働市場、職種の違いを考慮した場合でも同様の結果であった。

特に50歳以上の労働者は、典型的なストレス関連の疾患に苦しんでいた。

この結果から、従業員には適切な給料を払うべきであり、一部の人にだけ多く支払わないようにすべきという教訓が得られるはずだ。

男女の賃金格差を解消するための方法

公平な賃金を妨げている構造的な問題に、男女の賃金格差がある。オランダでは、パートタイム労働や労働者の年齢分布による影響を排除した後でも、女性の賃金の7%が性別による格差として失われている。

幸い、それに対処する方法はある。

1. 男女を平等に扱いたいのなら、求人広告に給与交渉が可能だと明記すること。そうしないと、男性は交渉しようとするが、女性はしようとしない傾向が高いからだ。その主な理由は、他人の目を気にする自己欺瞞があることだ。
2. 女性の管理職志願者を増やしたいなら、求人の掲載期間を長くすること。女性は男性よりも決断に時間がかかる。
3. 女性の管理職をもっと採用したいなら、候補者のリストを用意し、能力で評価すること。
4. 科学的裏付けがあるこのようなヒントをたくさん知りたいのなら、イリス・ボネット著『WORK DESIGN（ワークデザイン）　行動経済学でジェンダー格差を克服する』

（NTT出版）を読むこと。[10]

「お金がもらえる」なら、やりたくない

だが、さらに注意が必要だ。報酬は逆効果にもなり得るからだ。

1908年、ニューヨーク・タイムズ紙に、わざと子どもたちを追いかけてセーヌ川に落とし、その後で助ける犬の記事が掲載された。

その犬は水に濡れた子どもと一緒に肉屋の前を通り過ぎるたび、ステーキをもらっていた。どうやら、その犬にとってご褒美が大きすぎたようだ。

逆の例もある。献血者は普通、報酬をもらわない。献血の必要性と価値を理解しているからだ。しかし、あるスウェーデンの血液銀行は、ボランティアに感謝の意を示したくて、献血者に約7ドルの報酬を払った。[11]

これが大きな違いを生んだ。**報酬がもらえるグループでは、献血量が半分に減った**のだ。人々はもともと献血する意志があった。金額を明確にすることで、血液銀行は献血者たちの血液にどれほどの価値があるかを示してしまった。これは献血者自身が思っていたよ

りも低かったのである。7ドルという額を、侮辱的だと感じる人もいた。

この現象は、内発的動機の**押し出し効果**と呼ばれている。幸い、この血液銀行の実験には解決策がすでに用意されていた。別のグループにも7ドルが与えられていたが、そのお金を慈善団体に寄付する選択ができたのだ。その結果、報酬を与えたことで生じた悪影響はなくなった。

「コーヒーが無料で飲めない」職場では、盗難やハラスメントが起こりやすい

ボーナスの使い方を間違えると、労働者の健康を害し、業績を低下させることがある。しかし、悪影響を生じさせている原因は他にもあった。それは、常にお金のことを考えなければならない銀行の職場環境そのものや、景気の動向などだった。

「これは銀行業界の問題で、私には関係ない」と思うかもしれないが、あなたも無関係ではない。

従業員に無料で飲み物が振る舞われず、コーヒー代を払わなければならない職場では、ペンやプリンター用紙が盗まれやすくなる。詐欺や汚職、ハラスメントなどの倫理にもと

る行為も起こりやすくなる。後述する最近の研究によれば、お金のことを考えるだけで、不正の大きなきっかけになる。[12]

お金のことを考えるだけで、人は不道徳になる

あなたは、お金のために嘘をつくよう頼まれたら、どうするだろうか？

ある実験では、被験者はチャット画面を介して、別のプレイヤーとやりとりをした。その際、「あなたより少ない金額しかもらえない」とそのプレイヤーに嘘をつけば、より高い報酬がもらえた。この場合、自分には5ユーロ、相手には2ユーロだ。嘘をつかなければ、自分が2ユーロで、相手は5ユーロになる。

あなたならどうするだろうか？

まず、被験者にお金のことを考えるように仕向けた場合を見てみよう。たとえば、こんなたわいもない謎かけをする。「合計で15セントになる硬貨が2枚あります。1枚は1セント硬貨ではありません。もう1枚は何でしょうか」

このように、あらかじめお金のことを考えさせておいた場合、被験者が嘘をついて自分が5ユーロを得ようとする確率は、なんと2倍になった。この実験は、本物のお金を使って何度も実施されている。もちろん、すべてのプレイヤーの目的がお金であることは間違

いないのだが、**お金のことを考えると不道徳な行動が増える**というのは興味深い（第1章のプライミング効果も参照）。

これは、お金について考えることで、競争心や権力欲、経済的自立心などが刺激されるためだと考えられている。

また、お金がビジネスライクな損得勘定を引き起こすこともわかっている。それによって、相手への共感が薄れてしまう。映画『ゴッドファーザー』でマイケル・コルレオーネが兄に言ったように、「個人的な感情はない。これはビジネスだ」といった気持ちになるのだ。[13*]

＊実験では、ごく普通の被験者でさえも、それが市場取引の「必然の結果」として生じるのなら、ネズミを殺すことも厭わないと考えるようになった。

「お金が絡む職業の人」は、不正をしやすいのか？

企業が1年間でこうむる損失のうち、およそ5％は職場での不道徳な行動に起因する。これは大きな問題だ。残念ながら、お金は自分勝手な振る舞いを助長するアメでもあるのだ。

特に、証券ブローカーやレジ係など、**お金が絡む職業の人は不道徳な行動を誘発されやすい**。目の前にお金があるような環境ではなく、たとえばもっと顧客へのサービスに意識が向くような労働環境にすれば、こうした不正も起きにくくなるかもしれない。

たとえば、ランチやコーヒーをデビットカードや商品券で支払えば、現金を扱う機会は減り、お金が意識から遠ざかる。このように、ビジネス環境には簡単に改善できる余地がある。

では、金融危機についてはどうだろうか。「人々が欲望をむき出しにするような風潮が金融危機を引き起こした」という見解は、２０１４年にある実験結果が発表されるまで、表面的な現象を捉えているにすぎないと考えられていた。[14]

その実験では、銀行員はコイントスを10回して、表と裏のどちらが出たかを報告する。どちらが出たかによって、20ドル受け取れるか、報酬ゼロになるかが決まる。

銀行内の競争的な雰囲気を反映させるために、もっとも高い金額を稼いだものだけが報酬を得る仕組みにした。

また何人かの銀行員には、あらかじめ「任意のテレビ番組に関するアンケート」に回答するよう指示した。すると、不正をする傾向が平均して他よりもわずかに高くなった。51％の割合で表だと報告したが、これは正直なグループの数値よりほんの少しだけ高いものだった。

別のグループは、事前に「銀行に関するアンケート」を受けるよう求められ、それによって「銀行員としてのアイデンティティ」を嫌というほど意識することになった。

こちらのグループは平均して58％の割合で表が出たと主張した。この数値はコイントスをした場合の現実的な割合（50％）から、かけ離れている。

とはいえ、好意的に解釈するならば、人が「銀行」から連想するのはお金なので、たとえ銀行員ではなくとも、アンケートによって不誠実な動機がもたらされるのではないかと考えることもできるだろう。

しかし、同じ実験は学生に対しても行われた。そして、彼らは銀行員ほど不誠実ではなかった。この結果は、ビジネス環境が不道徳な行為の原因であることを示唆している。

倫理観の向上に必要なのは「報酬と環境」の変革

おそらく、解決策は従業員に無料のコーヒーを提供する程度のものではないだろう。研究者たちは追跡研究で、被験者に特定の企業文化を顧みるような対話を促した。2か月間の「倫理プログラム」を実施し、グループディスカッションも行った。その後、覆面調査員を使って、プログラムの参加者が以前より誠実になったかどうかを確かめた。

調査員は客のふりをして、おすすめの金融商品についてのアドバイスを求めた。残念ながら倫理プログラムの効果は見られず、銀行員は銀行にとって儲かるような商品を薦めた。

グループディスカッションで、倫理的行動について意見が分かれた場合、プログラムはむしろ悪影響を与えた。善良な人たちは、そうでない人たちによって悪い影響を受けてしまった。*

こうした無意識的な認知バイアスは、人々に話し合いをさせることでは回避できないだろう。つまり**必要なのは、報酬の構造や環境を変えること**なのだ。

＊社会的なハウスフライ効果については第4章も参照。

人の命を守るための課税もある

アメ（つまり、報奨金を与えること）には奇妙な副作用があると理解したところで、次はムチについて考えてみよう。

アメを取り上げられそうになった教師の実験を思い出そう。この教師たちに対しては、アメを与えるよりムチで叩くほうが効果的だった。

政府は国民の行動をコントロールするために、手当や給付と課税や罰金といったアメとムチを使っている。課税は国の運営資金を集めることが主目的だが、罰金は主に人々の行動を変えるために科される。

この20年間で、課税や罰金が人々の行動に及ぼす影響が本格的に研究されるようになり、いくつかのことがわかってきた。

課税は、比率が高く、目に見え、迅速に課される場合に行動の変化を引き起こす。一方で食品やタバコに対する課税など、比率が緩やかに上がる場合は行動変容への効果が小さい。

ただし、**ステータス商品**（第6章353ページの「ヴェブレン財」）**に関しては、高い課税率が大きな影響を及ぼすことが多い。**

人は、隣人より少しだけ大きな車に乗ろうとする。そうすると、車はどんどん大型化していく。車が大きければ見栄えもよくなり、安全性も向上する。車高が高く重たい車に乗っていると、他の車と衝突した時に命を守りやすくなるのだ。

だが小型車にとっては、衝突する相手が大型車だと衝撃は大きくなる。

そこで大型車への税率を上げることにより、人々が乗る車の全体的なサイズを小さくすることができる。

そして、隣人の車のサイズとの比率は変わらなくても（人は隣人よりわずかに大きな車に乗ろうとするが、みんな相対的に小さな車に乗ることになる）、交通事故の死亡者は減るかもしれない。大型車の数が減れば、大型車と激突して小型車に乗っている人が死亡するケースが減ると考えられるからだ。

清涼飲料水から砂糖を消した英国の課税

他にも、課税が間接的に人の命を救う役割を果たすことがある。

肥満は世界的に大きな問題である。英国人の約3割は太り過ぎだ。そのため英国では、砂糖を含む清涼飲料水に課税するようになった。この税金は、1リットル当たり5グラム以上の砂糖を含む飲料には18ペンス、8グラム以上含むものは24ペンスと、細かなグラム単位ではなく、閾値を設けて課税された。

だが、飲料の価格は上がらなかったし、結果として消費者がコーラを買わなくなるようなことにもならなかった。なぜなら飲料メーカーが、消費者が価格上昇によって飲料を買わなくなることを恐れ、飲料に使う砂糖の量が閾値を下回るようにしたからだ。

とはいえ間接的には、課税は莫大な効果をもたらした。現在は、英国のほぼすべての清涼飲料水にはあまり砂糖が使われていない。これは、二重のナッジだと言えるだろう。

「5分遅刻したら罰金」の制度で、爆発的に遅刻者が増えた

課税とは違い、**罰金は人の行動を変えることが主な目的だ。しかし、時にそれは逆効果をもたらす**ことがある。

筆者のエヴァにとって、勤務日はカチカチと動く時限爆弾を抱えているのと同じだ。午後6時半までに子どもを保育園に迎えに行かなければならないからだ。遅刻すれば園側から冷たい目で見られるし、子どもが荒れていたり、お腹をすかせていたりすることもある。保育園の経営者にとって日々の頭痛の種は、お迎えに遅刻する親だ。

1998年、イスラエルの経済学者ウリ・ニーズィーは、自らも保育園のお迎えに何度も遅刻していた。[15] そこで熟慮の末、保育園の経営者に解決策を提示した。遅刻した親に罰金を科すことだ。効果を比較するため、10か所ある保育園のうち6か所で罰金制度を導入した。子どもを迎えに来るのが5分遅れるごとに、5ユーロ相当の罰金を払うことにな

る。実験者たちは、初日からドアの前でやきもきと結果を待った。

しかし、それから10週間、遅刻者は爆発的に増えてしまった。たったの5ユーロで、午後の会議で最後にひと言述べる時間を買えるのだ。罰金は、「午後6時半までに迎えに行かなければ」と親に思わせるのではなく、**「5分当たり5ユーロ払えば遅刻しても大丈夫」という合理的な判断をさせる方に作用した**のだ。

そのうえ、保育園の経営者が10週間後に罰金制度をやめても、遅刻する親の数は減らなかった。この親たちの頭には、「遅刻は、いざとなれば金で償えるもの」といった価値観が植え付けられてしまった。つまり、社会的規範が市場原理によって損なわれたということだ。

報奨金も罰金も条件次第では望ましくない効果を生む

間違いを犯して謝りたいとき、最適な方法とはどのようなものだろうか？

もしかするとお金を使うことで、心からの謝罪を効果的に伝えられるかもしれない。

だが、すぐにお金を渡すべきではない。その前に、よく考えよう。

乗合サービス「ウーバー（Uber）」のアプリで配車を依頼したのに、車が来なかったり、5分以上遅れたりした場合を想定してみてほしい。

こうした体験をしたユーザーの5〜10%はアプリの利用を減らす傾向がある。言うまでもなく、これはウーバーの業績に悪影響を及ぼす。

同社はユーザーが減るのを恐れて、謝罪メールを自動生成でユーザーに送っていた。

残念ながら、その謝罪にはまったく効果がなかった。そこでウーバーは、前述の（教師に対するボーナスの実験をした）著名な経済学者ジョン・リストに最善の「謝罪戦略」は何かと尋ねた。リストはチームを組織し、実験を開始した。

まず、顧客数千人にこれまでとは違う文面の謝罪メールを送り、別の顧客数千人に5ドルのクーポンという形でお金を提供した。

その結果、顧客は謝罪よりクーポンのほうにはるかに好印象を示した。クーポンをもらった顧客のアプリ利用が大幅に増えるほど効果があったため、ウーバーはこのクーポンをギフトとして配り続ける価値があると判断した。

ただし、短期間に何度も質の悪いサービスを受けた顧客には、クーポンが逆効果となることがあった。その場合、同社に問題解決能力がないことを示す証拠になるからだ。[16]

前述の保育園を対象にした有名な実験からは、「**金銭的な罰は社会的制裁を伴って科す必要がある**」という教訓が得られる。つまりそれは、罰を与えられる人の地位を低下させ、社会規範を強めるものでなければならない。あるいは、**経済的に大きな負担になる**ようなものも効果的だ。

そしてどちらの条件も満たさない場合、報奨金も罰金も、望ましくない効果を生じさせることがある。

お金よりも「いいね！」が欲しい

「お金ではない象徴的な報酬と罰」、あるいは「賛辞と嘲笑」も、場合によっては金銭的報酬と同じくらい強い作用がある。とくに、すでに金銭的には十分な報酬を得ていたり、年齢を重ねている人は金銭的報酬以外の影響を受けやすい。

社内での序列、認定バッジ、財形貯蓄、記念シール、あるいはソーシャルメディアでのリポスト（リツイート）や「いいね！」などは、ドーパミンを分泌させる。

このように、**人はフィードバックに強く反応する。**

だから、フィードバックの与え方は慎重に検討すべきだ。フィードバックは、適切な形式で、適切なタイミングで、細心の注意を払って与えなければならない。

報酬よりも「目標設定」と「フィードバック」が、高いパフォーマンスを生む

あなたは間もなく本書を読み終えようとしている。

この本で得た知識を活用して、何か役に立つことをしたいと考えているのではないだろうか。そこで、具体的なケースを用いてシミュレーションしてみよう。

たとえば、航空会社に飛行機の燃料であるケロシンを節約させるにはどうすればいいだろうか。

まず、ケロシン税を設けるのは確実に効果が見込める方法だ。* だが、方法は他にもある。パイロットは、天候予報や飛行機の重量に基づいて、当該のフライトに必要なケロシンの量を決める。必要以上のケロシンを積むと飛行機の重量が重くなり、燃料費がかさんでしまう。

車の運転と同じように、「経済的な飛行スタイル」で燃料を節約しながら飛ぶこともできれば、燃料をたくさん使って急激に加速することもできる。

着陸後の滑走にも、燃費効率の良い方法と悪い方法がある。

どうすれば、パイロットはケロシンを節約してくれるだろう。

本書を読んできたあなたは、昔ながらの罰や報酬を考えたかもしれない。たとえば、「私はエコな操縦をします」というコピーが書かれたポスターを、操縦士の更衣室に掲げるといった方法はどうだろうか。

だが、自分なりの哲学を持つベテランのプロに仕事のやり方を変えてもらうのは簡単ではない。

そこで研究者は、「**測定し、すぐにフィードバックする**」という方法が効果的かもしれないと考え、実験を行った。

まず、パイロット335人を4つのグループに分けた。1つのグループにのみ、燃料の使用方法に関する実験を行っていることを告げた。他の3つのグループには、省エネ飛行の達成度の詳細を記した個人レポートを毎月自宅に届けた。

レポートが届く3つのグループのうち、あるグループのパイロットには目標のみが設定された。別のグループは目標を達成すると慈善団体へ17ドルが寄付されると伝えられた。

研究者たちは、たとえ寄付に回されるとしても、17ドルの報酬を与えられるグループが一番燃費のいい操縦をするのではないかと予想した。

しかし、実際にはそうではなかった。**滑走中にエンジンの1つを切る率が対照群よりも8%高かった(一番燃費のいい操縦をした)のは、報酬なしで目標のみ与えられたグループの**パイロットたちだった。

＊現状、ケロシンには税がかかっていない。

「フィードバック」が、人により良い行動を促す

報酬は、ここでは差を生まなかった(ただし、操縦士の幸福度が6%上がるという副次的な効果があった)。

だが注目すべきは、**パフォーマンスについてフィードバックを受け取らなかったグループでさえも、「監視されている」と知ったためか、燃費が向上した**ことだ。これは、よく見られる効果である。

この実験では、どのグループのパイロットも、燃費のよい飛行を実験終了後も続けるようになった。1回のフライトで、約550キロのケロシンが節約されるようになったのだ。ある航空会社(ヴァージン・アトランティック航空)では、さっそくCO_2の年間排出量が2100万キロも減少した(燃料費で500万ドル相当)。

規模は小さくなるものの、同じような節約効果は世帯単位でも応用できる。数年前から、エネルギー料金の請求書に、使用状況のフィードバックが表示されるようになった。今月の使用量が、1年前や、平均的な世帯と比べて多かったか、少なかったかが記載されているのだ。

これはいきなりもたらされた知見ではない。米国のエネルギー企業オーパワー（Opower）社は、2007年にこの知識を利用して家庭のエネルギー使用量を減らすことができないか、世界で初めて体系的に研究した。その方法は、社会的規範と個別フィードバックを組み合わせた巧みなものだった。そこには、いくつものハウスフライ効果が使われている。詳細は、次のとおりである。

A. すでに**平均よりも優れたスコアを出している世帯に対しては、そのことを知らせない**ようにする。すでに平均的な世帯よりも節約していると知らせたら、その世帯の人が節約するための動機が弱くなるからだ。

B. その一方で、成績が特に悪いと告げられた世帯は、「ほらね、どうせ私は駄目な人間さ」という自暴自棄な気持ちに陥りやすい（第4章216ページで紹介した、どうにでもなれ効果の劣化版)。そのため、**レポートにはその世帯より成績の悪い世帯の成績も記載するように**した。

C. **望ましい行動は、褒めるとさらに促される**。オーパワー社がレポートにスマイルの絵文字を加えたところ、結果は一段とよくなった。世帯当たりのエネルギー使用量は平均2%節約され、合計で20億ドルの効果が見られた。[17]

これは、フィードバックの提供によってお金を節約できることを示す好例だ。このエネルギー企業は、フィードバックを含む数千件の実験を通してこうした知見を獲得した。

同様に、短期旅行向けの旅行予約サイト「Booking.com」も、従業員の力を最大限に引き出すためにフィードバックを利用している。ウーバーも、ドライバーに仕事を続けさせるためにフィードバックを活用している。

「数値測定」が本来の目的を逸らす罠になる

情報やお金、歩数など、人は数字を与えられると、それを比べたくなる。

たとえば、国民総生産(GNP)がそうだ。私たちはこの指標をもとにして、世界の国々の豊かさを比較したがる。

個人的なレベルでも、「Tinder」のようなマッチングアプリで恋人候補をプロフィールから選ぶ方法や、洗濯機のユーザー評価、買い物客がカートに食料品を入れるたびに表示される合計金額など、数字は私たちの行動に大きな影響を与えている。

しかし、**数字は簡単に比較できるからこそ、油断できない。**

人は歩数計の数字を増やそうとして、歩かずに手で振ろうとすることがある。企業はSNSのフォロワーを買う。成功した手術の数に応じて報酬を得る医者は、難しい手術を断るようになる。数値化はとても有用だ。特に病院ではそうだ。

しかし、報酬が介在すると、たとえそれが金銭的なものでなく、褒め言葉であっても、測定はその目的から逸れてしまいがちになる。

このように、人が測定されるものに基づいて行動を変えようとする現象は、**グッドハートの法則**と呼ばれる。

本章の冒頭のインドのコブラのエピソードもまさにこれに当てはまる。

数字が人に与える影響は大きい

このように、数字は人の行動に強い影響を与えている。

この1時間のうちで、あなたが本書以外で目にした数字は何だろう？　リポスト（リツイート）数、燃費、マイレージ、未読メールの数などだろうか。

そしてこれらの数字は、あなたにどんな影響をもたらしているのだろう？

そのフィードバックは自分で選んだものなのか、それとも他の誰かがあなたの目に入るように仕組んだものなのか？

それぞれの数値は、あなたにどのような行動を取らせ、誰と比べさせようとしているだろう？

その数字は、どんな瞬間にあなたの目に飛び込んでくるだろう？

たとえば、X（ツイッター）やフェイスブックは、ユーザーの依存度を低くするバージョンのアプリを実験的に稼働させている。

その肝となる変更は、表示する数字を減らすことである。

第7章まとめ——報酬で人を動かす

お金は私たちの行動を変えるのか？

端的に言えば、答えは「イエス」だ。

報酬が増えるほど、人は頑張るようになる。ドイツのプロサッカーリーグ「ブンデスリーガ」の選手487人の年俸データが、このことをよく示している。スイスの経済学者2人が、ブンデスリーガの全選手の「適正な」年俸がどれくらいかを専門家の意見に基づいて算定した。そして、それをそのシーズンにおける選手の市場価値（実質的な年俸）と比較した。

すると、**実力よりも多くの年俸をもらっている選手ほど、懸命にプレーしている**ことがわかった。これらの選手には、一種の「ギブ・アンド・テイク」的な考えがあったようだ。つまり、「実力以上のお金をもらっているのだから、頑張らなければならない」という発想だ。逆に、実力よりも年俸が少ない選手は、実力に対して年俸が低くなるほど、ピッチ上で怠慢なプレーが目立っていた。[18]

インセンティブは一般的に用いられているが、過大評価されがちでもある。同僚や子ども、顧客から最大限の努力を引き出すために最善のインセンティブは、どのように設計すればいいのだろうか？

注意すべきポイントは以下の通りだ。

1. 相手が望ましい行動をとっていることを確認する（子どもが机周りのモノを片付ける、親が保育園に時間通りに迎えに来る、ボランティアが献血する）。もしイエスなら、お金を報酬にすると逆効果になる場合がある。
2. 成果が数値化できる場合（多くの仕事ではそれに該当する）、その数字に基づいて報酬を与える。できれば褒め言葉を添える。
3. 貢献度と成果の関連性が明確か（ベストを尽くす教師を考えてみよう）。その貢献度は測定可能か。測定可能な場合は、その貢献度に見合う報酬を与える。
4. 金銭的報酬が推奨する行動を相手が取り始めたとき、どのような想定外の事態が生じ得るかを考える（インドのコブラの例）。

個人の貢献度がはっきりしないチーム全体としての成果や、タスクの内容が時間の経過と共に変わってしまい、貢献度や成果を測定できない場合は、金銭的報酬を用いることは控えるべきだ。

その時は、本書が役に立つかもしれない。

実際には、**人を動かすにはお金以外の方法を用いるほうが効果的**なのだ。

おわりに

これであなたも、世の中に大量に存在し、まだまだ増え続けている様々なハウスフライ効果や認知バイアスについて詳しくなっただろう。

これらの認知バイアスが、無意識であれ意図的であれ、私たちを間違った方向に容赦なく、効果的に誘導できると知って、怒りや警戒感を覚えたかもしれない。

「もう二度と操られないぞ」と誓った認知バイアスもあるかもしれないし、職場で同僚に教えてあげたい認知バイアスの名前を覚えたかもしれない。

そして筆者と同じく、自分がこれらの効果に引っかかっていることが多いと気づいて、思わず笑ってしまったのではないだろうか。なぜなら、それが私たちの人間らしさでもあるからだ。

認知バイアスは、私たちの友人になり得る。飼い犬より身近かもしれないこの友人は、人生を楽しくしてくれることも多い。

あなたが海外旅行に行くとする。それは素晴らしいことだ。たとえそれが「Booking.com」のような旅行サイトのハウスフライ効果のせいで、思いがけず予約してしまったからだとしても。それはそれで、かまわないのではないだろうか？

翌日の朝早い時間に仕事のアポが入っているのに、いま夢中になっている恋人と夜通し踊り明かす。それが遠い将来よりも身近な喜びを優先させる**双曲割引**（hyperbolic discounting）によって引き起こされたことだとしても、そんなに悪いことだろうか？

もちろん、そんなことはない。

むしろ、あなたは**自分や他の人の背中を正しい方向へそっと一押しする**のに、本書で学んだ様々なハウスフライ効果を使いたくなるはずだ。

そうしてくれれば、私たち筆者も嬉しい限りだ。

しかし同時に、筆者は責任も感じている。私たちは、実弾入りの武器を町中《まちなか》で配ってしまったのではないか？

おそらく、それほどひどいことではないだろう。どんな認知バイアスを使ったとしても、私たち人間はそう簡単には行動を変えようとしない頑固な生き物でもあるのだから。

とはいえ、本書を締めくくる前に、いくつか伝えたいことがある。

「認知バイアスで人を動かす」ことは、倫理的に許されるのか

まずは今注目の話題でもある、倫理について考えてみよう。認知バイアスを使って人の行動を変えようとするのは、倫理的に許されることなのだろうか？　何らかの規制が必要ではないのだろうか？

『NUDGE 実践 行動経済学完全版』（日経BP）の共著者であるキャス・サンスティーンも、認知バイアスを使うときに考慮すべき倫理的配慮について言及している。*

まずは、認知バイアスの対象となる選択の重要性について考慮すべきだ。認知バイアスの多くは、比較的無害な選択を対象としている。それに、私たちを取り巻く人工的な環境にはなんらかの設計がなされているので、設計者はそうした環境がもたらす認知バイアスの効果を知っておいたほうがよいとも言える。選択の自由が守られる限り、たとえば消費者が特定の花を選ぶように誘導したとしても倫理的な問題はないはずだ。

とはいえ、たとえば選択の自由が守られていても、とうてい無害とは呼ぶことのできないあくどい認知バイアスの使い方もある。たとえば国民投票では、選択肢を記述する文言

や提示される順番が、人々の選択に影響を及ぼす。それによって、国民の生活を大きく左右する意思決定に影響が生じることになる。私たちは、こうした重要な場面に仕組まれた認知バイアスの影響がもたらす重大さに無自覚であることが多い。

また、あなたが誰かに対して認知バイアスを使う場合、その選択の重要性やそれが取り返しのつくものかどうかを考えることに加えて、**相手が何らかの影響を受けることを望んでいるかどうかも考慮すべき**だ。

これを判断するには、「この認知バイアス効果を、自分の大切な人に試したいか?」と自問してみるといい。試したいのなら、倫理面で問題はないはずだ。

＊キャス・サンスティーンは、認知バイアスの倫理的境界を定めた「Nudging Constitution」(ナッジの使用法に関する憲法)を策定している。

認知バイアスを使う権利は誰にでもある

ハウスフライ効果が公然と使われていて、また気づいてさえいれば簡単に避けられるものなら、その使用に反論するのは難しいという問題もある。

この話題についてなら、筆者2人は一晩中でも議論できそうだ。たとえばエヴァは、サブスクリプションがデフォルトで自動更新できないような法律を政府がつくるべきだと考えている。一方ティムは、電話やインターネット、ガス、電気、保険、Netflix、Spotifyを毎月手動で更新しなければならないのは面倒だと考えている。

エヴァは、ティムが広告の仕事で、社会的責任の意識が低い企業を顧客にしてきたことをからかうことがある。

ティムは自身が関わってきた慈善活動によって、それを償えるのだろうか？　それとも、砂糖や酒などを販売する企業の仕事は断るべきだったのだろうか？

ティムは一度、外科医の知人に「これまでに手術をしたくなかった患者はいたか」と尋ねたことがある。手術で命を救った重犯罪者が、回復後に誰かを殺すかもしれない。だがそれは医師である知人にとっては愚問だった。「人には誰でも医療を受ける権利がある」というのが知人の答えだった。

ティムは考えた。ならば、どの企業にもテレビコマーシャルを打つ権利があるのではないか。

認知バイアスはまだ社会で十分に活用されていない

エヴァは、ハウスフライ効果が多く使われ過ぎていることではなく、その反対の状況を懸念している。

つまり、**認知バイアスは社会のなかでまだ十分に活用されていない**のだ。

多くの組織が意義ある目標を掲げているが、誠実であろうとしすぎて、目標を達成するために認知バイアスをうまく使おうとしていない。

せっかく効果的な手段があるのに、それを使うことを拒否して世界を救わないのは、果たして倫理的だと言えるだろうか？

気候変動の問題もそうだ。様々な認知バイアスによって、人類はこの問題に適切に取り組めなくなっている。

エヴァは、この問題の難しさを、「気候変動に対処するために私たちが我慢しなければならない痛みは現在のものであり、その効果が生じるのは未来にあるため（現在バイアス）」とまとめている。

つまり、気候変動のために我慢をしたとしても、その貢献がもたらす成果に対して十分なフィードバックが得られないのだ。気候変動は緩やかなため、人々はその変化に気づきにくい。

周りの人の言動がわかりにくい（社会的証拠が確認しにくい）ことも、それを助長している。通常は、誰かが何かを買ったり、どこかへ行ったりすれば、周囲の人にもはっきりとわかる。だが、地球環境に貢献するために買い物や外国への旅行を控えていても、傍目からはわかりにくい。加えて、他の人たちが飛行機にのって世界中を旅しているときに、自分だけが家に取り残されるような〝カモ〟にはなりたくないという「サッカー効果」の心理も働く。さらに、人々は依然として「気候変動」というかしこまった表現の枠組みを通してこの問題を見ている。これは「世界危機」といった言葉よりも、パニックを引き起こしにくい。

つまり、もし**本当にこの問題を解決したいのなら、認知バイアスは絶対に無視できない**。この点においては、ティムもエヴァも完全に同意している。

「ハウスフライ効果」を自分で試してみよう

様々なハウスフライ効果と認知バイアスを見てきたあなたは、唯一絶対のハウスフライ効果はないことをもう理解しているはずだ。

そのうえ、ハウスフライ効果は環境に依存する。

では、私たちはどのようにしてこの新しい知識を応用できるのだろう？

たとえば、「同居人に、出かけるときは家の照明を消してほしい」ということが目的だとする。

この場合にどんなハウスフライ効果を使えばいいか、次の手順に従って考えてみよう。

認知バイアスで人を動かす、7つの手順

1 達成したい結果を明確にする。

2 必要な行動を図式化する（誰が、いつ、何をすべきか）。

3 行動の結果、事態が改善したことをどう測定するか決める（何を、いつ、どのくらいの期間測定するか）。

4 同居人の立場になってみる（頭のなかでイメージする、物理的に試す、本人と話す）。同居人は外出時に家の照明を消したくないのか、できるがしていないかったのか、その発想が

なかったのか？

5　ハウスフライ効果を使う。行動をもっと簡単にできないか、もっと魅力的にできないか、もっと社交的にできないか、もっとタイミングよくできないか。

6　試してみる（予想外の結果に気をつけよう！）。

7　成果を確認する。うまくいかなければ、5に戻る！

その結果は、たとえば次のようなものになる。

1a　電気代が下がる（同居人は出かけるときに照明を消す）。

2a　必要な行動（誰が、いつ、何をすべきか）を説明する図。

3a　あなたの帰宅時に家の照明が消えている回数を記録した表。

4a　同居人は子どものことで頭がいっぱいで、照明を消すことを忘れてしまう。

5a　家族と協力しながら、楽しく行う（例：照明を消すと音が鳴るようにして、子どもにスイッチを押させる）。

6a　2週間のうち8日は照明が消えていた（思わぬ副作用があった。照明を消すときに鳴らす音がうるさいと、隣人から苦情がきたのだ）。

7a　5に戻る。

私たちの日常は「行動実験」であふれている

適切な認知バイアスを慎重に活用すれば、たとえば、人々から搾取することなく、仕事を通してより良い選択をするのを手助けできる。だがそれでも、自分が実験材料にされたと知ったら相手は不快に感じることもあるだろう。

あなた自身も、第1章で本書の表紙に関する嘘の説明によって実験台にされたとき、不愉快に思ったかもしれない。

パンデミック時のマスク着用義務も、「行動実験だ」と言って不満を口にする人は多かった。

その一方で、オンラインストアのアマゾンが毎日行っている何千もの行動実験にはみんな熱心に参加している。

認知バイアスの実験は、私たちの社会生活の一部だ。政治的な広告であれフェイスブックの商業広告であれ、人気のテレビ番組の構成であれ税金の申告書であれ、様々な効果が日々、あらゆる場所で試されている。その意味では、この地球上で生きる誰もが何らかの形で、何かの実験の被験者になっている。実験を通して人々が何を望み、どんな行動をするかについての知識が得られ、それが世の中の役に立つのなら、被験者になることにも正当な理由があると言えるのではないだろうか。

まずは「4%の改善」を目指す

そして、実験から知識を得るためには測定が不可欠だ。測定すれば、認知バイアスがもたらす効果の大きさがわかるかもしれない。では、どれくらい大きければいいのだろうか？

一般的に、4%の改善が見られたら成功だと言えるだろう。これは、かなりの効果だ。世の中の様々な分野では、勝者が独り勝ちすることが多い。トイレットペーパーの販売であれ、米国の大統領選であれ、相手よりもほんの少し優れていれば、勝利してすべてを手に入れることができる。

営業担当者は、商品の売り上げを4%増やせたら、販売成績優秀賞をもらえるだろうし、昇進にもつながるだろう。しかも、効果は4%に留まらず、何倍にもなることだってある。

オランダ、ロッテルダムの地下鉄での実験によれば、快適な照明やアップビートな音楽、新鮮な香りを組み合わせたところ、旅行者の幸福度が上がった。

たとえばあなたがウェブサイトを運営しているのなら、本書の7つの章で紹介したテクニックを1つずつ、合計7点加えてみれば、ユーザーに与える印象を大幅に向上できるはずだ。

社会的証明や、効果的な物語、限定版の一時的な提供など、様々なハウスフライ効果を活用してみよう。**個別で試すだけでなく、組み合わせで試してみる**ことも大切だ。

「選択と行動」は、あなたの自由となった

人間の行動には、決まりきった1つのモデルがあるわけではない。だから、本書で紹介した認知バイアスは、成功が保証されているわけではない。それはあくまでも、真実に近づくための一助にすぎない。

その効果には大きなものや小さなもの、確度の高いものとあやふやなもの、一時的なものと永続的なものがある。

それでも、本書を読み終えたあなたは、こうした様々な認知バイアスとハウスフライ効

果の特徴を理解したことで、自分自身や周りの人たちの行動を、これまでとは違った視点で見ることができるようになっているはずだ。もし実際にあなたがそのような経験をするのなら、筆者にとってこれ以上嬉しいことはない。

この考えに共感してもらえるのなら、「#勘違いが人を動かす」のハッシュタグをつけ、これらの認知バイアスがもたらす興味深い効果について、自由にSNSで広めていただきたい。

もちろん、あなたがそうしたいのであれば、だ。

何を選ぶかは、あなた次第だ！

認知バイアスを使わずに、本書を締めくくることなどできない。

さきほどの文章は、**BYAF効果**（but you are free／でも、あなたの自由です）と呼ばれているものだ。相手に選択の自由があると強調すると、頼んだことをしてくれる可能性が高くなるのだ。

最後にこんな認知バイアスが来るのを、あなたは予期していたのではないだろうか？

謝辞

メイヴン・パブリッシングのサンダー・ロイスが私たち筆者2人を引き合わせてくれなければ、本書はこの世に存在しなかった。

私たちの著作権代理人であるセベス&ビセリングのウィリアム・ビセリングは、出版社との仲介をし、様々な助言をしてくれた。彼がいなければ、私たちはまだ2人でブログを書いていただろう。彼の同僚であるポール・セベス、レスター・ヘッキング、リック・クルーヴァアー、ヴィーレ・バンクがいなければ、本書をオランダ以外の国の人々に届けることはできなかった。

レネ・ドゥルローは、スペクトラムのチームと一緒に私たちのアイデアを1冊の本にしてくれた。レネ、マーク・ボーグマ、キース・ノルダ、レオン・グローエンと一緒に働くのは最高に楽しかった。

また、親身になり、批判的な視点で校正をしてくれた人たちにも心から感謝している。ヨースト・ヴァン・ゲルダー、リサ・ベッキング、メノ・スヒルトハウゼンには、原著のハエの家系図を組み立てるのを手伝ってもらった。ジョエル・ファン・デル・ウィーレ、ウィルテ・ゼルストラ、ヨナ・リンデ、ヨーリス・ジレット、ヨ・ハームス、カリン・ボンガース、フロリス・ヒューケロム、ハンナ・シュミッドバーガー、特にエイリアン・ファン・デル・フリートは、自らの専門知識を活かして各章をより良いものにしてくれた。

イヴェット・ファン・デル・ミールは、推敲上の助言をくれ、本書の文章に素晴らしい趣を与えてくれた。

バス・アーリングスは、効果的なサブタイトルと表紙に関する消費者調査を実施し、私たちが本書に書いたことを実践する手助けをしてくれた。もちろん、原著の表紙コンセプトはハウスフライ効果の知識を活用してつくらなければならなかった。そして、デボラ・ボスブームほどの適任者はいなかった。ケラ・ブッシュは原稿を見事に英語に訳してくれた。本書の外国語版は、この英語バージョンがベースになっている。私たちのオランダ語のジョークが読者の母語でも通じているのなら、それはケラのおかげだ。

もちろん、本書に記載された過度の単純化や、研究結果への異議、ひねくれた言い回しに何か問題があれば、すべて筆者に責任がある。私たち筆者も、イケア効果のような悪名高いハウスフライ効果から逃れられないのだ。

エヴァからの私信

ティムとの共同作業を通して、私はこの分野がいかに魅力的かや、物事を軽やかに説明する方法、接続詞の効果的な使い方を学んだ。

あなたが私の言いたいことをすぐに理解してくれ、しかもそれを説明するのにまったく別の例を簡単に出してくれるので、実に仕事がやりやすかった。私にとってコロナ禍のロックダウン中の本書の執筆作業は、数々の鋭い意見を電光石火のように繋げてくるあなたからのメッセージによって、まるでゲームをプレイしているような目まぐるしく楽しいものだった。もしこの本が3刷まで重版したら、あなたは私に自分と同じようなハウスフライのタトゥーを入れることを説得しようとするかもしれない——この共同作業がいかに素晴らしいものだったかを忘れないために。

幼い頃、一緒に小冊子や物語をつくるのを手伝ってくれた両親、批判への対処方法を教えてくれた恩師のゲル・クライス、メノ・リーヴァーズ、ピーター・トッドに、この本を捧げる。

ティムからの私信

本を書くのは苦しいことのはずだ。それは人里離れた山小屋に籠って、真っ白なページと格闘するようなものだ。けれども、エヴァとこの本を書くのは、まったく別物だった。毎週、すぐに誰かに話したくなるような閃きや発見がいくつもあった。僕たちは言葉によるジャムセッションのような議論をした。彼女は僕にわかるように専門的な知識を講義し、僕の矛盾した考えに筋道をつけてくれた。

読者が本書から、僕が君から学んだことの半分だけでも学んでくれたら、それだけでもう大成功だ。続編にも期待している！

この本を作家だった母に、作家である妻に、作家になりたい娘に捧げる。そして父にも。父なくして、僕の人生は考えられない。

訳者あとがき

本書の翻訳は、日高歩氏、鈴木裕子氏、矢能千秋氏、濱浦奈緒子氏、後藤真理子氏、渡辺亜矢氏、茂木澄花氏、岸本礼美氏、小島ともみ氏と共同で行った。訳文の最終的な責任はすべて私にある。

最後に、日本語版の制作意図を明確に示し、本書をより良いものにするための様々なアイデアを提案し、見事に原稿を整理して日本語読者向けにぴったりと合った一冊に仕上げてくださったダイヤモンド社書籍編集局第三編集部の林拓馬氏のご尽力に、心よりお礼申し上げる。

2023年9月
児島　修

人を動かす71の認知バイアス
使ってみたい認知バイアスには☑を入れておこう

はじめに

01 □ バタフライ効果（***Butterfly effect***）

ある場所での蝶の羽ばたきが、遠くの場所でのハリケーンを引き起こすような、小さなことが大きな結果をもたらす現象のこと

02 □ 「効果」効果（***Effect effect***）

一般的に、人は「効果」という言葉が用いられた現象に興味を持つこと

03 □ ゴールデンハンマー効果（***Golden hammer effect***）

ある解決策がうまくいくと、それがすべての問題を解決してくれるように感じられること

第１章　脳に騙される私たち
——自分にとって都合のいいことばかり考えてしまう理由

04 □ フォアラー効果（***Forer effect***）

自分自身について書かれたあいまいで一般的な記述について、だいたい誰にでも当てはまることだとは考えずに、まさに自分にぴったりの記述だと考えてしまうこと

05 □ ダニング＝クルーガー効果（***Dunning-Kruger effect***）

ある事柄について少しだけ知識がある人は、自らの専門性を過大に評価しやすいこと

06 □ 根本的な帰属の誤り（***Fundamental attribution error***）

自分が成功したときや誰かが失敗したとき、個人の性格や特性などの内的要因を重視し、そのときの状況など外的要因を軽視すること

07 □ プラシーボ効果（***Placebo***）

プラシーボ（偽薬）を投与された人に本物の薬として働く好ましい効果。これ

は、投与されたのがプラシーボとわかっていても起こる

08 ノシーボ効果（*Nocebo*）

□ プラシーボを投与された人に、本物の薬の副作用の症状が現れること

09 デルブーフ錯視（*Delboeuf illusion*）

□ 円の大きさを相対的に見て判断させようとする錯視

10 プライミング効果（*Priming*）

□ 直前に考えたことに脳が強く反応する現象

第2章 なぜ人は怠けてしまうのか ——「面倒くさい」を脱し「すぐやる人」になる方法

11 ビコーズ・バリデーション（*Because validation*）

□ 人に何か依頼する際は、筋が通っているかどうかは関係なく、「なぜなら」「だって」と言った方が聞き入れてもらいやすいこと

12 複雑バイアス（*Complexity bias*）

□ 人は簡単な説明より（必要以上に）複雑な説明を求める傾向があること

13 説明深度の錯覚（*Illusion of explanatory depth*）

□ 物事の複雑な仕組みを知っているつもりになること

14 選択アーキテクチャ（*Choice architecture*）

□ 選択肢の提示方法によって選択を誘導すること。極端な選択肢や意味のない選択肢を追加（または削除）すること

15 おとり効果（*Decoy effect*）または ダミー選択肢（*dud option*）

□ 客観的に見て魅力に乏しい選択肢、つまりダミーの選択肢を追加することで、別の選択肢に誘導すること

16 デフォルト効果（*Default effect*）

□ デフォルトの選択肢から変更する労力を割く人はほとんどいないこと

17 アベイラビリティ・バイアス（*Availability bias*）

□ 印象が強く頭に残っているものは実際以上に重要に感じられること

18 エンダウド・プログレス効果（*Endowed progress*）

□ 時間と労力を割いた分だけ、それをやめることがもったいないと感じること

19 ツァイガルニク効果（*Zeigarnik effect*）

□ 未完了のタスクは完了したタスクよりもよく覚えている傾向があること

20 変化するリワード（報酬）（*Variable reward*）

□ 予測不能な報酬には依存性があること

21 意思と行動のギャップ（*Intention action gap*）

□ しようと意図したことと、実際にしている行動との間にギャップが生まれること

22 生成効果（*Generation effect*）

□ 自分の頭で考えて情報を生成した場合（文を完成させるなど）、その情報を忘れにくくなること

第 3 章 「想像の痛み」から逃げたい ――不安やストレスに振り回されない技術

23 損失回避（*Loss aversion*）

□ 人には何かを失うことを避ける傾向があること

24 授かり効果（*Endowment effect*）

□ 所有するものを売らねばならなくなった場合、そのものの価値を本来のものより高価に感じること

25 確実性効果（*Certainty effect*）

□ 人には、選択に際して確実なものを選ぶ傾向があること

26 リスク回避（*Risk aversion*）

□ （プロスペクト理論の一部）成功に対する魅力よりも、リスクを回避する傾向のほうが強いこと

27 自然リスクバイアス（*Natural risk bias*）

□ 人には「人工の」リスクよりも生来のリスクを受け入れる傾向があること

28 曖昧さ回避（*Ambiguity aversion*）

☐ 人には曖昧なリスクよりも明らかになっているリスクを選択する傾向があること

29 予期的後悔（*Anticipated regret*）

☐ 人は判断をするときに、将来に感じる後悔を予測すること

30 ダチョウ効果（*Ostrich effect*）

☐ 人は、自分にとって望ましくない情報を避けるために労力を割き、そのために喜んでお金を払うことがあること

第4章　「人と同じ」じゃないと不安
――「同調」と「社会性」を使いこなす

31 ソーシャルプルーフ（*Social proof*）またはバンドワゴン効果（*bandwagon effect*）

☐ 他人の行動によって自分の意見（行動）が変わること

32 希少性（*Scarcity*）

☐ 手に入りづらいからこそ欲しくなること

33 スノッブ効果（*Snob effect*）

☐ 多くの人が所有すると、その物の価値が下がると感じられること

34 ベストセラー効果（*Bestseller effect*）

☐ あるものの売れ行きが突出しているという事実によって、さらに売れること

35 社会規範（*Social norm*）

☐ 集団内でどう振る舞うべきかを示す規則や原則

36 いいカモ効果（*The Village idiot effect*）または
サッカー効果（*sucker effect*）

☐ “いいカモ”にならないように、他人より自分を優先すること

37 モラル・ライセンシング効果（*Moral licensing effect*）

☐ 善い行いをすると道徳的な行動をやめたり、悪い行いをしやすくなること

38 競争的利他主義（***Competitive altruism***）

☐ 集団内での地位を向上させるために、利他的な行動で互いに相手を上回ろうとする傾向

39 どうにでもなれ効果（***What the hell effect***）

☐ 悪い行いをした後は、さらに悪い行いをしやすくなること

40 白衣効果（***White coat effect***）または 権威効果（***authority effect***）

☐ 権威のある外見的特徴を持つ人の指示にいとも簡単に従ってしまうこと

41 赤いスニーカー効果（***Red Sneakers effect***）

☐ 本来求められる服装をしないことが究極のステータスシンボルになることがある（例：赤いスニーカーを履くCEO）

42 温情効果（***Warm glow effect***）

☐ 他人に親切にすると気分がよくなること

43 ネガティブなソーシャルプルーフ（***Negative social proof***）

☐ ネガティブな行動が一般的であるという情報により、意図せずその行動が誘発されること

第5章 「今すぐ欲しい」が「まだやりたくない」——「時間」を効率的に使うコツ

44 順序効果（***Order effect***）

☐ 提示される選択肢の順序によって選ぶものが変わること（最初のものを選ぶプライマシー効果と、直前に見聞きしたものを選ぶリセンシー効果などがある）

45 目標達成の代行（***Vicarious goal fulfilment***）

☐ 目標に沿った行動の後には、誘惑に負けても大丈夫と思ってしまうこと

46 自我消耗（***Ego depletion***）

☐ 誘惑に耐えれば耐えるほど、意志力が尽きて誘惑に耐えられなくなること

47 ピーク・エンドの法則（***Peak-end-rule***）

☐ 出来事を振り返るとき、ピーク時の感情と終了時の感情で評価を下すこと

48 感情移入ギャップ（*Hot/cold empathy gap*）

□ 人は、異なる状況の下で自分が何を感じ、どのように行動するかを予測することが苦手であること

49 現在バイアス（*Present bias*）

□ 将来受け取る報酬よりも今すぐ受け取る報酬を過大評価する傾向があること

50 双曲割引（*Hyperbolic discounting*）

□ 「現在バイアス」を参照。さらに、この過大評価は、52週後と53週後を比べたときよりも、今と1週間後を比べたときのほうがより大きくなる

51 誘引バンドル（*Temptation bundling*）

□ しなければならないがなかなか始められないことや習慣化したいことは、楽しみと抱き合わせると行動しやすくなること

52 コミットメント（*Commitment*）

□ 撤回不可能な条件を約束・宣言することで目的を達成すること

53 先延ばし行動（*Procrastination*）

□ しなければならないことを先送りにすること

54 実行意図（*Implementation intentions*）

□ 計画を“いつ、どこで、何をすべきか”に落とし込んで具体化することで、実現する可能性が高まること

第6章 知らぬ間に注目している
——誘惑の仕組みを利用する

55 フォーカシング効果（*Focusing illusion*）または注目効果（*Attention effect*）

□ あるものに注意を向けたとたん、それが実際より重要に思えてくること

56 フォン・レストルフ効果（*Von Restorff effect*）

□ 周りと違うものは目立って印象的に感じ、記憶に残りやすいこと

57 単純接触効果（*Mere exposure effect*）

□ 人は接触すればするほどその対象に好意を抱くようになること

58 非注意性盲目（*Inattentional blindness*）
□ 馴染みすぎる対象には注意が向かなくなること

59 プラットフォール効果（*Pratfall effect*）または 不完全（*imperfection*）
□ （つまらない）失敗をすると、より尊敬の念を抱かれることが多いこと

60 フレーミング（*Framing effect*）
□ 相手がどのようなレンズを通してものを見るかを誘導すること

61 キーツ・ヒューリスティック（*Keats heuristic*）
□ 魅力的な文章ほどその内容を正しいと感じさせること

62 参照効果（*Reference effect*）または アンカリング（*anchoring*）
□ 評価や見積もりをするとき、関連のない数字に影響されること

63 物語の誤謬（*Narrative fallacy*）
□ 脳が実際にはよくわからない事実を因果関係を伴う物語に変えてしまうこと

64 身元のわかる犠牲者効果（*Identifiable victim*）
□ 大きな数字より、1人の特定できる犠牲者の話のほうが人を動かしやすいこと

65 ステータスシンボル（*Status symbols*）
または誇示散財（*conspicuous consumption*）
□ 人目を引く高価な商品がステータスを上げること

66 ヴェブレン財（*Veblen goods*）
□ 値段が上がるほど需要が増える商品

67 ロミオとジュリエット効果（*Romeo and Juliet effect*）
□ 手に入らないものやできないことに大きな魅力を感じること

第7章　報酬はどう与えるべきか
──「アメとムチ」をうまく使うために

68 □ **コブラ効果（*Cobra effect*）あるいは意図しない結果の法則（*Law of unintended consequences*）**

報酬が逆効果をもたらすなど、意図した結果とは逆の結果になり、状況がさらに悪化すること

69 □ **押し出し効果（*Crowding out effect*）**

報酬が内発的動機を台無しにすること

70 □ **グッドハートの法則（*Goodhart's Law*）**

目標達成のための指標（数字）が目的そのものになると、人は行動を変えて指標を目指すのでその指標が意味を失うこと

おわりに

71 □ **BYAF効果（*but you are free*）**

「でも、あなたの自由です」と相手に選択の自由があると強調すると、頼んだことをしてくれる可能性が高くなること

原注

はじめに

1. Evans-Pritchard, B. (2013), 'Aiming to reduce cleaning costs' in: Works that work, nr. 1, 2013.

第 1 章

1. Poundstone, W. (2016), Head in the cloud: Why knowing things still matters when facts are so easy to look up. Little, Brown Spark.
2. Muller, A., L.A. Sirianni en R.J. Addante (2021), 'Neural correlates of the Dunning-Kruger effect' in: European Journal of Neuroscience, 53 (2), 460-484.
3. Konnikova, M. (2016), The confidence game: Why we fall for it... Every time. Penguin.
4. Kurzban, R. (2012), Why everyone (else) is a hypocrite: Evolution and the modular mind. Princeton University Press.
5. Kross, E. (2021), Chatter: The Voice in Our Head and How to Harness It. Random House.
6. Schwardmann, P. en J. van der Weele (2019), 'Deception and self-deception' in: Nature human behaviour, 3 (10), 1055-1061.
7. Charness, G., A. Rustichini en J. van de Ven (2018), 'Self-confidence and strategic behavior' in: Experimental Economics, 21 (1), 72-98.
8. Azucar, D., D. Marengo en M. Settanni (2018), 'Predicting the Big 5 personality traits from digital footprints on social media: A meta-analysis' in: Personality and individual differences, 124, 150-159.
9. Zarouali, B., T. Dobber, G. de Pauw en C. de Vreese (2020), 'Using a personality-profiling algorithm to investigate political microtargeting: assessing the persuasion effects of personality-tailored ads on social media' in: Communication Research, 0093650220961965.
10. Vedantam, S. (Host) (2018), 'Everybody lies, and that's not always a bad thing.' Podcast Hidden Brain, NPR, 9 april 2018.
11. Andreoni, J., J.M. Rao en H. Trachtman (2017), 'Avoiding the ask: A field experiment on altruism, empathy, and charitable giving' in: Journal of Political Economy, 125 (3), 625-653.
12. Plassmann, H., J. O'Doherty, B. Shiv en A. Rangel (2008), 'Marketing actions can modulate neural representations of experienced pleasantness' in Proceedings of the National Academy of Sciences, 105 (3), 1050-1054.
13. Thunström, L., J. Nordström, J.F. Shogren, M. Ehmke en K. van't Veld (2016), 'Strategic self-ignorance' in: Journal of Risk and Uncertainty, 52 (2), 117-136.
14. Holden, S.S., N. Zlatevska en C. Dubelaar (2016), 'Whether smaller plates reduce consumption depends on who's serving and who's looking: a metaanalysis' in: Journal of the Association for Consumer Research, 1 (1), 134-146.
15. Karremans, J.C., W. Stroebe en J. Claus (2006), 'Beyond Vicary's fantasies: The impact of subliminal priming and brand choice' in: Journal of experimental social psychology, 42 (6), 792-798.

第 2 章

1. Thaler, Richard H. en Cass R. Sunstein (2008), Nudge: Improving decisions about health,

wealth, and happiness. Springer.
2. Simon, H.A. (1971), 'Designing Organizations for an Information-Rich World' in: Martin Greenberger, Computers, Communication, and the Public Interest. The Johns Hopkins Press, p. 40-41.
3. Deng, B. (2015), 'Papers with shorter titles get more citations' in: Nature News.
4. Langer, E.J., A. Blank en B. Chanowitz (1978), 'The mindlessness of ostensibly thoughtful action: The role of "placebic" information in interpersonal interaction' in: Journal of personality and social psychology, 36 (6), 635.
5. Gigerenzer, G., R. Hertwig, E. van den Broek, B. Fasolo en K. Katsikopoulos (2005). "A 30% chance of rain tomorrow": How does the public understand probabilistic weather forecasts? Risk Analysis, 25(3), 623-629.
6. Iyengar, S.S. en M.R. Lepper (2000), 'When choice is demotivating: Can one desire too much of a good thing?' in: Journal of personality and social psychology, 79 (6), 995.
7. Chernev, A., U. Boeckenholt en J. Goodman (2015), 'Choice overload: A conceptual review and meta-analysis' in: Journal of Consumer Psychology, 25 (2), 333-358.
8. Johnson, E.J. en D. Goldstein (2003), 'Do defaults save lives?' in: Science, 302 (5649), 1338-1339.
9. Paunov, Y., M. Wänke en T. Vogel (2019), 'Transparency effects on policy compliance: disclosing how defaults work can enhance their effectiveness' in: Behavioural Public Policy, 3 (2), 187-208.
10. Steeg, M. van der en I. Waterreus (2015), 'Gedragsinzichten benutten voor beter onderwijsbeleid' in: Economisch Statistische Berichten, 100 (4707), 219-221.
11. Eyal, N. (2014), Hooked: How to build habit-forming products. Penguin.
12. Diemand-Yauman, C., D.M. Oppenheimer en E.B. Vaughan (2011), 'Fortune favors the bold (and the italicized): effects of disfluency on educational outcomes' in: Cognition, 118 (1), 111-115.
13. Song, H. en N. Schwarz (2008), 'If it's hard to read, it's hard to do: Processing fluency affects effort prediction and motivation' in: Psychological science, 19 (10), 986-988.

第 3 章

1. Kahneman, D., J.L. Knetsch en R.H. Thaler (1990), 'Experimental tests of the endowment effect and the Coase theorem' in: Journal of political Economy, 98 (6), 1325-1348.
2. Knutson, B., S. Rick, G.E. Wimmer, D. Prelec en G. Loewenstein (2007), 'Neural predictors of purchases' in: Neuron, 53 (1), 147-156.
3. Briers, B. en S. Laporte (2010), 'Empty pockets full stomachs: How monetary scarcity and monetary primes lead to caloric desire' in: NA – Advances in Consumer Research Volume 37, 570-571.
4. Bar-Eli, M., O. Azar en Y. Lurie (2009), '(Ir) rationality in action: do soccer players and goalkeepers fail to learn how to best perform during a penalty kick?' in: Progress in brain research, Vol. 174, 97-108.
5. Wolf, M., & Weissing, F. J. (2010). An explanatory framework for adaptive personality differences. Philosophical Transactions of the Royal Society B: Biological Sciences, 365(1560), 3959-3968.
6. Hintze, A., R.S. Olson, C. Adami en R. Hertwig (2015), 'Risk sensitivity as an evolutionary adaptation' in: Scientific reports, 5 (1), 1-7.
7. Kuhn, P.J., P. Kooreman, A.R. Soetevent en A. Kapteyn (2008), The own and social effects of an unexpected income shock: evidence from the Dutch Postcode Lottery (No. w14035). National Bureau of Economic Research.
8. Odermatt, R. en A. Stutzer (2019), '(Mis-)

predicted subjective well-being following life events' in: Journal of the European Economic Association, 17 (1), 245-283.

9. Shin, J. en D. Ariely (2004), 'Keeping doors open: The effect of unavailability on incentives to keep options viable' in: Management science, 50 (5), 575-586.
10. Van Ittersum, K., B. Wansink, J.M. Pennings en D. Sheehan (2013), 'Smart shopping carts: How real-time feedback influences spending.' Journal of Marketing, 77 (6), 21-36.
11. Sunstein, C.R. (2020), Too Much Information: Understanding what You Don't Want to Know. MIT Press.
12. Karlsson, N., G. Loewenstein en D. Seppi (2009), 'The ostrich effect: Selective attention to information' in: Journal of Risk and uncertainty, 38 (2), 95-115.
13. Thunström, L. (2019), 'Welfare effects of nudges: The emotional tax of calorie menu labeling' in: Judgment and Decision making, 14 (1), 11.
14. Sunstein, C.R., S. Bobadilla-Suarez, S.C. Lazzaro en T. Sharot (2016), 'How people update beliefs about climate change: Good news and bad news' in: Cornell L. Rev., 102, 1431.

第 4 章

1. Lessne, G.J. en E.M. Notarantonio (1988), 'The effect of limits in retail advertisements: A reactance theory perspective' in: Psychology & Marketing, 5 (1), 33-44.
2. Salganik, M.J., P.S. Dodds en D.J. Watts. (2006), 'Experimental study of inequality and unpredictability in an artificial cultural market' in: Science, 311 (5762), 854-856.
3. Keizer, K., S. Lindenberg en L. Steg (2008), 'The spreading of disorder' in: Science, 322 (5908), 1681-1685.
4. Liel, Y. en L. Zalmanson (2020), 'What If an AI Told You That 2+ 2 Is 5? Conformity to Algorithmic Recommendations' in: Proceedings ICIS 2020, https://icis2020.aisconferences.org.
5. The Behavioural Insights Team (2019). Behavioural Insights for building the police force for tomorrow. Rapport van www.bi.team
6. Bursztyn, L., A.L. González en D. Yanagizawa-Drott (2020), 'Misperceived social norms: Women working outside the home in Saudi Arabia' in: American Economic Review, 110 (10), 2997-3029.
7. Sparkman, G. en G.M. Walton (2017), 'Dynamic norms promote sustainable behavior, even if it is counternormative' in: Psychological science, 28 (11), 1663-1674.
8. Herrmann, B., C. Thöni en S. Gächter (2008), 'Antisocial punishment across societies' in: Science, 319 (5868), 1362-1367.
9. Thöni, C. en S. Volk (2018), 'Conditional cooperation: Review and refinement' in: Economics Letters, 171, 37-40.
10. Luca, M. (2017), 'Designing online marketplaces: Trust and reputation mechanisms' in: Innovation Policy and the Economy, 17 (1), 77-93.
11. Edelman, B., M. Luca en D. Svirsky (2017), 'Racial discrimination in the sharing economy: Evidence from a field experiment' in: American Economic Journal: Applied Economics, 9 (2), 1-22.
12. Sezer, O., F. Gino en M.I. Norton (2018), 'Humblebragging: A distinct – and ineffective – self-presentation strategy' in: Journal of Personality and Social Psychology, 114 (1), 52.
13. Zahavi, A. (1990), 'Arabian babblers: the quest for social status in a cooperative breeder' in: Cooperative breeding in birds: long-term studies of ecology and behaviour, 105-130.
14. Northover, S.B., W.C. Pedersen, A.B. Cohen en P.W. Andrews (2017), 'Artificial surveillance cues do not increase generosity:

Two meta-analyses' in: Evolution and Human Behavior, 38 (1), 144-153.

15. Iredale, W., M. van Vugt en R. Dunbar (2008), 'Showing Off in Humans: Male Generosity as a Mating Signal' in: Evolutionary Psychology, 6 (3), 386 –392. https://doi.org/10.1177/147470490800600302
16. Ariely, D. (2012), Heerlijk oneerlijk: hoe we allemaal liegen, met name tegen onszelf. Maven Publishing.
17. Bickman, L. (1974), 'The Social Power of a Uniform 1' in: Journal of applied social psychology, 4 (1), 47-61.
18. Nagel, R. (1995), 'Unraveling in guessing games: An experimental study' in: The American Economic Review, 85 (5), 1313-1326.
19. Kidd, D. en E. Castano (2019), 'Reading literary fiction and theory of mind: Three preregistered replications and extensions of Kidd and Castano (2013)' in: Social Psychological and Personality Science, 10 (4), 522-531.
20. Premack, D. en A.J. Premack (1997), 'Infants attribute value ± to the goaldirected actions of self-propelled objects' in: Journal of cognitive neuroscience, 9 (6), 848-856.
21. Strohmetz, D.B., B. Rind, R. Fisher en M. Lynn (2002), 'Sweetening the till: the use of candy to increase restaurant tipping 1' in: Journal of Applied Social Psychology, 32 (2), 300-309.
22. Smith, Adam (1776), An Inquiry into the Nature and Causes of the Wealth of Nations. 1 London: W. Strahan.
23. Darwin, C. (1989), The Works of Charles Darwin: The descent of man, and selection in relation to sex (Vol. 2). NYU Press.
24. Yuan Yuan, Tracy Xiao Liu, Chenhao Tan, Qian Chen, Alex Pentland en Jie Tang (2020), 'Gift Contagion in Online Groups: Evidence from Wechat Red Packets' Working paper, preprint www.MIT.edu.
25. Watanabe, T., M. Takezawa, Y. Nakawake, A. Kunimatsu, H. Yamasue, M. Nakamura, Y. Miyashita en N. Masuda (2014), 'Two distinct neural mechanisms underlying indirect reciprocity' in: Proceedings of the National Academy of Sciences, 111 (11), 3990-3995.

第 5 章

1. Mischel, W. en E.B. Ebbesen (1970), 'Attention in delay of gratification' in: Journal of Personality and Social Psychology, 16 (2), 329.
2. Bar, M. (2010), 'Wait for the second marshmallow? Future-oriented thinking and delayed reward discounting in the brain' in: Neuron, 66 (1), 4-5.
3. Thunström, L., J. Nordström en J.F. Shogren (2015), 'Certainty and overconfidence in future preferences for food' in: Journal of Economic Psychology, 51, 101-113.
4. Chatterjee, K., S. Chng, B. Clark, A. Davis, J. De Vos, D. Ettema S. Hardy en I. Reardon (2020), 'Commuting and wellbeing: a critical overview of the literature with implications for policy and future research' in: Transport reviews, 40 (1), 5-34.
5. Frey, B.S. en A. Stutzer (2018), Economics of happiness. New York: Springer International Publishing.
6. Wilcox, K., B. Vallen, L. Block en G.J. Fitzsimons (2009), 'Vicarious goal fulfillment: When the mere presence of a healthy option leads to an ironically indulgent decision' in: Journal of Consumer Research, 36 (3), 380-393.
7. Lerner, J.S. en D. Keltner (2001), 'Fear, anger, and risk' in: Journal of personality and social psychology, 81 (1), 146.
8. Buser, T. (2016), 'The impact of losing in a competition on the willingness to seek further

challenges' in: Management Science, 62 (12), 3439-3449.

9. Niederle, M. en L. Vesterlund (2007), 'Do women shy away from competition? Do men compete too much?' in: The quarterly journal of economics, 122(3), 1067-1101.
10. Coates, J.M. en J. Herbert (2008), 'Endogenous steroids and financial risk taking on a London trading floor' in: Proceedings of the national academy of sciences, 105(16), 6167-6172.
11. Mehta, P.H. en S. Prasad (2015), 'The dual-hormone hypothesis: a brief review and future research agenda' in: Current opinion in behavioral sciences, 3, 163-168.
12. Danziger, S., J. Levav en L. Avnaim-Pesso (2011), 'Extraneous factors in judicial decisions' in: Proceedings of the National Academy of Sciences, 108 (17), 6889-6892.
13. Dai, H., K.L. Milkman, D.A. Hofmann en B.R. Staats (2015), 'The impact of time at work and time off from work on rule compliance: the case of hand hygiene in health care' in: Journal of Applied Psychology, 100 (3), 846.
14. Linder, J.A., J.N. Doctor, M.W. Friedberg, H.R. Nieva, C. Birks, D. Meeker en C.R. Fox (2014), 'Time of day and the decision to prescribe antibiotics' in: JAMA internal medicine, 174 (12), 2029-2031.
15. Kahneman, D., B.L. Fredrickson, C.A. Schreiber en D.A. Redelmeier (1993), 'When more pain is preferred to less: Adding a better end' in: Psychological science, 4(6), 401-405.
16. Bejan, A. (2019), 'Why the days seem shorter as we get older' in: European Review, 27 (2), 187-194.
17. Cialdini, R. (2018), 'Why the world is turning to behavioral science' in: Samson, A., (2018) 'The Behavioral Economics Guide 2018'.
18. Goldszmidt, A., J.A. List, R.D. Metcalfe, I. Muir, V.K. Smith en J. Wang (2020), The Value of Time in the United States: Estimates from Nationwide Natural Field Experiments (No. w28208). National Bureau of Economic Research.
19. Mani, A., S. Mullainathan, E. Shafir en J. Zhao (2013), 'Poverty impedes cognitive function' in: Science, 341 (6149), 976-980.
20. Shah, A.K., S. Mullainathan en E. Shafir (2012), 'Some consequences of having too little' in: Science, 338(6107), 682-685.
21. Autoriteit Financiële Markten (AFM, 2016). Let op: geld lenen kost geld. Een onderzoek naar de effectiviteit van een waarschuwing in kredietreclames, www.afm.nl.
22. Chen, M.K. (2013), 'The effect of language on economic behavior: Evidence from savings rates, health behaviors, and retirement assets' in: American Economic Review, 103 (2), 690-731.
23. Reuben, E., P. Sapienza en L. Zingales (2015), 'Procrastination and impatience' in: Journal of Behavioral and Experimental Economics, 58, 63-76.
24. DellaVigna, S. en U. Malmendier (2006), 'Paying not to go to the gym' in: American economic Review, 96 (3), 694-719.
25. Kaur, S., M. Kremer en S. Mullainathan (2015), 'Self-control at work' in: Journal of Political Economy, 123 (6), 1227-1277.
26. Ariely, D. en K. Wertenbroch (2002), 'Procrastination, deadlines, and performance: Self-control by precommitment' in: Psychological science, 13 (3), 219-224.

第 6 章

1. Goldstein, Noah, Steve J. Martin en Robert B. Cialdini (2008), YES! 50 secrets from the science of persuasion. Simon and Schuster.
2. Pennycook, G., Binnendyk, J., Newton, C., & Rand, D. G. (2020). A practical guide to doing behavioural research on fake news and

misinformation. Working paper, www.psyarchiv.org.
3. Aronson, E., B. Willerman en J. Floyd (1966), 'The effect of a pratfall on increasing interpersonal attractiveness' in: Psychonomic Science, 4 (6), 227- 228.
4. Sanford, A.J., N. Fay, A. Stewart en L. Moxey, L. (2002), 'Perspective in statements of quantity, with implications for consumer psychology' in: Psychological science, 13 (2), 130-134.
5. Tversky, A. en D. Kahneman (1981), 'The framing of decisions and the psychology of choice' in: Science, 211 (4481), 453-458.
6. McGlone, M.S. en J. Tofighbakhsh (2000), Birds of a feather flock conjointly (?): Rhyme as reason in aphorisms. Psychological science, 11 (5), 424-428.
7. Jung, M.H., H. Perfecto en L.D. Nelson (2016), 'Anchoring in payment: Evaluating a judgmental heuristic in field experimental settings' in: Journal of Marketing Research, 53 (3), 354-368.
8. Guthrie, C., J.J. Rachlinski en A.J. Wistrich (2000), Inside the judicial mind. Cornell L. Rev., 86, 777.
9. Zhang, D., Y. Salant en J.A. van Mieghem (2018), 'Where did the time go? On the increase in airline schedule padding over 21 years' in: On the Increase in Airline Schedule Padding over,21 years. Working paper.
10. Glenn, Joshua en Rob Walker (2012), Significant Others. Fantagraphics Books.

第 7 章

1. Swisher III, C. C., Curtis, G. H., & Lewin, R. (2001), Java Man: How Two Geologists Changed Our Understanding of Human Evolution. University of Chicago Press.
2. Dur, R. en M. van Lent (2019), 'Socially useless jobs' in: Industrial Relations: A Journal of Economy and Society, 58 (1), 3-16.
3. Gneezy, U., J.A. List, J.A. Livingston, X. Qin, S. Sadoff en Y. Xu (2019), 'Measuring success in education: the role of effort on the test itself' in: American Economic Review: Insights, 1 (3), 291-308.
4. Duflo, E., R. Hanna en S.P. Ryan (2012), 'Incentives work: Getting teachers to come to school' in: American Economic Review, 102 (4), 1241-78.
5. Levitt, S.D., J.A. List, S. Neckermann en S. Sadoff (2016), 'The behavioralist goes to school: Leveraging behavioral economics to improve educational performance' in: American Economic Journal: Economic Policy, 8 (4), 183-219.
6. Mas, A. (2016), 'Does Disclosure Affect CEO Pay Setting? Evidence from the Passage of the 1934 Securities and Exchange Act.' Working paper, Princeton University, Industrial Relations Section.
7. Ariely, D., U. Gneezy, G. Loewenstein en N. Mazar (2009), 'Large stakes and big mistakes' in: The Review of Economic Studies, 76 (2), 451-469.
8. Cohn, A., E. Fehr en L. Goette (2015), 'Fair wages and effort provision: Combining evidence from a choice experiment and a field experiment' in: Management Science, 61 (8), 1777-1794.
9. Falk, A., F. Kosse, I. Menrath, P.E. Verde en J. Siegrist (2018), 'Unfair pay and health' in: Management Science, 64 (4), 1477-1488.
10. Bohnet, I. (2016), What works. Harvard University Press.
11. Mellström, C. en M. Johannesson (2008), 'Crowding out in blood donation: was Titmuss right?' in: Journal of the European Economic Association, 6 (4), 845-863.
12. Kouchaki, M., K. Smith-Crowe, A.P. Brief en C. Sousa (2013), 'Seeing green: Mere exposure to money triggers a business decision frame

and unethical outcomes' in: Organizational Behavior and Human Decision Processes, 121 (1), 53-61.

13. Falk, A. en N. Szech (2013), 'Morals and markets' in: Science, 340 (6133), 707-711.
14. Cohn, A., E. Fehr en M.A. Maréchal (2014), 'Business culture and dishonesty in the banking industry' in: Nature, 516 (7529), 86-89.
15. Gneezy, U. en A. Rustichini (2000), 'A fine is a price' in: The Journal of Legal Studies, 29 (1), 1-17.
16. Halperin, B., B. Ho, J.A. List en I. Muir. (2019), Toward an understanding of the economics of apologies: evidence from a large-scale natural field experiment (No. w25676). National Bureau of Economic Research.
17. Yoeli, E., M. Hoffman, D.G. Rand en M.A. Nowak (2013), 'Powering up with indirect reciprocity in a large-scale field experiment' in: Proceedings of the National Academy of Sciences, 110 (Supplement 2), 10424-10429.
18. Brandes, L. en E. Franck (2012), 'Social preferences or personal career concerns? Field evidence on positive and negative reciprocity in the workplace' in: Journal of Economic Psychology, 33 (5), 925-939.

[著者]

エヴァ・ファン・デン・ブルック（Eva van den Broek）

行動経済学者。ユトレヒト大学講師。人工知能を研究し、行動経済学の博士号を取得。大学、政府、企業での応用行動研究において15年の経験を持つ。消費者がより持続可能な選択をすることができるよう、より良い行動インセンティブを設計する組織を支援している。オランダ政府のキャンペーンなどにも携わる。

ティム・デン・ハイヤー（Tim den Heijer）

クリエイティブ戦略家、行動デザイナー、コピーライター。広告代理店B.R.A.I.N. Creativesの創設者。ハイネケンやイケアなど、世界的に有名なブランドの広告に20年間携わる。ニューヨークからカンヌまで、数々の賞やノミネートを獲得してきた。ライデン大学オランダ語言語学修士号。マスコミュニケーション副専攻(ユトレヒト大学)。行動デザイン(BDA)、行動経済学(トロント大学)、神経マーケティング&消費者神経科学(コペンハーゲン・ビジネススクール)の修了証書を取得。

[訳者]

児島　修（こじま・おさむ）

英日翻訳者。立命館大学文学部卒(心理学専攻)。おもな翻訳書に『JUST KEEP BUYING 自動的に富が増え続ける「お金」と「時間」の法則』『サイコロジー・オブ・マネー 一生お金に困らない「富」のマインドセット』『DIE WITH ZERO 人生が豊かになりすぎる究極のルール』（以上、ダイヤモンド社）などがある。

勘違いが人を動かす
——教養としての行動経済学入門

2023年10月31日　第1刷発行
2024年3月6日　第5刷発行

著　者——エヴァ・ファン・デン・ブルック／ティム・デン・ハイヤー
訳　者——児島　修
発行所——ダイヤモンド社
〒150-8409　東京都渋谷区神宮前6-12-17
https://www.diamond.co.jp/
電話／03･5778･7233（編集）　03･5778･7240（販売）

ブックデザイン—三森健太［JUNGLE］
ＤＴＰ———RUHIA
校正————鷗来堂
製作進行——ダイヤモンド・グラフィック社
印刷／製本—三松堂
編集担当——林拓馬

ISBN 978-4-478-11703-3